·马克思主义研究文库·

中国特色社会主义
理论体系的内在逻辑

陈华兴 | 著

光明日报出版社

图书在版编目（CIP）数据

中国特色社会主义理论体系的内在逻辑 / 陈华兴著. -- 北京：光明日报出版社，2022.10

ISBN 978-7-5194-6691-6

Ⅰ.①中… Ⅱ.①陈… Ⅲ.①中国特色社会主义—理论体系—研究 Ⅳ.① D610

中国版本图书馆 CIP 数据核字（2022）第 104690 号

中国特色社会主义理论体系的内在逻辑
ZHONGGUO TESE SHEHUI ZHUYI LILUN TIXI DE NEIZAI LUOJI

著　　者：陈华兴	
责任编辑：杨　茹	责任校对：张月月
封面设计：中联华文	责任印制：曹　净

出版发行：光明日报出版社
地　　址：北京市西城区永安路 106 号，100050
电　　话：010-63169890（咨询），010-63131930（邮购）
传　　真：010-63131930
网　　址：http://book.gmw.cn
E – mail：gmrbcbs@gmw.cn
法律顾问：北京市兰台律师事务所龚柳方律师

印　　刷：三河市华东印刷有限公司
装　　订：三河市华东印刷有限公司
本书如有破损、缺页、装订错误，请与本社联系调换，电话：010-63131930

开　　本：170mm×240mm	
字　　数：245 千字	印　　张：16
版　　次：2023 年 1 月第 1 版	印　　次：2023 年 1 月第 1 次印刷
书　　号：ISBN 978-7-5194-6691-6	
定　　价：95.00 元	

版权所有　　翻印必究

前 言

一

理论之所以是理论，正因为它是以理性形态显现出对客观事物的规律性、必然性的认识。一个理论，尤其是科学的政治理论的理性本质，是"理论的"和"现实的"统一体，它必须具备三个条件：一是有其确定的对象领域，这是一个理论的内容和目标的客观要求，以子虚乌有或游离不定的内容为理论对象，不可能构成独立的理论体系；二是理论的对象必须与实践的对象相统一，这里的实践不一定是现实的实践，也可以是人类过去的实践，它往往表现为历史，也就是说，理论所研究的领域，同时也是事实上存在的，或事实上存在过的实践内容，而不是写小说，可以根据情理需要自行虚构，这一条体现了理论的逻辑与历史的一致性；三是每一个理论都必须有自己的逻辑结构和方法，也就是说，理论必须有一定的"形式"把其内容构筑起来，否则只有对象，没有理论形式，正像没有形式的质料一样，是不可能组成独立的体系的。正是由此，它才能"自圆其说"而成为完整的体系。

马克思主义的理性本质一方面表现在它批判地继承了空想社会主义、德国古典哲学和英国古典经济学等人类文化的优秀成果，另一方面它又是从当时的实际出发，对无产阶级世界观、方法论和解放道路进行科学探索，从而揭示了人类社会发展的一般规律。列宁主义的理性本质在于把马克思主义的普遍原理与俄国社会主义革命实际统一起来，它一方面继承和发展了马克思主义关于社会发展的一般规律和社会主义革命一般规律的理论，另一方面又是对列宁所处时代的现实特征的攫握，创造性地提出并实践了"一国首先胜利"理论。毛泽东思想的理性本质在于把马克思列宁主义的普遍真理与中国具体实践结合起来，它一方面承袭了马克思主义关于社会主义革命和建设的一般原理，另一方面从中国革命和建设的具体实际出发，探索和总结了中国社会主义和建设的基本规律和实践途径。

中国特色社会主义理论体系是围绕"什么是社会主义、怎样建设社会主义"的主题展开的，其理论的对象是中国特色社会主义建设的经验与规律，其实践的对象是中国特色社会主义建设事业，两者既确定又统一，并且它具有自己的基本逻辑结构和科学的论证方式，因而，它是一个严密的科学体系。中国特色社会主义理论体系作为当代中国的科学社会主义理论，是对马克思主义内在本质的延续发展，对科学社会主义本质的科学认识，对当代世界发展内在规律的深刻把握，对中国社会历史发展必然要求的深刻洞见，是马克思主义理论理性与实践理性的有机结合，具有内在的历史逻辑、理论逻辑、实践逻辑。

二

中国特色社会主义理论体系既是对马克思主义内在本质的延续和发展，反映了它对理论理性的继承；又是对现实中国社会的基本规律和必然趋势的科学总结和概括，反映了它对现实理性的掌握，是马克思主义普遍真理与中国社会主义建设实践统一的典范。概括地讲，中国特色社会主义理论体系继承了马克思主义、列宁主义、毛泽东思想这一历史发展链条中最根本的东西：它坚持彻底的唯物主义，坚持物质第一，实践第一；它坚持科学社会主义原则，坚信社会主义进步于资本主义；它坚持科学发展原则，不断推进生产力发展和社会进步，社会主义的实践多是在经济文化相对落后的国家进行的，因此，必须从本国实际出发发展生产力，发展生产力是它们的根本任务；它倡导构建人类命运共同体，大胆吸取人类社会发展的文明成果和先进经验，推进全球发展与世界文明进步，丰富和发展了马克思主义理论宝库。

从马克思主义发展史的角度看，中国特色社会主义理论体系以其特有的中国特色、中国风格和中国气派丰富和发展了马克思主义理论宝库，是与马克思列宁主义、毛泽东思想既一脉相承而又与时俱进的科学理论体系。在内容上，它运用马克思主义的立场、观点和方法，分析和解决中国社会主义建设和改革开放的实际问题，揭示中国社会主义建设和改革发展的客观规律，并且把中国共产党人在社会主义现代化建设和改革开放实践中所积累起来的丰富经验加以科学总结和理性提升，使之上升为理论，成为当代中国的马克思主义，从而以中国特有的独创性的内容，丰富和发展马克思主义理论宝库。在形式上，它根据中华民族的特点，深入浅出地阐释马克思主义的基本原理，创造性地阐明中国社会主义建设和改革开放的理论和政策，从而成功地解决了马克思主义民族化的问题。

三

中国特色社会主义理论体系拓展了对科学社会主义本质的认识。从科学社会主义的理论到实践的过程看，社会主义最根本的理念有两个，一是生产力发展，二是社会公平。空想社会主义尖锐地批判了资本主义制度，把它诅咒为"复活的奴隶制""新的奴役形式"，主张在未来社会里实行以生产资料公有制为基础的"公社制度"。在这种"公有制度"下，人人都有劳动的权利和义务，没有失业，没有懒惰和一切寄生现象。这种"和谐"社会主义理想是错误的，其错误的根源在于它脱离实际条件，脱离实践，脱离生产力和社会发展的进程来谈社会主义。当然，这种"不成熟的理论，是同不成熟的资本主义生产状况、不成熟的阶段状况相适应的"[①]。然而，实现社会主义的错误并没有抹去其理论的"一些积极结论"，它对资本主义社会丑恶的无情揭露，它对未来社会的美好设想，它对社会主义基本理念的规定，尤其是价值理性内容，如社会公平、政治平等和按劳取酬等思想，不仅被后来的马列主义、毛泽东思想所吸取，而且也被中国特色社会主义理论所遵循。可以说，离开了这些价值理性内涵，不可能是真正意义上的社会主义。

社会主义之所以从空想到科学，首先是因为它获得了"现实基础"，而这现实基础的主要内容就是生产力的大发展。离开生产力抽象地谈论社会主义，把许多束缚生产力发展的、并不具有社会主义本质属性的东西当作"社会主义原则"加以固守，把许多在社会主义条件下有利于生产力发展的东西当作"资本主义复辟"加以反对都是错误的。马克思在《共产党宣言》中对资本主

---

① 中共中央马克思恩格斯列宁斯大林著作编译局.马克思恩格斯选集：第3卷[M].北京：人民出版社，1995：608.

义进行历史性肯定，肯定的主要内容也是其生产力的发展，"资产阶级在它不到一百年的阶级统治中所创造的生产力，比过去一切世代创造的生产力还要多，还要大……——过去哪一个世纪料想到在社会劳动里蕴藏有这样的生产力呢？"① 无产阶级之所以最终能实现"两个必然"，也主要由于生产力的发展，生产力的发展使得资本主义的旧有生产关系再也容纳不了新的生产力内容，只有用社会主义的生产关系代替资本主义，这为"两个必然"提供了前提性基础。"资产阶级的生产关系已经太狭窄了，再容纳不了它本身所造成的财富了。——资产阶级用什么办法来克服这种危机呢？"② 这里我们看到，马克思从社会发展一般规律的高度把生产力看成社会发展的原动力，同时也把生产力发展看成社会主义社会得以诞生和生存的基础条件。因此，发展生产力是社会主义的根本理念。然而，社会主义进入实践后，由于社会主义大多是在生产力较为落后的国家建立的，由于社会主义夺取国家政权的过程又往往经历长期的艰苦的战争，因此，这些国家的生产力基础比较差，而且生产力发展、"富裕"理念渐渐被人们遗忘。由于社会主义国家对"生产力发展"的错误理解，使得发展生产力似乎成了资本主义的专利，这是一个历史的误会。社会主义虽然要富，要发展生产力，但并不是富了、生产力发展了就是社会主义。社会主义有它的价值目标，这一目标就是人人平等、社会公平。从空想社会主义到科学社会主义，到社会主义实践，在这一点上都是一致的，它们都要建立人人平等的社会。这是社会主义的社会理想，也是社会主义的价值目的，离开这一基本理念去谈生产力发展、去谈富裕，那必然会丢弃社会主义生产关系的根本。因此，"生产力发展"与"社会公平和谐"作为社会主义的本质内涵，共同统一于社会主义的理论和实践进程之中。

经过以毛泽东为代表的第一代中国共产党人与广大人民群众的努力，中国的社会主义取得了两个方面的成果，一是在中国建立了社会主义制度，二是取得社会主义革命的经验和社会主义建设正反两方面的经验教训。但是，

---

① 中共中央马克思恩格斯列宁斯大林著作编译局.马克思恩格斯选集：第1卷[M].北京：人民出版社，1995：277.
② 中共中央马克思恩格斯列宁斯大林著作编译局.马克思恩格斯选集：第1卷[M].北京：人民出版社，1995：278.

中国社会主义生产力水平较低,社会的主要矛盾是人民日益增长的物质文化需要和落后的社会生产之间的矛盾,因此,其根本任务是解放和发展生产力。在经济文化落后的国家,要坚持社会主义、巩固社会主义、发展社会主义,首先必须以经济建设为中心,大力发展社会生产力。

邓小平理论紧紧抓住了这一社会主义发展理性,创造性地提出了"社会主义本质论",这是对社会主义发展之必然性的深刻洞见,是对社会主义本质内容的拓展,也是科学社会主义和社会主义历史发展之内在理性的现实彰显。党的十八大以来,以习近平同志为核心的党中央在总结历史经验的基础上,结合中国现实国情和时代特征,对中国特色社会主义本质做出了新的判断,指出党的领导是中国特色社会主义最本质的特征。历史和实践反复证明,党的建设,是党的事业前进的重要保证;党的事业,是党的建设的基础和条件;必须把二者紧密地结合起来,党的事业发展到哪里,党建工作就要加强到哪里。因此,要实现"生产力发展"与"社会公平和谐",必须不断加强党的建设,党的领导是中国特色社会主义制度的最大优势,是中国特色社会主义最本质的特征。这是对科学社会主义理论的重大创新,反映了新时代中国社会主义建设实践的客观实际和现实要求,是对社会主义本质认识的深化和发展。

四

中国特色社会主义理论体系攥握了当代世界发展的内在规律。现代化是当今世界的主旋律,是当今世界发展的内在本质和必然趋势。它至少内含着这样的基本内容:第一,现代化尽管带来了许多负面效果,但作为基础内容来讲,最根本的一条还是经济的发展和科学技术的进步,这不仅是当今世界不发达国家的当务之急,也是发达国家日益关怀的中心。第二,现代化尽管以经济增长为基础内涵,但它作为一个社会发展总体性概念,同时也包含着政治、文化的改善。只有经济、政治、文化的整体发展,才能真正促进经济社会的可持续发展,使经济、政治、文化、社会协调向前趋进。第三,现代化的根源和目标在于民族的发展,因此强化现代化的民族性和现代化道路的多样性是它的应有之义,"趋同论""全盘西化论"和"依附论"都有悖于现代化的合理性,在实践中也是行不通的。当然,强调现代化的特殊性,并非是对保守主义、封建主义的让步，相反，它强调从本国实际出发选择发展道路，强调利用现代文明的一切优秀成果。并且，东欧剧变之后，国际共产主义运动处于低潮，马克思主义"过时论"、社会主义"失败论"、资本主义"终结历史论"、民主社会主义"救中国论"沉渣泛起。如何认识资本主义、社会主义的前途和命运，如何认识当今世界发展的趋势，成为人们普遍关注的问题。

中国的发展离不开世界，并且只有与世界同伍，中国才能真正发展。中国特色社会主义理论体系非常强调实现中国的现代化，这正是因为它是世界历史发展的内在必然性的体现，积极呼应这一世界历史发展的理性是中国发展的关键。"经济上的开放，不只是发展中国家的问题，恐怕也是发达国家的问题。现在世界上占总人口四分之三的地区是发展中国家，还谈不上是重要市场。世界市场的扩大，如果只在发达国家中间兜圈子，那是很有限度的。""我们的现代化建设，必须从中国的实际出发。无论是革命还是建设，都要注意学习和借鉴外国经验。但是，照抄照搬别国经验，别国模式，从来不能得到成功。这方面我们有过不少教训。把马克思主义的普遍真理同我国的具体实际结合起来，走自己的路，建设有中国特色的社会主义，这就是我们总结长期历史经验得出的基础结论。"[①]在中国实现现代化是邓小平、江泽民、胡锦涛、习近平一贯的思想，也是他们的一贯追求，从"硬道理""第一要务""科学发展观"到"新发展理念"，无不显示出实现现代化的灵魂，它们对中国实现现代化的意义、重要性、实现途径都做了科学的认识和布局。新时代，在"全球化"和"数字经济"的今天，我们更能深刻体会到中国特色社会主义理论体系的这种内在本质和深刻洞见。

自鸦片战争以来，帝国主义的坚船利炮打开了古老中国的大门，中国开始了民族复兴的艰难历程。面对深重的民族危机，救亡图存成了社会的主声，中国的仁人志士们对中国社会进行了深层思索，前赴后继地探索中国的现代化道路，但终归失败。以毛泽东为代表的中国共产党人，坚持把马克思列宁主义和中国实践相结合，推翻了帝国主义、封建主义和官僚资本主义三座大

---

① 邓小平.邓小平文选：第3卷[M].北京：人民出版社，1993：2-3.

山，在中国建立了崭新的社会制度，从而使中国真正得以"图存"。无论是洋务运动、改良主义、辛亥革命，还是新民主主义革命，它们都有一个共同的理性要求——使中国富强，实现民族复兴。实现中华民族伟大复兴贯穿在曲折顽强的近现代中国历史之中，成为中国社会近200年来的理性吁求。而历史的实践证明：改良无法救亡，资产阶级革命也无法真正实现"救亡"，更无法使中国"富强"，只有无产阶级领导的革命才能真正使中国得救，使民族独立，使人民解放，只有社会主义才能救中国。社会主义是中国"图存"的必要条件和必然选择。

然而，虽然社会主义救了中国，但中国社会主义现代化道路仍是曲折的。中国特色社会主义理论体系创始人邓小平深深意识到，要在中国实现社会主义现代化是艰难的，必须对中国社会主义现代化道路做深入思考。现代化不是一般的富国强兵，而是对小生产的生产方式的全面否定，搞四个现代化，必须把社会主义经济全面地转到大生产的技术基础上来。

党的十八大以来，以习近平同志为核心的党中央，在科学解决时代课题中提出新思路、新看法，使中国特色社会主义理论的外延和内涵更加丰富和充实，为新的实践提供理论支撑，创立了习近平新时代中国特色社会主义思想，这是新时代我们建设社会主义现代化强国和实现中国梦的行动指南。

习近平新时代中国特色社会主义思想深刻阐述了民族复兴的深刻内涵，揭示了在民族复兴历史进程中我们的前进方向，为新时代坚持和发展中国特色社会主义注入了新的意义。它从理论和实践结合上系统回答了新时代坚持和发展中国特色社会主义的总目标、总任务、总体布局、战略布局等基本问题，不仅充分展现马克思主义中国化的新境界、新高度，还成功开辟了中国特色社会主义事业发展的新局面、新路径。党的十九大报告，将习近平新时代中国特色社会主义思想的核心理论内容概括为"八个明确"：明确坚持和发展中国特色社会主义，总任务是实现社会主义现代化和中华民族伟大复兴，在全面建成小康社会的基础上，分两步走在21世纪中叶建成富强、民主、文明、和谐、美丽的社会主义现代化强国；明确新时代我国社会主要矛盾是人民日益增长的美好生活需要和不平衡不充分的发展之间的矛盾，必须坚持以人民为中心的发展思想，不断促进人的全面发展、全体人民共同富裕；明确中国特色社会主义事业总体布局是"五位一体"、战略布局是"四个全面",强调坚定道路自信、理论自信、制度自信、文化自信;明确全面深化改革总目标是完善和发展中国特色社会主义制度、推进国家治理体系和治理能力现代化;明确全面推进依法治国总目标是建设中国特色社会主义法治体系、建设社会主义法治国家;明确党在新时代的强军目标是建设一支听党指挥、能打胜仗、作风优良的人民军队,把人民军队建设成为世界一流军队;明确中国特色大国外交要推动构建新型国际关系,推动构建人类命运共同体;明确中国特色社会主义最本质的特征是中国共产党领导,中国特色社会主义制度的最大优势是中国共产党领导,党是最高政治领导力量,提出新时代党的建设总要求,突出政治建设在党的建设中的重要地位。

习近平新时代中国特色社会主义思想科学阐明了中国特色社会主义的基本方略:坚持党对一切工作的领导,坚持以人民为中心,坚持全面深化改革,坚持新发展理念,坚持人民当家作主,坚持全面依法治国,坚持社会主义核心价值体系,坚持在发展中保障和改善民生,坚持人与自然和谐共生,坚持总体国家安全观,坚持党对人民军队的绝对领导,坚持"一国两制"和推进祖国统一,坚持推动构建人类命运共同体,坚持全面从严治党。这是对我们有效应对重大挑战、抵御重大风险、克服重大阻力、解决重大矛盾的政策指导,是对我们在新的实践下对经济、政治、法治、科技、文化、教育、民生、民族、宗教、社会、生态文明、国家安全、国防和军队、"一国两制"和祖国统一、统一战线、外交、党的建设等各方面的新的要求做出的理论分析,是在总结现实经验基础上的理论形态,具有丰富的理性内涵,是一个严密的科学理论体系。

陈华兴

浙江工商大学马克思主义学院

2021 年 4 月 25 日

目录 CONTENTS

导　论 ·· 001

　　一、中国特色社会主义理论体系的逻辑框架 ························· 001

　　二、中国特色社会主义理论体系与马克思主义的关系 ············· 006

　　三、中国特色社会主义理论体系与社会主义的关系 ················ 009

　　四、中国特色社会主义理论体系与毛泽东思想的关系 ············· 015

　　五、中国特色社会主义理论体系的基本成果及其相互联系 ······· 021

　　六、中国特色社会主义理论体系与中国现代社会发展的关系 ······ 029

第一章　中国特色社会主义理论体系的理论精髓 ······················· 035

　　一、党的思想路线的重新确立与发展 ·································· 035

　　二、解放思想与实事求是的统一 ·· 040

　　三、与时俱进与实事求是的统一 ·· 046

　　四、求真务实，开拓创新 ··· 050

第二章　中国特色社会主义理论体系的理论基石 ······················· 055

　　一、社会主义初级阶段理论的形成 ····································· 055

　　二、社会主义初级阶段理论的内容 ····································· 060

　　三、社会主义初级阶段的基本路线、基本方略 ····················· 065

　　四、社会主义初级阶段的主要矛盾及其变化 ························ 076

第三章　中国特色社会主义的本质理论 ································· 080

一、社会主义的根本任务和根本目的 ······························ 080

二、生产力发展与社会主义本质的概括 ···························· 085

三、人的全面发展是社会主义的本质要求 ·························· 089

四、社会和谐是社会主义的本质特征 ······························ 093

五、党的领导是中国特色社会主义的最大本质 ···················· 098

六、社会主义本质理论的重大意义 ································ 104

第四章　中国特色社会主义科学发展理论 ····························· 109

一、发展才是硬道理 ·· 109

二、发展是党执政兴国的第一要务 ································ 111

三、科学发展观 ·· 114

四、中国特色社会主义新发展理念 ································ 122

第五章　中国特色社会主义改革开放理论 ····························· 133

一、改革是中国的第二次革命 ···································· 133

二、改革开放是中国特色社会主义发展的重要法宝 ················ 137

三、促进改革发展与保持社会稳定有机统一 ······················ 144

四、新时代全面深化改革的科学内涵 ······························ 149

第六章　中国特色社会主义建设的具体内容 ··························· 157

一、中国特色社会主义经济建设论 ································ 157

二、中国特色社会主义民主政治论 ································ 163

三、中国特色社会主义先进文化论 ································ 169

四、中国特色社会主义社会建设论 ································ 174

五、中国特色社会主义生态文明论 ································ 181

六、中国特色社会主义国际关系论 ································ 189

第七章　中国特色社会主义政党建设理论 ·················· 193
　　一、中国特色社会主义的领导核心 ························· 193
　　二、加强党的执政能力建设和先进性建设 ··············· 198
　　三、加强党的建设的时代内涵 ······························ 201
　　四、严肃党内政治生活 ·· 207
　　五、新时代全面加强党的建设 ······························ 210

结束语　21世纪中国马克思主义 ······························ 217
　　一、建设有中国特色的社会主义 ··························· 217
　　二、中国特色社会主义理论体系 ··························· 218
　　三、习近平新时代中国特色社会主义思想 ··············· 221

参考文献 ··· 232

后　　记 ··· 236

导　论

改革开放40多年来，我们党创造性地将马克思主义与当代中国实际紧密结合起来，生成了一系列新思想、新观点、新论断，形成了中国特色社会主义理论体系。党的十七大深刻阐释了邓小平理论、"三个代表"重要思想及科学发展观等重大战略思想；党的十九大确立了以习近平新时代中国特色社会主义思想为指导思想，它同马克思列宁主义、毛泽东思想、邓小平理论、"三个代表"重要思想、科学发展观一并成为我们党带领全国各族人民全面建成小康社会、实现"两个一百年"伟大目标的理论指引与行动指南。

一、中国特色社会主义理论体系的逻辑框架

理论之所以是理论，正因为它是以观念形态对客观事物的规律性、必然性的认识。一个理论，尤其是科学的政治理论的本质，是"理论的"和"现实的"统一体，它必须具备三个条件：一是有其自己特定的对象领域、确定的理论内容和目标；二是理论的对象必须与实践的对象相统一；三是每一个理论都必须有自己的逻辑结构和方法。中国特色社会主义理论体系是围绕"什么是社会主义、怎样建设社会主义"的主题展开的，其理论的对象是中国特色社会主义建设的经验与规律，其实践的对象是中国特色社会主义建设事业，两者既确定又统一，并且它具有自己的基本逻辑结构和科学的论证方式，因而，它是一个严密的科学体系。

（一）中国特色社会主义理论体系的历史逻辑

中国特色社会主义理论体系产生和发展具有内在的历史基础和历史经验。

从社会主义发展史的角度看，中国特色社会主义理论体系与科学社会主义的发展具有内在的历史关联。社会主义从空想到科学、从理论到实践的历史资源、宝贵经验和历史教训，科学社会主义的本质要求，是中国特色社会主义的理论基础。从马克思主义中国化的角度看，马克思主义中国化各大理论成果之间相承相续。毛泽东思想和中国特色社会主义理论体系虽然形成于不同的历史时期，面对不同的历史任务，但基本精神都是一致的，是马克思主义基本原理与中国实际相结合的科学思想体系。从中国特色社会主义理论体系自身形成和发展的历史角度看，邓小平理论、"三个代表"重要思想、科学发展观、习近平新时代中国特色社会主义思想之间既一脉相承又与时俱进，是一个完整的科学理论体系。中国特色社会主义理论体系是在不断探索和回答什么是社会主义、怎样建设社会主义，建设什么样的党、怎样建设党，实现什么样的发展，怎样发展，新时代建设什么样的中国特色社会主义、怎样建设中国特色社会主义等重大理论和实践问题的过程中，不断推进着马克思主义的发展，不断创新着马克思主义中国化的理论成果。中国特色社会主义理论体系是一个开放的体系，它在历史、现实、未来的逻辑关联中接续前行，从而使自身的理论不断丰富、发展、完善。习近平新时代中国特色社会主义思想把马克思主义基本原理与中国具体实际和时代特征紧密结合起来，横向上拓展了中国特色社会主义理论视野，纵向上深化了中国特色社会主义实践主题，是21世纪的马克思主义、当代中国马克思主义。它丰富和完善了中国特色社会主义理论体系的理论内涵，拓展和深化了中国特色社会主义实践内容，不断将中国特色社会主义理论体系推进到新的发展阶段。

（二）中国特色社会主义理论体系的理论逻辑

中国特色社会主义理论体系的理论逻辑构架是按照中国特色社会主义实践基本内容展开的，其理论逻辑与实践逻辑内在统一。中国特色社会主义理论体系涵盖经济建设、政治建设、文化建设、社会建设、生态文明建设和党的建设以及国防和军队建设、祖国统一、国际战略和外交工作等各个领域，涉及改革发展稳定、内政外交国防、治党治国治军等各个方面，回答中国特色社会主义的思想路线、发展阶段、发展战略、发展道路、根本任务、发展动力、国际关系、祖国统一、领导力量和依靠力量等问题。因此,中国特色社会主义理论体系作为一个严密的科学理论体系,其理论逻辑构架清晰(如下图所示)。

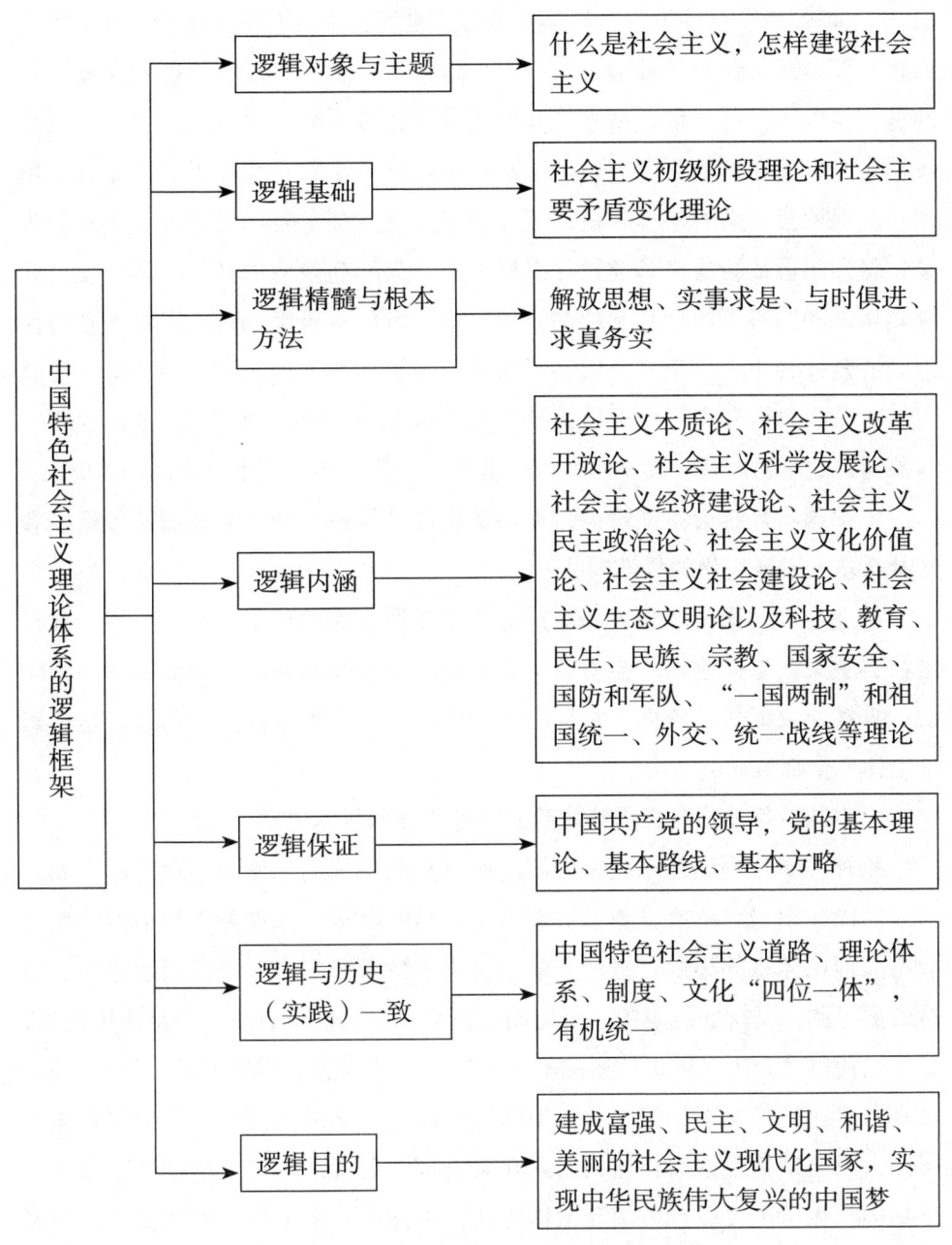

中国特色社会主义理论体系的逻辑框架图

1. 中国特色社会主义理论体系的主题和对象

"什么是社会主义、怎样建设社会主义"的问题是贯穿中国特色社会主义始终的问题,是中国特色社会主义理论体系的主题和对象。无论是邓小平理论、"三个代表"重要思想、科学发展观还是习近平新时代中国特色社会主义思想,都是对"什么是社会主义、怎样建设社会主义"这一主题和对象问题的进一步深入回答,都是从理论和实践双重维度对什么是社会主义、怎样建设社会主义问题的探索和回答。邓小平理论阐明了在中国建设社会主义、巩固和发展社会主义的基本问题;"三个代表"重要思想加深了对什么是社会主义、怎样建设社会主义和建设什么样的党、怎样建设党的认识;科学发展观深刻认识和回答了实现什么样的发展、怎样发展等重大问题;习近平新时代中国特色社会主义思想系统回答了新时代坚持和发展什么样的中国特色社会主义、怎样坚持和发展中国特色社会主义这个重大时代课题。对这一主题和对象认识的不断深化,使中国特色社会主义理论体系不断上升到新的高度。

2. 中国特色社会主义理论体系的基础和依据是社会主义初级阶段理论和对社会基本矛盾变化的科学判断

社会主义初级阶段理论和对社会基本矛盾变化的科学判断是解答"什么是社会主义、怎样建设社会主义"的基本出发点和前提,是我们制定各项路线、方针、政策的总依据。它是中国特色社会主义理论的逻辑起点,是承载理论体系全部负荷的基石。

3. 中国特色社会主义理论体系的精神实质和根本方法

精神实质是理论体系这座大厦之所以如此构成的本质,是理论体系如此组成的内在根据。解放思想、实事求是、与时俱进、求真务实是中国特色社会主义理论体系的精髓。坚持实事求是,坚持战略定力,坚持问题导向,坚持全面协调,坚持底线思维,坚持调查研究,坚持抓铁有痕,坚持历史担当,是中国特色社会主义理论体系的根本方法。解放思想、实事求是、与时俱进、求真务实的精神元素不仅渗透在中国特色社会主义理论体系的全过程和各个层面,而且是其理论逻辑建构的内在聚合剂,习近平的"八个坚持"蕴含着丰富的马克思主义思想方法和工作方法,是党的实事求是思想路线的时代展现,是马克思主义理论精髓和灵魂的现实图画。

4. 中国特色社会主义理论体系的逻辑内涵是反映中国特色社会主义建设的基本问题和基本规律的理论

中国特色社会主义理论体系与中国特色社会主义事业是内在一致的，中国特色社会主义事业在现实实践中展现在经济、政治、文化、社会、生态文明等方面，因此，中国特色社会主义理论体系的理论内涵必然表现为经济、政治、文化、社会、生态文明等方面的理论。社会主义本质论、社会主义改革开放论、社会主义科学发展论、社会主义经济建设论、社会主义民主政治论、社会主义文化价值论、社会主义社会建设论、社会主义生态文明论等从不同的侧面回答了"什么是社会主义、怎样建设社会主义"这一根本问题，揭示了中国特色社会主义建设的基本规律。这些理论内涵构成了我们党在改革发展稳定、内政外交国防、治党治国治军各个方面的一系列紧密联系、相互贯通的思想、观点和论断，织成了系统的科学理论体系。

5. 中国特色社会主义理论体系的逻辑保证是中国共产党的领导

党的基本理论、基本路线、基本方略是我们党制定各项具体的方针、政策的原则和准绳。它一头系于理论，是中国特色社会主义理论的集中体现，另一头系着实践，是统揽全局的总方针，是理论返回实践的基本中介和根本保证；它通过具体的方针、政策，使实践活动得以一步一步展开，对实践具有重要的指导作用。因此，党的领导是中国特色社会主义的本质特征和最大优势，党在各个时期的路线、方针、政策是中国特色社会主义理论转化为实践的根本保证。

（三）中国特色社会主义理论体系的实践逻辑

中国特色社会主义理论是一个开放的体系，它生成和实现于中国特色社会主义道路，以中国特色社会主义制度为根本保障，以中国特色社会主义文化为精神支撑。中国特色社会主义理论体系是行动指南，中国特色社会主义道路是实现途径，中国特色社会主义制度是根本保障，中国特色社会主义文化是精神支撑，四者统一于中国特色社会主义伟大实践，这是党领导人民在建设社会主义长期实践中形成的最鲜明特色。道路自信、理论自信、制度自信、文化自信体现了中国特色社会主义理论逻辑与历史（实践）逻辑的统一。

中国特色社会主义理论体系的目的是建成富强、民主、文明、和谐、美丽的社会主义现代化国家，实现中华民族伟大复兴的中国梦。它依据不同历史时期的不同条件、特点和任务来有逻辑地展现中国特色社会主义理论体系的基本观点、基本原理和基本范畴，展现马克思主义中国化的最新理论成果的基本思想；它依据改革开放新的实践内容和中国特色社会主义新的实践要求，反映其基于实践、源于实践又指导实践的实践品格；它依据中国特色社会主义建设和改革的具体事实和实践经验，展示中国特色社会主义理论体系的客观逻辑、实证数据和生成路径。

二、中国特色社会主义理论体系与马克思主义的关系

马克思主义是科学的理论，它为我们提供了正确的世界观和方法论，是指引无产阶级和所有被压迫人民为解放而奋斗的重要理论。马克思主义科学体系形成的标志是1848年2月《共产党宣言》的发表，到20世纪，经过十月革命，发展为马克思列宁主义，建立起世界上第一个社会主义国家，开辟了人类历史的新纪元。

（一）马克思主义是中国特色社会主义理论体系的理论基础

马克思主义创立了科学社会主义理论。它不是从抽象原理出发来构建社会主义理论，而是运用社会基本矛盾学说，科学地证明了社会主义代替资本主义是社会生产力进一步发展的客观要求，是生产关系和生产力、上层建筑和经济基础矛盾运动的必然结果；它运用阶级分析和历史分析方法，批判和纠正了空想社会主义的天才幻想，提出了阶级矛盾、阶级冲突的解决途径，说明了社会主义是无产阶级反对资产阶级斗争的必然结果；它运用剩余价值学说，揭露了资本主义社会的秘密，揭示了资本主义必然灭亡、社会主义必然胜利的历史发展规律；它运用群众创造历史的学说，说明了无产阶级和劳动群众只有依靠自己的力量才能砸碎身上的锁链并最终解放自己。

中国特色社会主义建设事业取得举世瞩目的巨大成就，也以鲜活的实践成果彰显着马克思主义的科学性。马克思主义虽然诞生于一个半多世纪前，

但时至今日依然具有强大生命力,它一直是全党全国各族人民团结统一的坚实思想基础和指导思想。中国发展的历史和现实深刻表明:要以科学的马克思主义理论作为指导,中国才能完成反帝反封建的历史使命,结束国家被欺负和凌辱的命运,走上一条崭新的道路,即民族解放和国家发展之路。在马克思主义的指导下,中华人民共和国成立之后,日益走出内无钱财、外无社交的困境,国际地位不断提高,国家建设飞速发展。近百年来,中国共产党之所以能够完成近代以来各种政治力量不可能完成的艰巨任务,就在于始终把马克思主义这一科学理论作为自己的行动指南,并坚持在实践中不断丰富和发展马克思主义。

与时俱进是马克思主义的理论品质,马克思主义不是适用于任何时间、任何地点、任何情况的僵死的教条,而是随着时代的进步和实践的发展不断进行自我批判和自我更新的科学理论,是在历史实践中不断敞开的开放体系。马克思主义也只有与各国的具体实际、一定的历史情况相结合才能发挥其指导作用。毛泽东是中国共产党内最先提出马克思主义中国化概念的倡导者与领导者。1938年10月,在党的六届六中全会上,毛泽东在其所作的《论新阶段》中,提出把马克思主义在中国进行具体化,使其带有中国的特性,即根据中国的特点来运用它,这其实就是"马克思主义中国化"的最初表达。共产党在马克思主义中国化的探索过程中,找到了进行社会主义革命、建设及改革的正确道路,在实践中推进马克思主义的中国化,诞生了毛泽东思想和中国特色社会主义理论体系两大优秀的理论成果。

传播到中国后的马克思主义在经历数次的继承、创新和发展后,为中国特色社会主义理论体系奠定了充实的世界观和方法论的哲学基础。历史发展的最终决定因素不是思想意识,而是引起思想动机背后的物质动因,应当探究社会现象的最深层次原因以及它的本质。新民主主义革命时期,以毛泽东为代表的中国共产党人,从半殖民地半封建的国情出发,提出农村包围城市理论和新民主主义革命理论,开创了中国特色革命道路,创立了毛泽东思想,实现了马克思主义中国化的第一次历史性飞跃。改革开放时期,我们党突破思想禁锢与理论僵化,突破传统社会主义观念的束缚,从社会主义初级阶段的实际出发,开辟了中国特色社会主义的发展道路,创立了中国特色社会主义理论体系，实现了马克思主义中国化的第二次历史性飞跃。

马克思主义中国化是马克思主义理论向实践自觉流动和实践向理论自觉提升的辩证统一。中国革命、建设和改革所取得的成果是我们党自觉接受马克思主义指导的结果，背离或放弃马克思主义，我们党就会失去灵魂、迷失方向，就不可能有马克思主义中国化；同时，在中国革命、建设和改革的实践过程中，我们党在实践上大胆探索、在理论上不断突破，获得了许多新经验、探索了许多新规律，这些内容是马克思主义中国化的实践成果，是发展着的马克思主义的现实内容。我们必须把坚持马克思主义与发展马克思主义统一起来，不断推进马克思主义中国化、时代化、大众化，永葆马克思主义的生机和活力。

（二）中国特色社会主义理论体系是马克思主义理论的当代形态

马克思主义是创新的理论，它需要结合新的实践不断做出新的理论创造，我们必须用马克思主义中国化最新成果指导实践。历史从不等待一切犹豫者、观望者、懈怠者、软弱者，马克思主义并没有结束真理，而是开辟了通向真理的道路。今天，时代变化和我国发展的广度和深度远远超出了马克思主义经典作家当时的想象。实践发展永无止境，理论创新也永无止境，我们只有聆听时代声音，坚持问题导向，以正在做的事为中心，才能更加深入地推动马克思主义同当代中国发展的具体实际相结合，不断开辟21世纪马克思主义发展新境界。

党的十八大以来，以习近平同志为核心的党中央始终保持与时俱进、改革创新的政治勇气，始终把握历史大势、引领时代潮流，不断深化对共产党执政规律、社会主义建设规律、人类社会发展规律的认识，努力开创治国理政新境界。"五位一体"总体布局、"四个全面"战略布局、经济发展新常态、五大发展理念、人民至上价值观等，在内政外交国防、治党治国治军等各个方面提出了一系列治国理政新理念、新思想、新战略。这既符合当代中国发展的新特点新要求，又顺应和平发展的世界潮流，是马克思主义真理性的现实彰显。

以习近平同志为核心的党中央治国理政新理念新思想新战略坚持从我国

国情的客观实际出发制定政策、推动工作，坚持用对立统一的矛盾分析方法分析和解决现实实践中的新问题。它是科学运用马克思主义唯物辩证法的成功典范。

坚持物质生产是社会生活基础的观点，准确把握社会发展各方面的重大关系，努力增强改革发展的关联性、系统性、协同性；坚持人民至上价值观，尊重人民群众的主体地位，努力构建"人类命运共同体"，促进"人的自由全面发展"。它是马克思主义历史唯物主义思想的当代展现。

创造性地把民族复兴目标和无产阶级解放全人类的伟大理想统一起来，把政党领导、政府权力、依法治理等一系列政治理念贯通一体，把保障人民群众的主体地位与一切成果由全体人民共享、让人民群众有更多获得感统一起来，防止人民当家作主流于形式。它是马克思主义政治哲学的当代展示，是科学社会主义的时代表达。

及时回应时代的呼唤、认真解决重大实践问题，并从实践中挖掘新材料、发现新问题、提出新观点、构建新理论。它是马克思主义实践哲学的现实诠释。

可见，以习近平同志为核心的党中央治国理政新理念新思想新战略是当代中国的马克思主义，是马克思主义中国化的最新成果。在当代中国，坚持马克思主义的指导，就是要以习近平同志为核心的党中央治国理政新理念新思想新战略指导实践、引领发展。

三、中国特色社会主义理论体系与社会主义的关系

马克思主义包括哲学、政治经济学、科学社会主义，是一个系统完备的科学理论体系。科学社会主义是马克思主义创始人在深刻分析人类社会发展规律的基础上，是无产阶级进行社会主义革命、建设、改革，争取人类解放的学说，具有深远的历史意义和现实的实践意义。

（一）中国特色社会主义理论体系与科学社会主义理论

马克思、恩格斯经过艰辛的科学探索，创立了科学社会主义。科学社会

主义从社会基本矛盾运动的角度揭露了资本主义的罪恶和其必然灭亡的客观规律，从而使社会主义建立在历史必然性基础之上。无论在哪个国家，社会主义的发展皆是共性与个性相统一的结果。每一个社会主义国家，具有不同的历史发展背景、发展脉络、发展现状，其实际情况皆各有差异，但是科学社会主义强调的是社会主义运动的普遍性，如何揭开普遍性的迷雾，坚持从社会主义国家发展的实际情况出发，在现实条件下坚持社会主义的理论原则，并把理论与实践统一起来，既坚守社会主义基本价值和根本方向，又积极探索社会主义发展的现实路径，不断解决社会主义新的实践所提出的新问题，具有重要的方法论意义。

作为拥有五千年文化的东方大国，中国拥有长期的封建社会历史，由半殖民地半封建社会过渡到社会主义社会，现正处在并将长期处在社会主义初级阶段，国情的特殊性更加明显。从自身国情来看，首当其冲的是要将科学社会主义的普遍共性与中国社会主义初级阶段的个性结合起来，走具有中国特色的发展道路。社会主义建设没有固定的模式，不能照搬别国模式，我们要坚定不移地走有中国特色的社会主义道路。只有坚持在科学社会主义理论的指导下推进中国特色社会主义理论体系的创新和发展，我们才能充分昭示中国特色社会主义理论体系的科学性，才能昭示其无可比拟的生机与活力，才能昭示其强大的真理性力量。在资本主义强势的时代境遇中，社会主义国家坚持"走自己的路"既保证了社会主义的价值理性的正确方向，有利于认清"依附论""趋同论"道路的危害性，又明确了社会主义的现实任务，那就是解放和发展生产力，增强自己的综合国力，努力追赶发达国家，使自己的社会主义真正"够格"。

社会主义的发展经历了从空想到科学、从理论到实践、从一国实践到多国实践、从胜利到曲折、从曲折到新的希望的历史过程，纵观这一历史进程，有许多历史经验值得总结。回溯社会主义的历史进程，我们既能看到社会主义一直作为世界历史的正义力量而感到自身存在的价值合理性，又能反思到社会主义由于脱臼于世界历史而被世界边缘化的沉痛教训；用社会主义的历史之镜来观照我国的现实社会主义事业，我们不仅能从中获得信心和力量，而且能从中汲取许多经验和教训。因此，深刻把握科学社会主义的基础价值，对于正确理解并持续推进中国特色社会主义理论体系的创新发展,具有丰富的历史和现实意义。

(二)中国特色社会主义理论体系与中国特色社会主义事业

坚定不移地推进建设中国特色社会主义,是我们党在改革开放以来始终坚持的理论和实践主题。中国特色社会主义事业是一项全新的事业,它前无古人的经验,现无其他国家的模式可资借鉴,更不能在马克思主义的经典著作中找到现成答案。它客观上要求我们从实际出发,在现实的实践中不断摸索、不断总结。高扬中国特色社会主义伟大旗帜,是坚持这个体系和这条道路最根本的要求。

社会主义作为一种理想的社会形态,一直是人们不懈追求的目标,而对于如何实现及建设社会主义,却一直是困扰人们的难题。在探索建设社会主义的过程中,中国共产党人勇于探索,善于总结,找到了独特的具备中国特色的道路——中国特色社会主义道路,形成了中国特色社会主义理论体系。中国特色社会主义理论体系深深根植于现实实践中,并指导着现实实践。而理论转化为现实,变为"物质力量",需要一系列中介环节,这就是党的各个时期的路线、方针、政策、措施。坚持正确的道路,就是要坚持实事求是、一切坚持从实际出发,坚持将马克思主义普遍真理与中国社会主义现代化建设相结合,既坚持科学社会主义的基本原则,又按照我国国情和时代特点彰显显著的中国特色,不断推进中国社会的发展和进步。

中国特色社会主义道路和中国特色社会主义理论体系是相互依存、相互渗透、相互促进的。一方面,作为现实基础,只有在中国特色社会主义道路上不断摸索、实践,才能形成具有中国特色的社会主义理论体系,实践进程中的种种弯路、教训和诸多成功经验,是理论诞生的重要前提和条件;另一方面,思想是行动的先导,坚持在理论的正确指导下,中国特色社会主义道路的实践才能坚定不移地继续前进,才能保证坚决不走上歧途而偏离正确的方向。中国特色社会主义理论体系的基本纲领、基本目标、基本政策和基本路线,全都有逻辑地体现在道路的实践之中,并通过其具体的实践活动彰显其丰富的、具体的内涵;中国特色社会主义道路在实际应用中的基本路线、方针政策，都是理论体系中的基本内容。在中国特色社会主义道路持续拓展、深入的过程中，遇到的问题、难题也不断增加，这客观上要求中国特色社会主义理论体系不断与时俱进，创造性地给予回应并解决时代课题。在这个过程中，理论体系也在不断创新和完善。中国特色社会主义理论体系的持续创新、发展和完善，又给予了持续前进着的社会主义道路新的发展思路和理论指导，使中国特色社会主义伟大实践不断趋向完善和成熟，并确保这条道路沿着正确的方向越走越远、越走越广、越走越深。

改革开放以来，我们取得一切成绩和进步的根本原因，归结起来就是：开辟了中国特色社会主义道路，形成了中国特色社会主义理论体系，确立了中国特色社会主义制度，发展了中国特色社会主义文化。

中国特色社会主义道路是实现途径。中国特色社会主义道路是实现社会主义现代化、创造人民美好生活的必由之路，是实现中华民族伟大复兴的必由之路。近代中国用血泪书写了一段抗争史，为了能够真正获得独立解放，改写屈辱命运，置之死地而后生的中国人开始探索自强之路。在中国共产党的领导下，中国人民不屈不挠，历经艰难斗争，取得了新民主主义革命的伟大胜利。1949年，中华人民共和国成立后，中国共产党带领中国人民进行了轰轰烈烈的社会主义革命，伴随着三大改造的完成，社会主义制度在新生的中国成功建立，我国真正意义上步入了社会主义道路。道路自信并非一帆风顺，党的十一届三中全会，以强大的政治勇气继往开来，保证了改革开放和社会主义现代化建设之路始终沿着正确的方向破浪前行。党的十八大以来，在习近平新时代中国特色社会主义思想指导下，我们党带领亿万人民，在复杂的国内环境和严峻的国际挑战中改革创新、攻坚克难、抓住机遇、趁势而上，在伟大成就和深刻变革中进一步拓宽了中国特色社会主义道路。当代中国的历史性变革和历史性成就，都无可争辩地证明，中国特色社会主义道路是一条通往复兴梦想的康庄大道、人间正道，必须坚定不移地沿着这条正确道路奋勇前进。

中国特色社会主义理论体系是行动指南。中国特色社会主义理论体系是指导党和人民实现中华民族伟大复兴的正确理论，是立于时代前沿、与时俱进的科学理论。这一理论体系，写出了科学社会主义的新版本，是改革开放以来我们党推进马克思主义中国化所取得的理论创新成果,是党最宝贵的政治和精神财富,是全国各族人民团结奋斗的共同思想基础。这一理论体系扎根于改革开放和社会主义现代化建设的伟大实践之中,符合全体中国人民的根本利益,顺应当今世界和当代中国发展潮流,具有鲜明的科学性和真理性。马克思主义理论的鲜明特征在于不断地与时俱进,在当代中国,必须进一步坚定理论自信,坚持习近平新时代中国特色社会主义思想,就是真正坚持中国特色社会主义理论体系,就是真正坚持马克思主义。

中国特色社会主义制度是根本保障。中华人民共和国成立 70 多年以来,我国成功开辟了一系列契合人民要求、符合中国特色的社会主义制度,为我国经济、政治、文化、社会和生态的发展提供了制度保障。中国特色社会主义制度是坚持和发展中国特色社会主义的旗帜,是由一系列制度构成的有机整体,涉及经济、政治、文化、社会和生态等方方面面。其包括人民代表大会制度的根本政治制度,中国共产党领导的多党合作和政治协商制度,民族区域自治制度以及基层群众自治制度等基本政治制度,中国特色社会主义法律,以公有制为主体、多种所有制经济共同发展的基本经济制度,等等。这些制度集中体现了中国特色社会主义的特点和优势,是当代中国发展进步的根本制度保障。

中国特色社会主义文化是精神力量。中国特色社会主义文化积淀着中华民族最深沉的精神追求,代表着中华民族独特的精神标识,是激励全党全国各族人民奋勇前进的强大精神力量。中国特色社会主义文化,源自中华民族五千多年文明历史所孕育的中华优秀传统文化,熔铸于党领导人民在革命、建设、改革中创造的革命文化和社会主义先进文化。改革开放至今,特别是党的十八大以来,我们坚持社会主义核心价值观,立足中华民族优秀的传统文化、革命文化以及社会主义先进文化,以更强大的后劲、更广阔的胸怀加快推动社会主义文化强国建设,推动中华文化和世界文化交融互促,力求进一步夯实中国特色社会主义的文化根基。新时代坚定文化自信,就要以更加自信的心态、更加宽广的胸怀,广泛参与世界文明对话,大胆借鉴吸收人类文明成果,推进中华优秀传统文化的创造性转化、创新性发展,继承革命文化,发展社会主义先进文化,在为新时代鼓与呼中滋养社会、铸造国魂,更好地构筑中国精神、中国价值、中国力量，为人民提供精神指引。

中国特色社会主义的道路自信、理论自信、制度自信、文化自信，四者统一于中国特色社会主义伟大实践，是中国特色社会主义的根本标志，只有坚定"四个自信"，我们才能毫无畏惧地面对一切困难和挑战，坚定不移地开辟新天地、创造新奇迹。

（三）中国特色社会主义理论体系与世界社会主义运动

继东欧剧变之后，世界上的社会主义运动正值萎靡，然而，在这样的情势下，中国的社会主义建设不仅没有处在低谷，反而还取得了辉煌的业绩，归根结底在于其始终坚持中国特色社会主义理论体系的指导。事实证明，中国特色社会主义道路是着眼于实际国情的，是成功的、正确的道路。这亦证实了中国特色社会主义理论体系不是僵化的教条，而是会随时代发展而持续发展的，不断被现实实践活动推到社会历史前沿，成为特定时期里最具有实践指导意义的理论精华。

中国特色社会主义理论体系的形成和发展，浓墨重彩地书写了世界社会主义运动的篇章，对世界各个社会主义国家具有重要的参考意义，尤其是在确定如何走适合本国国情的特色之路等方面更具有指导性意义。马克思主义基本原理适用于世界无产阶级解放斗争和国际共产主义运动，但社会主义要想兴旺发达、具有蓬勃活力，只有坚持将理论与实践相结合，探索出一条具有自身特色、适合本国国情的社会主义道路，才能不断取得成功的果实。

中国特色社会主义理论体系强调，解放思想、加快经济发展是社会主义现代化建设的首要任务，这为其他社会主义国家的发展提供了方向。马克思、恩格斯只能严格按照唯物史观社会形态发展的规律来预测未来的社会主义，尤其是从欧洲资本主义的条件出发来为我们描述社会主义的主要特征及发展方向。但是，这与大部分的社会主义国家的实际情况是不相符的，这就需要我们坚持具体问题具体分析。中国共产党解决了如何正确坚持和发展马克思主义、如何正确处理资本主义同社会主义的关系，道出"解放思想，实事求是"，一切着眼于实际，逐步迈向社会主义的目标，挣脱了"姓社姓资"的束缚，坚持"三个有利于"的标准，坚持"科学技术是第一生产力"，中国的发展才能取得辉煌的成就。在社会主义建设中也曾遭受过重大磨难。在经过"文化大革命"的内乱后，邓小平深思熟虑，重新开始认识社会主义。

在坚持马克思主义基本原理的基础上，坚持解放思想，实事求是，突破前人的思想，开拓马克思主义新境界，创造性地提出了社会主义初级阶段理论（经过另一条路建立的社会主义都应处于社会主义初级阶段）；并在学习和利用资本主义的过程中提出了社会主义市场经济理论，大大地促进了我国社会主义初级阶段生产力的发展，使我国的社会主义充满活力。中国的发展向世人证明，只有坚持走具有本国特色的、适合自身国情的社会主义道路，才能在生产力水平落后的国家建设社会主义，才能跨越资本主义发展社会主义。

中国特色社会主义的成功实践，形成了中国特色社会主义理论体系，其给世界各发展中国家探求其发展方向及发展道路提供了理论依据。中国的发展彰显了社会主义制度的优越性，因此世界上诸多社会主义国家纷纷提出了建设具备本国特色的社会主义目标。例如，老挝共产党确定了"过渡时期"的社会主义；巴西共产党正式提出了"有巴西特色的社会主义"等。再如，越南借鉴中国共产党，将自己所处的历史阶段定位于"社会主义过渡期的初级阶段"等举措。越南正是因为借鉴了中国特色社会主义理论，明确了发展目标，避免了在改革过程中可能遭遇的阻拦和挫折，减少了在改革政策上的失误，这使得越南的社会主义建设少走了许多弯路，在发展过程中也取得了可喜的成就。

简言之，中国特色社会主义是世界社会主义运动的中流砥柱，只有充分发挥中国特色社会主义的民族性和时代性，才能充分展现社会主义制度的优越性，才能充分展现科学社会主义的生机与活力，才能让世界社会主义运动蓬勃兴起。

四、中国特色社会主义理论体系与毛泽东思想的关系

毛泽东思想是马克思主义中国化的第一个成果，它是在战争和革命为时代主题的历史条件下，在我国新民主主义革命、社会主义革命和社会主义建设的实践进程中，在总结我国正反两方面历史经验的前提下，一步步形成和

发展起来的科学理论。毛泽东思想是马克思主义与中国革命、建设实际相结合的产物，是中国特色社会主义理论体系的理论基础与思想源泉。

（一）毛泽东思想是中国特色社会主义理论体系的思想先导

自近代起，中华民族遭列强入侵，中华大地生灵涂炭，人民处于水深火热之中，无数仁人志士为探索国家出路，寻找解决路径和方法。1921年，中国共产党成立，马克思主义政党的出现为中国人民带来了新的希望，也为中国革命带来了全新的思想理论指导。在这一思想理论的指导下，党带领人民为开创新的历史局面、改善国家社会状况不断努力奋斗，认清所有革命问题的基本根据（认清中国国情），以毛泽东为代表的第一代中国共产党人，深深感受到中华民族及中国人民迫切的民族独立和翻身解放的强烈愿望。为了实现这一愿望，党和人民经过28年的不懈奋斗、艰苦努力，付出了巨大的牺牲，建立了中华人民共和国，建立了社会主义基本制度，取得了社会主义建设的伟大成就。

毛泽东思想把马克思列宁主义与中国实际相结合，创立了一套中国特色社会主义革命的理论，并在这一理论指导下夺取了中国社会主义革命的胜利。中华人民共和国成立以后，特别是1956年党的八大前后，毛泽东进而提出了社会主义建设的宝贵思想。为探寻中国式的工业化、现代化道路，他写了《论十大关系》《关于正确处理人民内部矛盾的问题》等著作，对社会主义建设的新体制、新理论做了可贵的探试。随着改革开放宏伟事业的推进，以中国特色社会主义道路的不断探索为前提和基础，中国特色社会主义理论体系不断发展着。其虽不包括毛泽东思想，但这绝不等同于否认毛泽东时期在建设中国社会主义中的艰辛探索，绝不等于否认毛泽东在社会主义建设道路上形成的理论贡献。我们应该清楚地认识到：毛泽东思想是中国特色社会主义理论体系的思想先导。

第一，毛泽东思想的观点与方法。毛泽东宏大而又深邃的思想体系中蕴含着一套完整而又独特的价值观，即毛泽东的人民主体价值观，其中蕴含人民主体、人民至上、人民利益、全心全意为人民服务、群众路线、人民代表大会、党的领导等一系列重要概念，始终体现在中国特色社会主义理论体系之中，为其形成和发展做出了积极有力的贡献，为我国社会进步和经济、政治、文化发展提供了基础与保障。

第二，毛泽东关于社会主义建设规律的理论成果。毛泽东在早期社会主义建设的探索进程中曾提出的有关社会主义建设的观点和思想亦渐渐成为如今共产党人开展社会主义建设的重要先导，成为社会主义理论的重要生长点。例如，有关社会生产力和生产关系的矛盾等论述，皆为我国社会主义建设指明了方向，即便是在现在，这些内容也依旧发挥着重要的指导作用。

第三，毛泽东的执政党建设理论。在社会主义建设的核心领导问题上，毛泽东提过"两个务必"，强调保持党和国家的组织先进性、思想建党、从严治党，这些不仅给我们党组织成员的思想作风建设以及反腐倡廉活动提供了理论基础，还表现出了党的纯洁性和先进性。在毛泽东思想的指导下，我们形成了社会主义的根本政治制度和基本政治制度，这与中国特色社会主义理论体系的内容相吻合。

简言之，毛泽东思想是马克思主义基本原理与中国革命相结合的产物，为中国特色社会主义理论体系形成和发展提供了理论前提，是其形成和发展的思想先导。

（二）中国特色社会主义理论体系是对毛泽东思想的创新和发展

中国共产党自成立开始，就是一个以马克思列宁主义为指导思想的党。然而，找到了马克思列宁主义这个崭新的思想武器，并不意味着就能够解决中国所面临的问题，还必须不断把马克思主义同中国的具体实际相结合，不断实现马克思主义的中国化，这一过程包含两大发展成果，其中中国特色社会主义理论体系是马克思主义中国化的第二大理论成果，是对第一个发展成果——毛泽东思想的继承和发展。

以毛泽东为主要代表的中国共产党人，围绕着中国革命的性质、特点、动力、对象和前途，把马克思列宁主义的基本原理同中国革命的具体实践相结合，创造性地提出了新民主主义革命和社会主义改造的理论。初步探索了建设和发展社会主义的道路，形成了具有鲜明中国特点的科学指导思想。以邓小平为主要代表的中国共产党人，继承了毛泽东开创的马克思主义中国化的进程。围绕怎样使社会主义具有充分的生机和活力,发挥它固有的对资本主义的优越性,在总结国内外社会主义建设经验教训的基础上,以搞清楚什么是社会主义、怎样建设社会主义为主题,逐步形成了中国特色社会主义的路线、方针、政策,阐明了在中国建设社会主义、巩固和发展社会主义的基本问题,创立了邓小平理论,引导着中国特色社会主义伟大事业不断前进。以江泽民为主要代表的中国共产党人,围绕着怎样把我国建设成为富强、民主、文明的社会主义国家这个主题,根据党的历史方位的变化,进一步回答了什么是社会主义、怎样建设社会主义的问题,创造性地回答了建设什么样的党、怎样建设党的问题。深化了对中国特色社会主义的认识,实现了我们党指导思想的又一次与时俱进,这是我们党对于毛泽东思想的创新性发展。

中国特色社会主义理论体系是对毛泽东思想的继承和发展,主要体现在:其一,在发展时期上,毛泽东思想是在社会主义建设时期,关于如何在一个经济文化落后的国家建设社会主义的初步探索;中国特色社会主义理论体系是在改革开放时期形成的科学体系,是新一届党中央领导集体面对和平与发展的时代主题,审时度势,在现代化建设中形成的回答了新时代特征、国际格局、外交战略等一系列重大问题中逐步形成和发展的完整体系。其二,在发展的指导思想上,虽然以毛泽东同志为代表的中国共产党高度重视社会主义建设,但由于各种主客观、国内外因素,在社会主义建设时期我们的指导思想发生了"左"的错误,提出了"以阶级斗争为纲"的口号;中国特色社会主义理论体系的开篇就提出了"解放思想、实事求是"的口号,制定并实施了党的基本路线,其中最重要的就是"中心"——以经济建设为中心,在发展中国特色社会主义的过程中,我们提出了"三个代表"重要思想、科学发展观,成为中国特色社会主义理论体系中的重要指导思想,这是我们党在建设社会主义指导思想上的继承和创新。其三,在发展空间上,毛泽东虽然认识到只有与世界上一切国家开展平等互利的经贸交流,才能实现发展,但是由于西方强国对我国实施孤立封锁的政策,所以我们不得不关起门来干建设;但是,中国特色社会主义理论体系在发展空间上一直强调打开国门谋发展,实现了全方位开放的开放格局,既拓展了发展的空间,又促进了社会主义现代化事业的发展。其四,在发展动力上,毛泽东在社会主义改造完成后曾提出，正确处理人民内部矛盾，是社会主义经济建设的动力，但其提出的"以阶级斗争为纲"的口号，错误地认为阶级斗争是推动社会发展的动力；中国特色社会主义理论体系中最具有特色的"支柱"——改革开放理论，深刻表明改革是推动社会发展最直接的动力，深刻揭示了社会主义建设的实践规律，而江泽民也提出了创新是社会发展的动力，这些关于社会发展动力的科学认识，是指导我们建设社会主义的科学思想，是马克思主义理论与中国现实实践科学"结合"的重大理论成果。

（三）坚持和发展中国特色社会主义理论体系就是真正坚持毛泽东思想

毛泽东思想和中国特色社会主义理论体系是一根相连、一脉相传、一体相依的，马克思主义中国化就是贯穿在其中的"藤"，毛泽东思想和中国特色社会主义理论体系是其生长的"硕果"，体现了理论向实践自觉流动和实践向理论自觉提升的辩证统一。在当代中国，其继承了毛泽东思想的精华，又包含了时代发展给予的崭新内容，为毛泽东思想开创的马克思主义中国化进程开辟了广阔空间，具备新的发展潜力。在当今中国，坚持中国特色社会主义理论体系，本质上就是坚持毛泽东思想的深化和发展。

只有坚持和发展中国特色社会主义理论体系，才能实现毛泽东为之奋斗终生的社会主义事业。正因为在毛泽东思想的指引下，中国共产党终于推翻了压在人民头上的"三座大山"，取得了新民主主义革命的胜利。在毛泽东人民主体价值观的指导下，中国建立了一个以人民为主体、推进社会主义民主的新型国家。中华人民共和国建立了"各革命阶级联合专政的国家"，实现了中华民族人民当家作主的百年梦想。"三大改造"后，中国基本上实现了从新民主主义向社会主义的转变，建立了社会主义制度。建设中国特色社会主义，是毛泽东倾尽毕生精力的事业，但是这个未竟之业需要我们无数的后辈继承和发展。坚持和发展中国特色社会主义，需要不断地创新和发展中国特色社会主义理论体系，才能深刻把握社会主义建设的客观规律，才能以真理的强大力量指导这个宏伟事业的前进和进步，才能完成毛泽东为之奋斗终生的伟大事业，才能实现中华民族的伟大复兴。

只有坚持和发展中国特色社会主义理论体系，才能够不断推进马克思主义中国化过程。"马克思主义中国化"是毛泽东提出的重要命题，也是他穷尽一生在追求和回答的问题。中国革命、建设和改革所取得的成果都是我们党自觉接受马克思主义指导的结果，离开了马克思主义的指导，就不可能有马克思主义中国化；同时，在中国革命、建设和改革的实践过程中，我们党获得了许多新经验、探索了许多新规律，这些内容虽然在马克思主义经典作家的书本里找不到，但它却是在马克思主义指导下获得并能指导现实实践的重要内容，是发展着的马克思主义的现实内容。毛泽东思想，是马克思主义与中国现实国情相结合的第一个重要成果，具有划时代的重要意义：马克思主义不再是过去人们以为的那种刻板的、僵化的教条，而是科学的世界观和方法论，是用来指导实践活动的。"理论创新的源泉在实践，实践的主体是人民群众。"马克思主义中国化的理论成果来自人民群众创造历史的伟大实践，是和人民群众命运息息相关、充满群众智慧的理论。这就要求我们注重理论体系的整体创新，不断丰富马克思主义的真理体系。我们党一代又一代的领导集体都强调立足国情、放眼世界，从中国经济、政治、文化、社会统一的高度，全面推进理论工作。无论是毛泽东思想、邓小平理论，还是"三个代表"重要思想，都是与马克思主义既一脉相承又与时俱进的科学体系，都贯通了哲学、政治经济学、科学社会主义等领域，涵盖了经济、政治、科技、教育、文化、民族、军事、外交、统一战线、党的建设等方面，因而都表现出了理论创新的全面性。当然，两者之间又不是平行的，而是随着革命、建设和改革事业发展的历史进程层层递进、不断深入的。它们深刻地反映出了我们党对共产党执政规律、对社会主义建设规律、对人类社会发展规律认识的不断深化和发展。

只有坚持和发展中国特色社会主义理论体系，才能准确把握毛泽东思想的精神实质，才能真正地继承和发展。毛泽东思想的活的灵魂，即群众路线、独立自主和实事求是，是坚持发展中国特色社会主义理论体系的思想内核。群众路线是毛泽东思想的根本立场，也是其根本认识路线和工作路线；独立自主是毛泽东思想的重要原则和必然结论；实事求是是毛泽东思想的精髓和哲学基础。三者不仅是贯穿毛泽东思想的红线，也是中国特色社会主义理论体系在毛泽东思想上的坚持与发展。例如，实事求是作为中国特色社会主义理论体系之精神实质，现实实践理性使然。无论是中国的社会主义现实，还是中国社会主义建设的曲折历史，都呼唤着真正的实事求是精神。在群众路线方面，中国共产党坚持以人民赞成不赞成、拥护不拥护、答应不答应、高兴不高兴，作为其制定一切方针和政策的出发点和落脚点，坚持做到满足人民的需要、实现人民的愿望、维护人民的利益；在独立自主方面，中国共产党始终坚持把马克思主义基本原理同中国国情相结合，探索中国特色社会主义道路，在国际上坚定维护国家的主权、尊严和独立，坚持独立自主的和平外交政策。

五、中国特色社会主义理论体系的基本成果及其相互联系

马克思主义是科学的理论，它为我们提供了正确的世界观和方法论，马克思主义中国化是马克思主义基本原理与中国实践相结合的产物，中国特色社会主义理论体系是马克思主义中国化的现实内容，它有其自身的原理规律、逻辑体系、发展历史，是科学的真理体系。在建设中国特色社会主义新的实践中，形成了习近平新时代中国特色社会主义思想。

（一）邓小平理论是中国特色社会主义理论体系的基础形态

现代化是当今世界的主旋律，是当今世界发展的内在本质和必然趋势。二战以来，尤其是20世纪60年代以来，现代化又重新成为世界历史的重心。其原因是昔日在帝国主义统治下的殖民地纷纷独立，它们急需探索自己的发展道路，而对殖民地仍然恋恋不舍的"宗主国"又不得不寻求在经济上、政治上、文化上与独立后的国家建立新关系；过去并非殖民大国的美国，战后跃居鳌头地位，它的发迹经验不仅对不发达国家具有很大的吸引力，而且使欧洲先进国家惊叹不已；资本主义世界反复出现的危机与衰退，西方列强之间新的角逐和社会主义阵营的分裂，迫使大批不发达国家去重新选择发展道路，它们既想克服资本主义现代化道路中的种种弊端，也试图避免某些社会

主义国家因僵化模式而陷入的困境。凡此种种都说明，现代化无论在不发达国家还是发达国家，在资本主义国家还是社会主义国家，都日益受到重视，它成为当今世界的主流。

邓小平紧紧攥握这一世界历史的主旋律，认为它是世界历史发展的内在必然性的体现。中国的发展离不开世界，只有不断追赶世界，与世界同伍，国家才能获得真正发展。在这种时代背景下，为了契合当今世界发展的内在理性，邓小平坚定不移地提出了"把马克思主义的普遍真理同我国的具体实际结合起来，走自己的路，建设有中国特色的社会主义"[①]。

在党的十一届三中全会以前，由于对中国社会主义建设的基本规律缺乏深刻的认识，由于对马克思主义的某些论断做了教条主义的片面理解，因此，党在什么是社会主义、怎样建设社会主义这一基本问题上走过了一段曲折的路程。在经历了"文化大革命"的严重挫折之后，党总结了社会主义建设正反两方面的经验，对社会主义进行了再认识，对社会主义本质进行了新的界定，制定了"一个中心、两个基本点"为主要内容的党在社会主义初级阶段的基本路线，逐步探索出一条中国特色社会主义建设的道路，并在此基础上产生了我们党第二个里程碑式的理论成果——邓小平理论。邓小平理论的形成和发展就是马克思主义与中国实际相结合的过程。党的十一届三中全会以来的历史表明，改革开放每前进一步，都是解放思想，都是把马克思主义与中国实际相结合的过程，邓小平理论也正是在这一过程中形成和发展的。十一届三中全会前后，安徽、四川、贵州等地群众自发实行了包干到户、包产到户等不同形式的家庭联产承包责任制。一时间，来自各方面的批评和怀疑有很多，邓小平坚持从实际出发、实事求是，把普遍原理与我国社会主义初级阶段的实际统一起来，支持农村改革，这样，中国大地轰轰烈烈的农村改革普遍掀起。农村改革大大解放了生产力，使广大农民很快就富了起来。关于市场经济姓"资"姓"社"的问题曾争论很长时间，1992年邓小平南方谈话，明确指出市场经济不等于资本主义，社会主义也可以搞市场经济，这大大解放了人们的思想观念，党的十四大把建立社会主义市场经济体制确定

---

① 邓小平. 邓小平文选：第3卷 [M]. 北京：人民出版社，1994：3.

为经济体制改革的目标，这是对马克思主义的重大发展，是马克思主义与中国实际的具体结合。

邓小平理论是实践的产物，其基本理论都是在现实实践过程中提出、完善的。比如，邓小平理论的根本问题——"什么是社会主义，怎样建设社会主义"的问题不是在理论推绎中而是在实践中提出并逐步完善的。由于十年动乱使我国的经济到了崩溃的边缘，因此中国社会的当务之急是发展经济而不是搞阶级斗争，对此，邓小平正本了"革命"一词，认为革命不是搞阶级斗争，而是要"扫除生产力发展的障碍"。"我们革命的目的就是解放生产力，发展生产力。离开了生产力的发展、国家的富强、人民生活的改善，革命就是空的。"①正是基于这一基本观点，他把改革看成革命。1992年，他进一步明确了解放生产力、发展生产力这一社会主义本质内涵。"什么是"与"怎样搞"是统一的，"什么是"最终要在"怎样搞"中体现并完善。因此，对社会主义的正确认识固然重要，但更重要的是在实践中创造性地实现，解决"怎样搞"更具有实践意义。"怎样搞"？邓小平认为首先要弄清中国的"是"。其次，要大力发展生产力，"不管你搞什么，一定要有利于发展生产力"②。再次，既要保留好的传统，更要依据新的情况来确定新的政策，要坚持马克思主义的具体化和时代化。最后，改革必须因地制宜，不仅要讲"中国特色"，也要讲"地方特色"，要考虑到国内各个不同地区的特点，等等。③正是通过这些"怎样搞"，才使邓小平理论在社会主义本质问题上实现科学创新。邓小平从实际出发构筑的理论并非仅仅为了理论"体系"本身，其理论的目的在于现实实践。"研究新情况"的目的是"解决新问题"。从实际出发蕴含着，我们的活动目的不能停留在原来的实际上，而是要创造新的实际，改善实际，"改造世界"。邓小平理论所指向的对象是中国特色社会主义现代化建设，这本身是一个大实践，其理论的基本内容都是为了解决这个实践中的具体问题。值得指出的是，为实践服务，就最终意义来讲，是为实践的主体服务，发展经济，创造良好的社会条件是为了人民生活的富裕和幸福。邓小平强调尊重群众的

---

① 邓小平. 邓小平文选：第2卷［M］. 北京：人民出版社，1994：231.
② 邓小平. 邓小平文选：第2卷［M］. 北京：人民出版社，1994：312-313.
③ 邓小平. 邓小平文选：第2卷［M］. 北京：人民出版社，1994：313.

创造，了解群众的呼声，体察群众的疾苦，想人民之所想，急人民之所急的意义正在于此，总之，一切为了人民的利益和幸福是邓小平理论的最高目的。

邓小平理论是对马列主义、毛泽东思想的继承和发展，它承续了马列主义、毛泽东思想的内在理性，代表了马列主义、科学社会主义的主流思想，是马克思主义在中国发展的新阶段。概括地讲，邓小平理论继承了马列主义、毛泽东思想这一历史发展链条中最根本的东西。①坚持物质第一性、实践第一的彻底唯物主义原则。邓小平理论的精髓——解放思想，实事求是，是对马列主义、毛泽东思想的世界观和方法论最本质的承续，也是它之所以成为当代中国的马克思主义的最根本、最有说服力的理由。②坚持科学社会主义原则。社会主义之所以优越于资本主义，最根本的一条是生产力的高度发达，这是马克思主义的基本结论，正是从社会基本矛盾的最深层来理解社会主义的本质，才有邓小平的社会主义本质论，它是马克思主义的深层理性的现实显现，是对科学社会主义理论的重大贡献。③社会主义的实践都是在经济文化相对落后的国家进行的，因此，发展生产力更是它们的根本任务，那么，如何发展生产力？答案是从实际出发，从本国实际出发，"走自己的路"。这样，它把马克思主义的基本原则与具体实际现实地统一起来了。总之，邓小平理论是中国特色社会主义理论体系的基础形态。

（二）"三个代表"重要思想和科学发展观是中国特色社会主义理论体系的重要发展

实践无止境，理论创新也没有止境。随着社会主义市场经济的发展和改革开放的深化，中国共产党既要正确调整并处理不同利益群体间的冲突，又要代表广大人民群众的根本利益。党该如何适应经济体制、社会结构及阶层结构的变动，已作为实践发展提出的新问题而凸显出来。特别需要强调的是，20世纪80年代末90年代初，世界上社会主义运动正值萎靡，东欧剧变，苏联解体，全球执政的共产党接二连三地丢了政权，社会主义国家的垮台成了"多米诺骨牌"现象。这个事实给所有还在执政的共产党都带来了巨大压力，中国社会主义事业面临新的巨大困难。

在新的实践和新的发展中，我们党坚持高举邓小平理论的伟大旗帜，全面贯彻党的基本路线，及时正确地处理各种复杂的矛盾，对新的实践进行了新的理论概括，继承、丰富和发展了邓小平理论，遵照邓小平"要聚精会神地抓党的建设"的叮嘱，将中国特色社会主义与执政党建设联系起来考虑，将党的建设上升到改革开放和现代化建设同样的高度，提出要用执政党的建设来保证中国特色社会主义事业的健康发展，从而提出了"三个代表"重要思想，对新时期"建什么样的党、怎样建党"的重大问题进行了科学回答。这些都说明，我们党一以贯之地把马克思主义与中国实际相结合，走自己的路，在新的实践中丰富和发展马克思主义。

"三个代表"重要思想是加强和改进党的领导，推进社会主义自我完善和发展的强大思想武器，是内在统一的科学理论体系，其具体内容概括为"中国共产党必须始终代表中国先进生产力的发展要求，代表中国先进文化的前进方向，代表中国最广大人民的根本利益"，揭示了有机体内经济、政治、文化发展的必然趋势，反映了新时期我们党保持先进性的要求，体现了我们党执政为民的保证。

"三个代表"不是孤立的，而是一个不可分割的整体。发展先进生产力是发展先进文化和实现最广大人民利益的重要前提；发展先进文化则是另外二者的重要条件；人民群众是发展先进生产力和先进文化的主体和依靠；三者统一于党的建设伟大工程和建设中国特色社会主义现实实践之中。

"三个代表"重要思想，彰显了马克思主义与时俱进的优秀品质，是对中国特色社会主义认识的深化，其在极大程度上丰富并发展了中国特色社会主义理论体系，解决了世纪之交国际局势变化和中国社会发展对中国特色社会主义提出的严峻挑战，是中国特色社会主义理论体系迈向成熟的重要标志。

党的十六大以后，中国特色社会主义承担着实现全面建设小康社会的使命。一边，正处于大有可为的战略机遇期，另一边，也面临着史无前例的挑战。在中国特色社会主义进程中，我们产生了一系列问题：重视发展速度忽视发展质量、重视部分地区先富忽视三大差距，等等。改革开放迈入了关键期，在发展过程中的诸多深层次问题集中地、成堆地暴露出来，比如，由于高投入、低产出、高消耗、高排放、低效率的粗放型经济增长模式，造成环境和资源的矛盾逐渐明显，贫富差距在发展过程中持续性扩大的问题、社会公平公正的问题、腐败问题等，皆是阻碍经济社会向前发展的因素。能不能闯过这个关卡，缓解社会矛盾，避免产生冲突，已是中国特色社会主义深入发展的巨大挑战，亦是对执政党能力的严峻拷问。

面对贫富差距日益扩大、各地已经不同程度出现两极分化的现实，中央就提出了构建和谐社会的理念。一个社会只有努力缩小贫富差距，让穷人们感到他们不是越来越穷，而是与多数人一样，一步步走向共同富裕，这样，我们才能不断逼近社会主义和谐社会。

从"发展才是硬道理"，到"发展是第一要务"，再到"科学发展观"，反映了我们党对发展观认识的深化，对社会主义建设规律认识的深化。"发展是硬道理"不等同于"增长是硬道理"，以"经济建设为中心"不等同于"以速度为中心"，科学发展观也仍然强调以"经济建设为中心"，因此三者并不是对立的，而是辩证统一的，它们共同统一于中国特色社会主义建设的历史进程和现实实践之中。党的十六届五中全会及十一五规划的精神重在全面落实科学发展观，把科学发展观贯穿到我国社会主义经济、政治、文化、社会的各个方面和各个过程，用科学发展观统领经济社会发展全局。我们必须全面领会和切入贯彻全会及十一五规划的精神，在现实实践中推进中国发展的伟大转变。

科学发展观是指导发展的世界观和方法论的集中体现，是对社会主义现代化建设指导思想的重大发展，是统领我国经济社会发展全局的根本指导思想，是坚定不移走中国特色社会主义伟大道路的理论基础和思想保证。只有树立和落实科学发展观，才能解决当前经济社会发展中诸多矛盾和问题，才能在新世纪新阶段推进我国现代化建设，才能真正构建社会主义和谐社会、实现中华民族的伟大复兴。因此，从中国共产党的现实事业和当前任务来说，树立和落实科学发展观，是不断推进我们党的事业进步的有力保证，是不断推进中国特色社会主义事业前进的有力保证，是党的指导思想的现实内容。

（三）习近平新时代中国特色社会主义思想是中国特色社会主义理论体系的最新理论成果

时代变动不居，新情况新问题层出不穷，时代课题总是一个个摆在人们面前。伟大时代孕育伟大思想,伟大思想蕴含深邃智慧。哲学社会科学之所以能在人类社会的重大进步中、人类文明的重大发展中发挥重要作用,就在于其能够解答时代课题。党的十八大以来,中国特色社会主义进入新时代,我国的发展环境、发展条件等都发生了新的变化,目标任务、社会主要矛盾等也发生了新的变化。随着改革开放的深入和外部环境的变化,各种深层次矛盾和问题必然不断呈现,各类风险和挑战必然不断增多,这就需要我们推进中国特色社会主义理论体系的创新和发展,坚持用新的理论为时代发展提供精神动力。

以习近平同志为核心的党中央在积极应对国内外严峻挑战、进一步促进改革开放、坚持并发展中国特色社会主义的进程中,在治国理政的进程中取得了诸多新的宏伟成果,书写了中国特色社会主义事业的新篇章,形成和发展了习近平新时代中国特色社会主义思想,这是新时代马克思主义中国化最新理论成果。伟大的时代产生伟大的精神,伟大的时代需要伟大的精神。哲学社会科学能够传播真善美、批判假恶丑,具有启迪思想、陶冶情操、温润心灵的精神导引功能,能够为时代发展提供强大的精神动力。为了回应时代的呼声,为了回答"治理一个什么样的国家、如何治理国家"的重大课题,习近平新时代中国特色社会主义思想从总体目标、制度保障、精神支撑等方面扩展了中国特色社会主义理论体系的领域。

习近平新时代中国特色社会主义思想,是在研究新情况新问题,努力解答时代课题,为新的实践提供理论支撑的基础上形成的,具有鲜明的时代特色。它的提出,仍旧是以我们党对国情和世情的基本判断为立论依据。正是立足于基本国情,把握阶段性进度,党的十八大以来,以习近平同志为核心的党中央始终保持与时俱进、改革创新的政治勇气,始终把握历史大势、引领时代潮流,不断深化对共产党执政规律、社会主义建设规律、人类社会发展规律的认识,努力开创治国理政新境界。"五位一体"总体布局、"四个全面"战略布局、经济发展新常态、五大发展理念、人民至上价值观等,在内政外交国防、治党治国治军等各个方面提出了一系列治国理政新理念新思想新战略。这既符合当代中国发展的新特点新要求,又顺应和平发展的世界潮流,是马克思主义真理性的现实彰显。作为中国特色社会主义理论体系的最新成果，在立论依据、理论主题、价值立场、思想原则等方面，这些新思想新理念新战略，与中国特色社会主义理论体系现有成果有着内在一致性，两者观点相融，思想交汇，是紧密联系、互相贯通的理论成果。坚持并发展中国特色社会主义，是中国特色社会主义理论体系的主体，亦是习近平新时代中国特色社会主义思想提出和形成的着眼点和落脚点，其意义和目的是为了更深入地推动中国特色社会主义事业，全面建成小康社会，加速实现社会主义现代化和中华民族伟大复兴。以习近平同志为核心的党中央治国理政新理念新思想新战略坚持从我国国情的客观实际出发制定政策、推动工作，坚持用对立统一的矛盾分析方法分析和解决现实实践中的新问题。它是科学运用马克思主义唯物辩证法的成功典范。

习近平新时代中国特色社会主义思想，是中国特色社会主义建设事业和中华民族伟大复兴的行动指南，横向拓展了中国特色社会主义的理论视野，纵向深化了中国特色社会主义的实践主题，从而不断赋予中国特色社会主义理论体系新的科学内涵。

（四）既一脉相承又与时俱进

在中国特色社会主义理论体系中，邓小平理论被视为开山之作、奠基之作，"三个代表"重要思想及科学发展观是发展之作，习近平新时代中国特色社会主义思想则被视为理论体系上的创新与升华。中国特色社会主义理论体系，是马克思主义中国化的理论成果，其中的每一个发展阶段和每一个子系统之间都是相互衔接、相互贯通、一脉相传、推陈出新的。

它们虽互相区别但一脉相传。中国特色社会主义理论体系是围绕"什么是社会主义、怎样建设社会主义"的主题展开的；其理论的对象是中国特色社会主义建设的经验与规律；其实践的对象是中国特色社会主义建设事业；其指导思想是马列主义、毛泽东思想；其理论品质和精神实质是实事求是；其理论基础是社会主义初级阶段这一基本国情；其实将理论转化为实践的中介都是党的基本路线；其实质都是中国特色社会主义发展理论。

它们不仅一脉相传而且推陈出新。马克思主义与其他一切理论的根本区别在于它不是从抽象的理念王国中思辨而至，而是从现实的实践活动中概括提炼出来的，这种建立在现实活动基础上的理论，反过来又对现实活动产生巨大的"物质力量"。中国特色社会主义理论体系作为马克思主义在中国发展的最新成果，同样也具有这种显著的实践品格，因此它们都坚持立足于实际，坚持在改革开放不同阶段、不同时期的具体实践中总结经验教训，在解决新问题、新困难、新矛盾的过程中创新发展，形成独特的新思想、新观点、新理论。不同阶段形成的理论在内容上相互贯通，层层递进，都是对建设和发展中国特色社会主义问题的回答和深化，都是在不同的发展过程中形成的阶段性的科学理论成果。

马克思主义中国化的各理论成果，不仅一脉相传，而且推陈出新，是统一的科学思想体系，它们不仅统一于中国革命、建设和改革的实践中，而且还统一于中国特色社会主义新的伟大实践中。新时期新形势下，我们要"不忘初心、继续前进"，不断总结历史经验、把握历史规律，增强开拓前进的勇气和力量，持续推进理论创新，用发展着的马克思主义指导实践。

六、中国特色社会主义理论体系与中国现代社会发展的关系

中国特色社会主义理论体系，是围绕"什么是社会主义、怎样建设社会主义"的主题展开的，其理论的对象是中国特色社会主义建设的经验与规律，其实践的对象是中国特色社会主义的建设事业。推进现代社会的治理与发展，加速社会主义现代化建设，实现中华民族的伟大复兴，都必须有正确的理论指导。

（一）中国特色社会主义理论体系是中国社会主义现代化建设的理论基础

现代化是当今世界的主旋律，是当今世界发展的内在本质和必然趋势。现代化是中国人民的梦想，社会主义现代化是中国社会发展的最基本动力。自鸦片战争以来，中国社会的内在理性是救亡图强，无论是洋务运动、改良主义、辛亥革命还是新民主主义革命，它们都有一个共同的理性要求——实

现现代化，使中国富强。现代化贯穿在曲折顽强的中国历史之中，成为中国社会170多年来的理性呼声。

自鸦片战争以来，帝国主义列强在政治、经济、军事上的入侵，给整个中华民族造成了深重的灾难。社会主义救了中国，完成了救亡图存的历史使命，但中国的富强之梦远没有实现，社会主义现代化道路仍是曲折的。邓小平深深意识到，要在中国实现社会主义现代化是艰难的，必须对中国社会主义根本矛盾、根本道路和根本方向做深入思考。在邓小平看来，社会主义现代化建设不是一般的富国强兵，而是对小生产的生产方式的全面否定，是以社会化大生产为基础、向更高级的社会演进的历程，是以大工业文明替代农业文明的一次历史性嬗变，也是使中国日益富强，赶上甚至超过其他国家的历史进程。正是在对社会主义现代化的深层理解基础上，邓小平确立了中国特色社会主义建设的道路。这条道路对社会主义现代化建设的本质、内涵、特点、阶段和具体步骤等进行了科学的规定，既深谙中国社会发展的内在脉理，又深深扎根于中国社会历史和现实国情之中，是对社会主义建设规律的科学把握。

党的十六大确立了全面建设小康社会的目标，这既是邓小平理论的续延，又是依据时代条件的变化，依据社会主义现代化自身发展的逻辑，与时俱进，理论创新的成果，是我们党对社会主义建设规律的最新把握。这个目标是中国特色社会主义经济、政治、文化全面发展的目标，是与加快推进现代化相统一的目标，符合我国国情和现代化建设的实际，符合人民的愿望，标志着我们党对社会主义建设规律认识的进一步深化。全面建设小康社会，最根本的是坚持以经济建设为中心，不断解放和发展社会生产力，我们必须走新型工业化道路，大力实施科教兴国战略和可持续发展战略，走出一条科技含量高、经济效益好、资源消耗低、环境污染少、人力资源优势得到充分发挥的新型工业化路子；全面建设小康社会，必须毫不动摇地巩固和发展公有制经济，必须毫不动摇地鼓励、支持和引导非公有制经济发展，把坚持公有制为主体和促进非公有制经济发展有机统一起来，统一于社会主义建设事业中，是现阶段我国社会主义现代化建设的客观要求，各种所有制经济可以并且必须在市场经济的竞争体系中发挥各自优势，取长补短，相得益彰，共同促进社会主义经济发展；发展社会主义民主政治，建设社会主义政治文明，是全面建设小康社会的重要目标，把政治文明与物质文明、精神文明并提，这是我们党在代表大会报告里首次明确提出的，也是报告的又一个亮点，是我们党理论创新的又一重要成果。政治文明是人类在政治实践活动中形成的积极成果，是人类社会政治生活的一种进步状态。建设社会主义政治文明，就是要保证人民当家作主，促使党的领导、人民当家作主和依法治国三位一体，建设一整套能够保障社会主义民主的政治思想、政治制度、政治机构和政治规范，保证社会主义政治制度的进步性，充分发挥政治对经济、文化、社会等各个方面的积极作用，为现代化建设创造良好的政治条件和政治氛围；全面建设小康社会，必须大力发展先进文化，发展面向现代化、面向世界、面向未来的，民族的科学的大众的社会主义文化，以不断丰富人们的精神世界，增强人们的精神力量，我们必须支持健康有益的文化，努力改造落后文化，坚决抵制腐朽文化，不断增强中国特色社会主义文化的吸引力和感召力，使全民族的思想道德素质、科学文化素质和健康素质明显提高，形成比较完善的现代国民教育体系、科技和文化创新体系、全民健身和医疗卫生体系；全面建设小康社会，必须大力提倡可持续发展，使我国的可持续发展能力不断增强，生态环境得到改善，资源利用效率显著提高，促进人与自然的和谐，推动整个社会走上生产发展、生活富裕、生态良好的文明发展道路。

历史和实践证明，只有坚持和发展中国特色社会主义理论体系，才能坚定不移地走中国特色社会主义现代化的道路，才能以科学的指导思想正确指引中国社会主义现代化事业的发展。

（二）中国特色社会主义理论体系是实现中华民族伟大复兴的行动指南

经过改革开放40多年来特别是党的十三届四中全会以来的持续奋斗，我国改革开放和社会主义现代化建设取得了举世瞩目的伟大成就。但是，在我国全面建设小康社会、加快推进社会主义现代化的历史进程中，我们面临的困难还很多，我们要走的路还很长，我们要完成的任务还很重。相对于我们党所担负的光荣而艰巨的历史使命而言，我们目前已经取得的成就还只是初步的,在实现中华民族伟大复兴的"中国梦"的进程中还有很长的一段路要走,这就需要我们牢记实现"中国梦"的历史使命,勇于担当负责,敢于直面风险挑战,把中国特色社会主义理论体系的重大思想转化为推进改革发展稳定和党的建设各项工作的实际行动,把初心使命变成党员干部锐意进取、开拓创新的精气神和埋头苦干、真抓实干的自觉行动,以坚忍不拔的意志和无私无畏的勇气战胜前进道路上的艰难险阻,推动党的路线方针政策落地生根。

新时代是全体中华儿女勠力同心、奋力实现中华民族伟大复兴"中国梦"的时代,虽然在中国特色社会主义理论体系的指导下,我们取得了辉煌的成就,但是在实现"中国梦"进程中,我们还有很长的路要走。例如,经济成就与社会事业存在长短腿问题,经济结构矛盾比较突出等问题依然制约着中国的进一步发展,这就需要我们坚持中国特色社会主义理论体系的指引作用。

中国特色社会主义理论体系,科学地揭示了中国社会主义建设的特殊规律,以事实向世界人民证明,只有坚持中国特色社会主义建设,才能实现社会主义现代化和中华民族的伟大复兴。改革开放40多年的进程,事实上就是我们党带领人民探索社会主义发展道路的历程,历经40多年风风雨雨,我们形成了具有中国特色的科学的社会主义理论体系。事实也证明,无论是过去、现在,还是将来,我们只有发扬中国特色社会主义理论体系的强大真理性力量,才能实现中华民族的伟大复兴。

(三)中国特色社会主义理论体系是实现中国社会主义现代化的共同思想基础

在改革开放40多年的进程中,我们党带领全国各族人民不断推进社会主义现代化建设伟大实践,又在这个基础上建立且持续发展完善了中国特色社会主义理论体系。其能够成为当代中国各族人民团结奋斗的共同思想基础,是由其历史地位、重要作用、时代要求及人民需要所决定的。

中国特色社会主义理论体系包括邓小平理论、"三个代表"重要思想和科学发展观。无论是邓小平理论、"三个代表"重要思想还是科学发展观,它作为马克思主义中国化第二次飞跃的理论内容,要回答的理论和实践主题都是在中国这样的现实状况下怎样建设中国特色社会主义的问题,因此,"什么是社会主义、怎样建设社会主义"是它们必须解答的共同的基本问题,也是中国特色社会主义理论体系的对象和主题。实现中国社会主义现代化,是中国社会170多年的历史呼声,社会主义现代化事业是活动的、发展的。现实是"长青之树",我们只有在现实实践的发展中高举中国特色社会主义理论体系这面旗帜,才能使中国摆脱贫穷落后,以一个面向世界、面向未来、面向现代化的社会主义中国呈现在全世界眼前,屹立于世界之林。

党领导人民在实现社会主义现代化的进程中,形成了独具特色的社会理论体系,这是我们在面对发展过程中遇到的新问题、新矛盾做出的新回应、新论断,从而形成的科学的理论体系。在社会主义改造基本完成之后,我们党带领人民坚持从自身国情出发,走上了探索社会主义建设的道路,但由于受主客观因素、国内外因素的影响,以及我们对社会主义的认识还模糊不清,造成在探索过程中出现了失误。为了推动国家发展,维护国家利益,改善人民群众生活,党和国家领导人坚持求我国社会主义初级阶段基本国情之真,务坚持长期艰苦奋斗之实;求社会主义建设规律和人类社会发展规律之真,务抓好发展这个党执政兴国的第一要务之实;求人民群众的历史地位和作用之真,务发展最广大人民根本利益之实;求共产党执政规律之真,务全面加强和改进党的建设之实,坚定不移地推进中国特色社会主义事业蓬勃发展。中国特色社会主义事业还在蓬勃前行,把马克思主义基本原理同中国实际相结合的过程永无止境,我们必须在新的实践中不断进行理论创新,不断推进马克思主义的发展,不断生成马克思主义中国化的最新成果,形成中国特色社会主义理论体系,不断用发展着的马克思主义指导新的实践。有了中国特色社会主义理论体系,才有见著于世的科学思想体系,才有建设有中国特色的社会主义伟大事业的不断胜利,才有全面推向21世纪的中国特色社会主义事业的行动指南。

"理论一经掌握群众,也会变成物质力量。"[①] 中国特色社会主义理论体系

---

① 中共中央马克思恩格斯列宁斯大林著作编译局.马克思恩格斯选集:第1卷[M].北京:人民出版社,2002:9.

凝聚了几代党中央的心血和智慧,是我们党最为宝贵的政治财富和精神财富。改革开放40多年的发展历程和社会主义现代化建设取得的辉煌业绩,用不可辩驳的事实向世人昭示,中国特色社会主义理论体系对于实现社会主义现代化具有重大指导意义。

第一章 中国特色社会主义理论体系的理论精髓

思想路线,在哲学上称为认识路线,是党认识问题、分析问题所遵循的指导原则,它是指人的认识和实践所遵循的方向、途径、原则和方法。思想路线问题回答和解决的核心问题是主观和客观、认识和实际、理论和实践的关系问题。

一、党的思想路线的重新确立与发展

一个成熟的政党就是一个系统政治组织,它必然要通过不断对其自身的思想理论建设、组织制度建设和作风建设来保证其结构的存在合理性、运转的协调性和管治的有效性,以持续地维护和执行其政治职能,逐步地完成其政治任务,不断实现其政治目的。中国共产党在领导中国革命、建设和改革中坚持的马克思主义的思想路线,它经历了提出、确立、不断丰富和发展的历史过程,最终形成和确立了党的思想路线。党的思想路线是实现目的的指导方针,同时也是我们党制定并执行一系列方针政策的基础和保证,具有无比重要的作用,直接影响着党和国家的前途命运。

1930年春,为了解决红四军党内存在的关于某些问题的原则性分歧和斗争,毛泽东在《反对本本主义》中首次明确提出思想路线问题,论述了理论联系实际的重要性,反对把马克思主义当成"本本",认为马克思主义是用来学习借鉴的而不是用来照搬照抄的,要坚决纠正脱离实际情况的唯心主义,指出要时时了解社会情况,时时进行社会调查,明确提出"中国革命斗争的胜利要靠中国同志了解中国情况"①。实事求是既是一种理论理性,也是一种实践的精神,它尽管看不见、抓不住,但它弥散于其理论的每一血络,穿透其理论的每一毛孔,成为其理论精髓。他指出要纠正本本主义,强调"只有向实际情况做调查","调查就是解决问题","没有调查,没有发言权"②。"调查"不只是口头上说说而已,它是要付诸实践的,是行动中极其重要且不可或缺的。毛泽东不仅在理论上把马克思列宁主义的科学精髓概括为"实事求是",对实事求是的内涵进行了科学规定,并把它定为我们党的思想路线,而且在实践中把马克思主义的普遍真理与我国革命和建设的具体实践相结合,取得我国社会主义革命的伟大胜利。1937年7月和8月,毛泽东发表了《实践论》和《矛盾论》,坚持用马克思主义观点去揭露党内长期存在的教条主义和经验主义,辩证论述认识与实践、矛盾普遍性与特殊性的关系,为党实事求是的思想路线奠定了理论基础。由此可知,马克思主义最根本的东西就是实践,就是实事求是。尽管其理论的内容随着社会生活、时代条件的不同而不断与时俱进,但其理性本质、其精神实质是内在统一的。在党的六届六中全会上,毛泽东第一次同时使用了"使马克思主义中国化"和"实事求是"的概念。在《改造我们的学习》中,毛泽东关于实事求是做出具体阐释,所谓"实事",指的是客观存在的事物,"是"指的是事物之间的内在联系,就是我们通常所说的内在规律,"求"强调的是要付出实际行动去调查研究。在马克思看来,"社会生活本质上是实践的",人类的一切活动都是以此为基础的,并归根到底要受此制约。这种"不是在每个时代中寻找某种范畴,而是始终站在现实历史基础上,不是从观念出发来解释实践,而是从物质实践出发来解释观念的东西"正是马克思主义实践观的真谛。党的七大正式将毛泽东思想确立为党的指导思想,并提出实事求是是党的思想路线。毛泽东既在理论上继承和发展了马克思主义的实践观,把实践看成是辩证唯物主义首要的根本的观点,而且更在实践上,从中国社会主义革命的具体出发,使科学社会主义从理论转向实践。在这条路线的指引下,我们党经过异常艰难的斗争,领导全国人民取得了新民主主义革命的胜利,建立了中华人民共和国。

---

① 毛泽东.毛泽东选集:第1卷[M].北京:人民出版社,1991:115.
② 毛泽东.毛泽东选集:第1卷[M].北京:人民出版社,1991:109.

在中华人民共和国成立初期,毛泽东反复强调要坚持实事求是的思想路线,在完成新民主主义革命的任务之后,继续进行社会主义革命,建成一个伟大的社会主义国家。同时,他也反复强调中国特色社会主义事业是一项全新的事业,它前无古人的经验,现无其他国家的模式可资借鉴,更不能在马克思主义的经典著作中找到现成答案。它客观上要求我们从实际出发,在现实的实践中不断摸索、不断总结。中华人民共和国成立后,虽然我们取得了一系列骄人的成绩,但这也使我们党出现了一些问题,中国的社会主义建设出现了一些失误,究其失误的根本原因,首先在于思想路线。究竟是从中国具体实践出发,还是从社会主义的某种理论、某种固定模式出发,这是关系到我国社会主义建设成败的关键。

1976年10月,"四人帮"被粉碎,"文化大革命"宣告结束。中国面临是"解放思想、实事求是"还是"坚持两个凡是"的关键时刻,在这种情况下,以邓小平同志为核心的党中央旗帜鲜明地反对"两个凡是",大力提倡解放思想、实事求是。邓小平《解放思想、实事求是、团结一致向前看》的主题报告,被视为我们党重新确立了马克思主义的思想路线,推动拨乱反正和思想解放的第一个宣言书。邓小平旗帜鲜明地驳斥"两个凡是"的观点,指出"'两个凡是'不符合马克思主义"①。如果按照"两个凡是"的观点去做,那就不可能完整准确地理解和掌握毛泽东思想的精神实质,就不可能改变"文化大革命"中所形成的封闭和僵化的思想观念。我们要坚持毛泽东思想,毛泽东思想是一个思想体系,重点在于号召全党恢复和发扬毛泽东倡导的实事求是的思想路线。邓小平有力地支持和引导了关于真理标准问题的大讨论,肯定了"实践是检验真理的唯一标准"这一科学论断,并在这一过程中精辟地指出"实事求是,一切从实际出发,理论联系实际,坚持实践是检验真理的标准,这就是我们党的思想路线"。1982年,党的十二大会议第一次正式将党的思想路线写入党章,不但明确提出了实事求是的具体内容,而且还增加了实践标准的内容,实现了思想路线的一次重要发展。

20世纪90年代以来,随着世情、国情、党情的深刻变化,我们党面临复

---

① 邓小平.邓小平文选:第2卷[M].北京:人民出版社,1994:38-39.

杂多变的执政环境，这更需要我们党和国家领导人在新的时代环境和新的社会实践中继续丰富、拓展和创造性地发展邓小平理论，紧随时代发展。十三届四中全会以来，以江泽民为核心的第三代中央领导集体，在坚持邓小平理论的基础上，根据实践的要求与时俱进，提出了解放思想、实事求是、与时俱进的思想路线，成为我们党永葆生机的重要法宝，不断推动中国特色社会主义事业继续发展。这一思想路线的关键在于与时俱进，他认为，日新月异的科学技术深刻改变了社会生活和世界面貌，马克思主义也必然随着时代和实践的变化不断发展，这就要求我们党坚持党的理论、党的思想路线的与时俱进。江泽民强调，学习邓小平理论，既要坚持他的基本观点，又要随着实践的发展而不断丰富发展。2000年10月，江泽民在党的十五届五中全会上指出："解放思想，实事求是的目的，是为了推动我国社会主义事业发展，任何因循守旧、不思进取、无所作为的思想，都不利于党和国家事业的发展。"①2001年1月，他在全国宣传部长会议上指出："我们必须始终站在时代发展前列，不断把事业推向前进。"这也是"与时俱进"作为党的思想路线第一次被提出来。

马克思主义、列宁主义、毛泽东思想、邓小平理论、"三个代表"重要思想所处的时代各不相同，但它们都是各自时代的产物，都是在各自时代提供的客观条件下，深刻认识时代的本质和规律、科学把握时代的内涵和精神的产物。江泽民强调："要坚持实事求是的思想去观察世界，观察当代中国，不断总结实践经验，不断作出新的理论概括，不断开拓进取。"②2002年11月，江泽民在党的十六大报告中，正式将党的思想路线完整地表述为"解放思想，实事求是，与时俱进"。要不断保持和拓展其所从事的事业的进步性，就必须使其所从事的事业具有时代性，根据时代的特征和要求来确定具体的历史任务，使事业不断向时代开放，向现实实践开放，不断保持与时俱进的状态。"与时俱进"这一独特内涵，是以江泽民为核心的党的第三代领导集体对党的思想路线做出的新贡献，它不断使党的理论和路线、方针、政策顺应时代发展的潮流和我国社会发展进步的要求，反映全国各族人民的利益和愿望，使

---

① 江泽民. 江泽民文选：第3卷 [M]. 北京：人民出版社，2006：130-131.
② 江泽民. 江泽民文选：第3卷 [M]. 北京：人民出版社，2006：271.

我们党保持与时俱进的品质、始终走在时代前列，不断提高执政能力、巩固执政地位、完成执政使命。在中国特色社会主义建设的现阶段，我们的任务是用科学发展观指导经济社会的发展，构建社会主义和谐社会，实现中华民族的伟大复兴。

面对改革开放攻坚阶段的艰巨任务，面对中国共产党执政环境的不断变化，以胡锦涛为总书记的党中央为党的思想路线增添了"求真务实"的新内容。胡锦涛认为，解放思想是为了应对社会主义事业发展进程中遇到的新情况和新问题，但是，我们不能忽视的是：求真务实，在党的思想路线中的地位和作用同样是不可忽视的。新一代党中央领导集体将"求真务实"纳入思想路线之中，是我们党和国家领导人在科学认识马克思主义后对于思想路线的丰富和发展。胡锦涛从认识论的角度出发，指出实事求是、求真务实是认识过程中的两个核心范畴，坚持实事求是是认识过程中的第一次飞跃，而坚持求真务实则实现了第二次的飞跃，实事求是的目的是"求是"，"求是"即"求真"，其最终目的是务实。求真务实是解放思想、实事求是、与时俱进的重要前提，只有坚持求真务实，才能更好地做到主观与客观、理论与实践、继承与发展三者的有机统一。在发展中国特色社会主义事业的进程中，坚持求我国社会主义初级阶段的基本国情之真，求社会主义建设和社会主义发展规律之真，求人民是历史的创造者之真；务脚踏实地、艰苦奋斗之实，务发展是党执政兴国的第一要务之实，务实现最广大人民的根本利益之实，才能不断推进中国特色社会主义事业的兴旺发达。

党的思想路线之所以可以长期指导党的建设和党的事业，最根本的原因在于我们党始终可以把时代特征、现实实际与思想路线紧密结合。面对十八大以来面临的新环境、出现的新问题，以习近平同志为核心的党中央在坚持解放思想、实事求是、与时俱进、求真务实的基础上，在坚持中创新，在继承中发展，在运用中创造，将贯彻党的思想路线和从严、从实结合起来，赋予新时代党的思想路线新的内涵。针对党风、政风和社会风气出现的问题，习近平提出"三严三实"的基本要求，强调党员干部特别是各级领导干部要做到严以修身、严以用权、严以律己，谋事要实、创业要实、做人要实，对于新时代继续坚持党的实事求是思想路线具有重要意义。面对党内长期存在的"四风问题",我们党很容易在思想认识和实际工作中产生脱离实际、脱离群众等一系列问题,我们只有坚持从严治党,从严管理干部,才能以做人实带动做事实,才能重新梳理务实之风。十八大之后,我们党逐渐形成了从严治党的氛围,这也为我们贯彻党的思想路线提供了有力的前提条件和现实环境,只有从严治党治国,真正严起来,形成制度化和常态化,才能让实事求是思想路线的旗帜迎风飘扬。

二、解放思想与实事求是的统一

解放思想和实事求是,是中国共产党思想路线的基本内核,是当代中国改革开放的行动指南,是中国特色社会主义破浪前行、扬帆起航的磅礴力量。

(一)解放思想的科学内涵

何谓解放思想?在《坚持党的路线,改进工作方法》中,邓小平做出了具体的阐述,所谓解放思想,"是指在马克思主义指导下打破习惯势力和主观偏见的束缚,研究新情况,解决新问题"[①]。解放思想,这就要求我们必须敢于面对新情况、新问题,把实践当作最高权威,研究新情况,对原先的认识进行再认识,坚持原先认识中那些正确部分,纠正原先认识中那些错误部分;解决新问题,在新的实践中排难除险,不断总结新经验,形成新的正确认识。解放思想,简简单单的四个字,蕴含着丰富的智慧。思想理论的先进性是党的建设的灵魂工程。灵魂虽然重要,但不能离开物质组织,正像人的思想意识不能离开人脑和肌体组织一样,党的思想理论的先进性不能离开党的组织建设和制度建设。解放思想有多种含义。第一,解放思想,解放的是过时的、不适应现在发展的思想,在解放思想的过程中必须坚持马克思主义的指导地位,这是解放思想必须坚持的基本原则。第二,解放思想,并不是简单的表面意思,应该包含两个方面的具体内容:其一,实现思想上的解放,突破利益固化的思想藩篱,破除习惯势力和主观偏见,"最主要的是破除长期以来'左'倾教条主义错误强加于人们身上的精神枷锁,不打破这些枷锁就无法正

---

① 邓小平. 邓小平文选:第2卷[M].北京:人民出版社,1994:279.

确认识时代和国情的变化发展，跟不上时代的步伐"①；其二，要在解放思想的过程中，发挥解放思想的磅礴力量，通过新办法、新思想，不断地研究新情况、解决新问题。

简言之，解放思想是对旧的、不适时宜的思想观念的抛弃，是思想观念的革命，需要有不畏艰难、坚持真理的勇气。解放思想就意味着思想的吐故纳新，这就需要冲破陈旧的观点，创新实践思路，不断把思想从主观主义和教条主义的泥沼中解放出来，使思想真正符合实践并成为实践的能动内涵。

（二）实事求是思想路线的基本内容

马克思主义是时代发展的产物，并随着时代的发展而不断地发展，任何时代的本质总是与人民群众的现实实践活动和根本要求相统一的。马克思主义在本质上是实践的科学，在《关于费尔巴哈的提纲》中，马克思从"实践"角度出发，鲜明地阐述了旧唯物主义的缺点，并由此阐明马克思主义的"新世界观"。在他看来，"社会生活在本质上是实践的"，人类一切活动都是以此为基础的，并归根到底要受此制约。

就实事求是的内涵来讲，"实事"是自在的、盲目的，它只有与"求"相统一，才有可能显示出其内在的"是"来。就实事求是的目的来讲，它最终是"为人的"，主体在"实事"基础上所"求"得的"是"，并不是实事求是的最终目的，"求"得的"是"是为了让"是"成为"我们行动的向导"（毛泽东语），即是为现实的人的实践服务。可见，实事求是中主动的、积极的一方是"求"，而"求"是主体的"求"，是主体运用自身的内在本质力量的"求"。因此，主体运用其主体性不断追求自身与对象（客体）的辩证统一是实践的本质内涵，也是实事求是理论的本质内涵。"实事求是"是一个包含唯物论、认识论和辩证法思想的哲学命题，是马克思主义中国化的光辉典范，具有丰富的科学内涵。首先，实事是坚持实事求是的出发点，是客观存在的事物，这个事物不能是我们主观臆造和虚构出来的。其次，这里的实事指的是客观存在的一切事物，必须详细地调查丰富的、全面的资料，不能以片面

---

① 邓小平. 邓小平文选：第2卷［M］. 北京：人民出版社，1994：364.

的、歪曲的资料作为"求是"的基础。再次,实事求是是一个过程,在这个过程中要坚持科学的指导原则,就是坚持用马克思主义立场、观点和方法分析并解决问题,坚持用辩证法的思维解释客观事物的内在本质和规律,"将丰富的感性材料加以去粗取精、去伪存真、由此及彼、由表及里的改造制作功夫"①,坚持从客观存在的实际出发,力求按照事物的原始面目去认识事物,透过现象看本质,通过把握事物的内在联系和发展规律来指导"求是"的过程和活动,从而自觉实现主观与客观、理论与实践具体的历史的统一。最后,实事求是的最终目的是更好地指导实践,并在新的实践中接受实践的检验。

实事求是作为党的思想路线,作为中国特色社会主义理论体系的内在精神,不仅渗透在其理论的各过程、各层面,而且是其理论之逻辑建构的内在聚合剂。无论是中国的社会主义现实,还是中国社会主义建设的曲折历史,都呼唤着真正的实事求是精神,它也是我们党的工作方法和领导方法,去科学认识并积极改造世界的根本要求。

(三)解放思想与实事求是的辩证统一

解放思想和实事求是是一个问题的两个方面,两者是相辅相成、辩证统一的。中国特色社会主义理论体系是对马克思列宁主义和毛泽东思想的继承和发展,而马克思列宁主义、毛泽东思想的精髓是实事求是,因此,中国特色社会主义理论体系的精神实质也必然是实事求是。因此,党在实际工作过程中,要始终坚持具体问题具体分析,坚持将马克思主义的普遍真理和具体实践相结合的根本原则,建设具有中国特色的社会主义。只有坚持从中国的现实国情出发,坚持社会主义的方向,坚持务实与创新相结合,坚定不移地走自己的道路,我国社会主义现代化才能不断深入发展。

1. 解放思想是实事求是的内在要求和前提

只有思想上得到充分解放,才能真正做到实事求是。毛主席曾提出:"为了争取新的胜利,要在党的干部中间提倡放下包袱和开动机器。所谓开动机器,就是说,要善于使用思想器官。"②这句话今天就是解放思想的表达。30多

---

① 毛泽东.毛泽东选集:第1卷[M].北京:人民出版社,1991:280.
② 毛泽东.毛泽东选集:第3卷[M].北京:人民出版社,1991:951-952.

年后以邓小平同志为核心的党中央进一步提出"解放思想,开动脑筋,实事求是","不打破思想僵化,不大大解放干部和群众的思想,四个现代化就没有希望"①。邓小平将解放思想和实事求是紧密结合,并强调突出解放思想的重要性和必要性。邓小平关于思想路线的阐述,不仅丰富和深化了毛泽东的"放下包袱、开动机器"的内涵,还实现了对毛泽东提出的思想路线的进一步发展。因此,保持思想理论的先进性是党的先进性建设的基本内容,而保持思想理论的先进性的关键在于其(不断向现实实践的)开放性,这就要求我们不断用发展着的马克思主义武装头脑、指导实际,这样才能把握生产力发展的客观需要,才能改革同生产力不适应的生产关系和上层建筑,才能真正以思想上的解放引领行动上的务实。

进入21世纪,面对世情、国情、党情的不断发展,以江泽民为核心的党中央继续坚定不移地坚持解放思想,他指出:"社会实践是不断发展的,我们的思想认识也应不断前进,应勇于和善于根据实践的要求进行创新。要坚持实践是检验真理的唯一标准,在党的基本理论指导下,一切从实际出发。"②做到在解放思想中统一思想,我们党才能带领人民群众解决来自各个领域、各个方面的问题和挑战,才能以思想的力量引领社会革命,才能取得改革的胜利果实,最终才能不断推进社会主义现代化建设事业的发展。党的十六大以来,以胡锦涛为总书记的党中央更是多次强调了解放思想对于建设社会主义事业的重要性。只有坚持解放思想、实事求是、与时俱进,在新的历史条件和新的社会实践上发现新情况、解决新问题,才能以更开阔的思路、更多的办法、更宽的路子解决前进道路上遇到的各种挫折和难题。

改革开放40多年的发展历程表明,一切从实际出发、理论联系实际是党的思想路线的前提和基础,实事求是是党的思想路线的核心和实质,在实践中检验真理和发展真理是党的思想路线的准绳和原则。这一思想路线在中国革命、建设和改革过程中被逐步提炼为解放思想、实事求是、与时俱进,这一提炼过程本身体现了我们党对思想路线认识的不断深化,体现了马克思主义在中国发展的旺盛生命力。因此,解放思想和实事求是是辩证统一的,两

---

① 邓小平.邓小平文选:第2卷[M].北京:人民出版社,1994:143.
② 江泽民.江泽民文选:第3卷[M].北京:人民出版社,2006:284.

者之间相互影响、相互作用，相互从对方汲取养分，又通过对方不断地反思和完善自身，实现双方共同发展。

2. 实事求是是解放思想的出发点和根本要求

解放思想不是随意空想，不是脱离现实实践内容的空洞的主观活动，只有坚持实事求是，才能把解放思想与现实实践要求结合起来，把思想解放与生产力的解放、与人民群众利益的实现有机统一起来。不以实事求是为归宿的解放思想，很有可能成为空想或者胡思乱想。空想社会主义之所以没有发展成为科学社会主义，最根本的原因在于空想社会主义者的解放思想有余，实事求是不足，他们提出的主张和想法完全不符合当时的实际情况，完全背离了社会发展的客观规律，提出的一些主张想法过于脱离实际情况，脱离客观规律。

邓小平高度重视对"实事"的认识和掌握，其"社会主义初级阶段"理论，其"一国两制"理论，其对国际形势和时代特征的科学判断等都说明他坚持物质第一性的辩证唯物主义基本观点。他所提出的解放思想，实事求是，是基于当时"左"的政策长期僵化着人们的观念，只有打破思想上的藩篱，才能实现思想上的拨乱反正，才能打开新的发展局面。解放思想，是基于当时特殊的现实情况出发的，实事求是地得出的必然结论。解放思想必须坚持实事求是，坚持从自身出发，从自己的思想出发。

因此，只有坚持实事求是作为正确地、彻底地解放思想的出发点和根本要求，坚持从客观现实实际和自身情况出发，实事求是地解放思想，才能实现思想上的吐故纳新。

3. 实事求是是解放思想的目的

实事求是是解放思想的本质规定，是解放思想的目的和归宿。它是主体的能动性、创造性的对象化活动，只有通过不断地解放思想，才能在实事求是的过程中充分发挥人的能动性，才能使物按"人的尺度"发展。

解放思想是实事求是的根本要求，又为实事求是所规定。解放思想就是要冲破陈旧的观点，创新实践思路，不断把思想从主观主义和教条主义的泥沼中解放出来，使思想真正符合实践并成为实践的能动内涵。这正是实事求是的本质要求。实事求是也就是从这个根本上规定着解放思想的范围和方向。

离开主观与客观相一致这个本质规定谈解放思想，必然偏离方向，变成想怎么想就怎么想，想怎么做就怎么做，它必然导致"左"的或"右"的错误倾向。事实上，解放思想的目的正是在于从实际出发，实事求是地思考和解决问题。在邓小平实事求是理论中，把客观实际是什么，要什么、为什么有机统一起来，并在统一中强化为什么（目的）的重要性。是什么、要什么、为什么在邓小平实事求是理论中是统一的。由此可以看出，实事求是的目的性决定了实事求是是解放思想的目的和归宿。

只有让思想真正符合实践并成为实践的能动内涵，才能为我们党和人民带来新的生机与活力，推动党内外思想蓬勃发展，人们积极探索，勇于创新，使全国的研究情况、解决问题的状况焕然一新。只有从实事求是的角度出发，依据客观条件和环境的变化适时调整实践活动的具体内容，从而保持我们思想的开放性和先进性，不断实现实践创新，才不断彰显实事求是的实际意义。

4. 解放思想和实事求是都是永无止境的过程

辩证唯物主义认为，运动是普遍的、永恒的、无条件的，这决定了我们所处的客观世界是不断变化和发展的，客观条件和环境的变化要求我们既要保持思想上的开放性和先进性，也要根据环境的变化适时调整实践活动的具体内容。离开了"实事"的"求"是无根据、无内容的空求，是不现实的，因此，要根据不断变化的"事实"求得新的"是"，进一步解放思想，认识新的规律，以新的实践思路指导新的实践。实践是无止境的，思想的解放也是永续的，这就要求党和人民群众持续不断地坚持解放思想、实事求是。这是我们党永葆生机与活力的重要法宝，是党思想路线的本质要求，是中国特色社会主义事业的内在要求。

解放思想、实事求是是相互联系、相互依靠的有机整体，如果不坚持实事求是，解放思想只能是盲目的、漫无目的的，如果没有解放思想，实事求是只能以狭隘的眼光坚持眼前的利益。只有二者有机结合，才能使大胆探索的勇气和科学的求实精神紧密结合。面对许多从未遇到过的困难和障碍，我们必须从唯物辩证的角度理解两者的统一，而不是把两者机械地、不加思考地，甚至形而上学地割裂开来。我们既要继续解放思想，又要真正做到实事求是。

中国革命、建设和改革的成果都是我们党自觉接受马克思主义指导的结果，离开了马克思主义的指导，就不可能有马克思主义中国化；同时，在中国革命、建设和改革的实践中，我们党获得了许多新经验，探索了许多新规律，这些内容虽然在马克思主义经典作家的书本里找不到，但它却成为指导现实实践的重要内容，因此，它是发展着的马克思主义的现实内容。这充分体现了解放思想、实事求是是整体推进中国特色社会主义事业的强大动力。因此，要坚持党的思想路线，最为关键的是始终坚持与时俱进。

三、与时俱进与实事求是的统一

马克思主义自诞生之日起就不断地创新，马克思主义发展史，本身就是一部与时俱进、开拓创新的历史。为什么马克思主义能够经历百年而不衰，永葆青春与活力，归根到底就是因为它具有与时俱进的独特理论品质。

（一）与时俱进是马克思主义的理论品质

与时俱进的理论品质，是马克思主义在150多年的时间里，不断得到丰富和发展的重要原因。工人阶级的政党组织在25年间大工业[①]的发展中跟着发展起来，但是二月革命的实际经验以及巴黎公社的实际经验已经不适合现代社会发展，因此原理的实际运用，"随时随地都要以当时的历史条件为转移"。这一态度就叫作"与时俱进"，这是马克思主义之所以永葆生机与活力的重要原因，也是我们作为马克思主义者正确运用马克思主义应该具有的科学态度。

从马克思、恩格斯到列宁，如果没有列宁在帝国主义链条最薄弱的环节率先发起社会主义革命取得胜利的新理论，就无法指导十月革命取得成功，社会主义就无法实现从空想变为现实。在中国，是毛泽东在实践中把马克思主义的普遍真理与我国革命和建设的具体实践相结合，取得我国社会主义革命的伟大胜利。由此可知，马克思主义最根本的东西就是实践，就是实事求

---

① 中共中央马克思恩格斯列宁斯大林著作编译局. 马克思恩格斯选集：第1卷［M］. 北京：人民出版社，2012：377.

是。反之，如果不把两者相结合，没有探索出一条农村包围城市、武装夺取政权的道路，就不可能取得社会主义革命的胜利。这条道路，实质上就是打破本本主义和教条主义的"实事求是"思想路线。同样，如果没有邓小平的大刀阔斧、高瞻远瞩，就无法重新确立解放思想、实事求是的思想路线，就无法冲破"两个凡是"和"左"的思想的藩篱，开始社会主义改革开放的历史征程。历史经验已经反复证明，只有紧随历史条件和现实情况的变化，只有跳出针对特定历史条件和现实情况的具体行动纲领，才能保证我们的思想路线沿着正确的方向顺利前进。因此，中国特色社会主义事业是一项全新的事业，它前无古人的经验，现无其他国家的模式可资借鉴，更不能在马克思主义的经典著作中找到现成答案。它客观上要求我们从实际出发，在现实的实践中不断摸索、不断总结。

马克思主义是"自己时代精神的精华"，这就要求马克思主义是在新的实践中、解决新的问题中创造新的具有时代性的理论，只有始终坚持马克思主义，才能在马克思主义的指导下开拓党的建设和社会主义现代化建设事业的新局面。

（二）与时俱进是党的思想路线的新发展

中国革命和社会主义建设的历程，就是一个如何将马克思主义理论中国化的历程，就是不断地体现马克思主义理论"解放思想、实事求是、与时俱进"精神的历程。

"与时俱进"，就是指事物通过自身的内部矛盾运动，主动适应外界环境变化及其发展而显现出时空同一的进取性状态和过程。坚持与时俱进，就是要坚持主体的认识和实践，随着时间的推移、空间的变动、时代的发展、形势的变化而不断创新、不断发展、全面进步。

进入21世纪，科技发展迅速，各国综合国力竞争日益激烈，我们必须从理论到实践都要坚持与时俱进，绝不能止步于原来的水平。思想路线是我们党和国家领导人带领和指导人民认识世界和改造世界的根本路线，这就要求我们不仅要坚持原来的正确的思想路线，还要推进思想路线不断发展，不断地与时俱进。江泽民同志将三者联系起来，有针对性地完整地提出将"解放思想、实事求是、与时俱进"作为党的思想路线,这不仅体现了马克思主义理论的独特品质,也深刻反映了当代世界和中国发展变化时党和国家工作的新要求。

(三)与时俱进与实事求是的辩证统一

解放思想、实事求是、与时俱进是思想内涵丰富、理论体系完备的有机整体,三者统一于社会主义事业的伟大实践之中。坚持解放思想、实事求是、与时俱进,是我们党历史经验的凝结,也是我们党应对时代发展要求的又一创举。

1. 实事求是、与时俱进反映了实践、认识、再实践、再认识的过程

实事求是实现的是从认识到实践的发展过程,通过对"实事"的认识和掌握,从"实事"中找出规律性的东西来,实现从感性认识到理性认识的飞跃,并以此来指导我们的实践。同时,在新的实践中,坚持与时俱进,要敢于尝试、摸索、创新,不怕有失误、犯错误,敢于对真理负责,对实践负责,从而促进思想对实践的反作用,通过保持我们思想的开放性和先进性,不断实现实践创新,从而实现实事求是、与时俱进的统一。认识世界与改造世界是相互依赖、相互作用的,只有坚持认识世界和改造世界的统一,坚持理论的与时俱进和实践的实事求是,才能发挥最大合力,进而推动社会主义不断发展。

与时俱进,是实事求是的落脚点和价值体现,实事求是必须以与时俱进为目的。实事求是的"求"必须以"实事"为出发点,必须建立在客体是什么的基础之上,中国要发展经济、要富强,是因为中国贫穷落后、不发达;中国要社会主义是因为中国社会实际决定了它只能走社会主义道路,这是被历史和现实大量事实证明了的,只有社会主义才能救中国、发展中国。实事求是是与时俱进的目的和归宿。认识世界的目的在于改造世界,从实际出发去探索客观事物的内在联系,发现其中变化发展的规律,推动认识与实践的同步发展。

离开了实事求是,与时俱进就只能成为空想和妄想;离开了与时俱进,认识和实践也只能止步不前。因此,只有坚持实事求是、与时俱进同步发展,才能顺应历史发展的潮流，才能不断从客观实际出发揭示和探索事物的新属性和新规律，以正确的方向、强大的动力不断地认识世界、改造世界。

2. 实事求是、与时俱进是马克思主义科学精神与理论品质的高度统一

实事求是、与时俱进，是彻底的唯物论和辩证法的深刻体现，是辩证唯物主义和历史唯物主义的高度统一，体现了马克思主义科学精神与理论品质的高度统一。只有坚持实事求是、与时俱进，才能在动态发展中实现主观与客观、理论与实践的高度统一。这就要求我们党挣脱主观主义和形而上学的藩篱，坚持理论创新，坚持解放思想、实事求是，弘扬科学精神和创新精神。推动社会发展和变革。

实事求是、与时俱进是人们认识真理、检验真理的基本途径，也是人们更好地实现以"实事"来求"是"的根本途径。实事求是不是僵死的教条，而是现实的活的精神。学实事求是的理论是简单的，履实事求是之实则是艰难的，作为理论的实事求是是相对稳定的，而作为实践的实事求是是变化不居的，这就要求我们根据现实的情况不断修正、丰富、完善相关内容，以与时俱进的态度面对和解决不断变化的"实事"。历史和实践反复证明，我们之所以能在马克思主义的指导下取得社会主义运动的胜利，最根本的原因在于始终坚持实事求是、坚持理论与实际相结合实现创新发展，坚持在实践中坚持真理和发展真理。因此，在实际工作和实践工作中，我们要以更加宽广的眼界观察当代社会，以与时俱进和奋发向上的精神状态开展工作，不断推进理论创新、实践创新，体现时代性、富于创造性。

（四）坚持实事求是、与时俱进辩证统一的重大意义

21世纪以来，面对复杂多变的国际形势，面对全面建成小康社会的艰巨任务，面对实现"中国梦"的伟大梦想，如何在21世纪前期牢牢掌握大有作为的重要战略机遇期，成为我们党和国家领导人不得不思考的重要问题。因此，要深刻把握坚持实事求是、与时俱进的辩证统一的重要理论和现实意义。

只有坚持实事求是、与时俱进的辩证统一，才能以科学的态度对待马克思主义，才能坚持正确的思想路线，才能以思想的开放性不断推动实践的创新。能否坚持实事求是、与时俱进，直接影响我们党的先进性，直接影响我

们党和人民能否坚持正确的思想路线。在党的思想路线体系中，实事求是是核心，一切从实际出发，就是要坚持"实事"。实事求是是一种精神，既是一种理论理性，也是一种实践的精神，它尽管是看不见、抓不住的，但它弥散于其理论的每一血络，穿透其理论的每一毛孔，成为其理论精髓。在实践中检验和发展真理，就是强调与时俱进，实现理论与实践的创新，使我们的理论和认识不断地与时俱进。只有坚持用马列主义普遍真理这个"矢"去射中国革命和建设这个"的"，其精华是把马克思主义的真理与中国的实际结合起来，在实践中坚持真理和发展真理，才能不断处理发展过程中遇到的一系列新难题和新情况，才能坚持正确的方向，进而推进社会主义事业不断发展。

历史和实践反复证明，只有坚持以科学的态度对待马克思主义与时俱进的理论品质，才能使思想从不合时宜的传统观念的束缚下解放出来，才能跟上时代的发展，使主客观之间保持一定的动态平衡；才能有大刀阔斧的毅力和勇气不断把思想从主观主义和教条主义的泥沼中解放出来，使思想真正符合实践并成为实践的能动内涵；才能让"实事求是"这个词不仅仅停留于思想层面而真正落实在具体的实际行动之中。因此，我们一方面要以更广阔的眼光去观察当今社会，以与时俱进的精神面貌和精神状态积极地、努力地开展工作，不断进行创新，体现时代性、富于创造性；另一方面，与时俱进并不是盲目的、随心所欲的，必须把勇于探索的精神与求真务实的态度有机结合起来，把开拓创新与善于创新有机结合起来，把时代性、规律性、创造性统一起来，扎实有效地推进各项工作的发展。

四、求真务实，开拓创新

在全面推进中国特色社会主义事业的历史时刻，胡锦涛在中纪委三次全会上发表重要讲话强调，求真务实是辩证唯物主义和历史唯物主义一以贯之的科学精神，是我们党的思想路线的核心内容。

（一）求真务实、开拓创新的内在内涵

"真"就是指事物的内部联系，即规律性。世界是物质的，物质是运动

的，运动是有规律的。承认事物是按照自己所固有的规律永无止境地运动、变化和发展着的，这是马克思主义唯物辩证法的根本观点。"求"就是去研究、去探索，通过科学研究和各种实践活动，获得真理性的认识。"务"是实践主体的对象性活动，是主体的本质力量对象化和在这一过程中不断丰富、完善、提升主体本质力量的双向互动的客观活动，它往往以从事、处理、实践、改变、落实等词来表达。"实"是指客观实际、客观现实。简言之，求真务实，就是要求求实。

求真务实与实事求是有共同点。首先，它们的前提是一样的，都是解放思想，都是要从一切形式的主观主义、教条主义中解放出来，突破条条框框和各种观念的束缚；其次，它们的目的也相同，都是为了求实。求真务实，重在务实，务实就要落在实处；实事求是，重点在于"求是"，就是要不断实践，两者的重点都是"实"。但是，求真务实和实事求是也有不同的一面，求真务实的目的性比实事求是的目的性更强，不仅要做到"求实"，还要做到"求真"。

求真务实是贯穿辩证唯物主义和历史唯物主义的科学精神，也是认识和改造客观世界的根本方法，它促使人们在各自的实践活动中不断构造出科学的思想方法、工作方法，以解决不断产生、不断变化的新的现实问题。求真、务实，是同一事物发展的两个方面，它既强调要抱着"求真"的心态正确认识世界，也强调"务实"地去改造世界。求真的目的与改造世界上的务实相同。因此，求真的过程必须务实，务实既是求真的出发点和过程，也是求真的归宿。正是因为求真务实的重要性和必要性，党和国家领导人将求真务实纳入党的思想路线之中。从党的思想路线的内容看，十六大党章中提出，我们的思想路线是"一切从实际出发，理论联系实际，实事求是，在实践中检验真理和发展真理"，虽然求真务实四个字并没有出现在这条路线之中，但它深刻体现了党的思想路线的本质特征。"一切从实际出发""联系实际""实事"和"实践"，短短一句话，出现了四次"实"，这说明我们共产党人"务"的是实效和实际；"求是""在实践中检验真理和发展真理"，这两句话包含了一个关键词——"真"，这表明我们一直将追求真理、求得真理作为我们党和人民的奋斗目标，坚持认识最真实的客观规律，坚持反映最真实的社会发展，坚持落实人民群众的真实福祉。只有通过"实",我们才能求得"真",求真务实深刻体现了知与行的有机统一,是我们党思想路线的核心内容。

求真务实,不仅是党的优良传统,还应该是我们共产党人应该具备的政治品格。中国共产党的诞生过程和发展历程以不可辩驳的事实证明了求真务实在党发展壮大中的重要作用。正是在求真务实的精神指导下,我们党才能带领人民用马列主义普遍真理这个"矢"去射中国革命和建设这个"的",才能取得中国革命的胜利果实。不仅如此,在革命和建设的过程中,我们党始终坚持求真务实的工作作风。正是因为在求真务实精神的指引之下,我们党才能带领人民进行社会主义革命,才能推动建设中国特色社会主义现代化事业蓬勃发展。在中国共产党发展的历史潮流中,我们党坚持将求真务实作为优良传统,不断地凝党心聚民力,扎实干事,各级领导干部坚持说实话、干实事,求实绩,重实效,坚持以具体的实际行动在为民众排忧解难的过程中取得实际的效果、实现群众的利益。这是我们对党的优良传统的继承与发展,也是我们作为共产党员应该具备的政治品格。

开拓创新,就是坚持思想和思维与时代同步伐,以不畏艰难、坚持真理的勇气将新思想和新思维落实在具体的行动之上。坚持开拓创新,是马克思主义展现强大活力的奥妙所在,是我们每一个共产党员应该具备的工作作风,更是我们助推经济社会发展的"金钥匙"。

开拓创新,不仅是一场认识活动,更应该是一场实际行动。开拓,需要以我们的历史条件和现实基本情况作为支撑,离开了历史条件和实际情况去"开拓",是无根据、无内容的空求,就没有了立足点和出发点,是不现实的。"创新"也是同样的道理,如果我们不能突破常规、打破固有的思维,灵活地、创造性地运用已有的信息,就无法真正地实现创新。开拓创新,重在落实,只有在改造客观世界的同时努力改造主观世界,丰富人们的内在本质力量,才能以敢于摸索,敢于开拓,敢于闯的精神在实践中发挥更大的作用。

开拓创新与继续承接是事物发展过程中的两个对立统一的方面,两者相互贯通,并相互转化。开拓创新的过程不仅是开拓与继续的过程,更是承接与创新的过程。只有继续和承接旧事物中的肯定性因素,才能远离"瞎子摸象"式的无整体目标的实践,才能偏离主体能动性、目的性的"脚踩西瓜皮"

式的活动，真正为创新打下坚实的基础，促进新事物的产生、发展、壮大。

（二）求真务实、开拓创新是马克思主义科学精神的现实展现

求真务实、开拓创新，就是要用马克思主义的立场、观点和方法，详细地对占有的现实材料进行分析、比较，然后加以综合性的处理，把握事物的本质和规律，并通过运用规律促进事物的进一步变化发展，在实践中发展马克思主义理论。对中国来讲，求真务实的根本要求，就是把马列主义的普遍真理与我国的社会主义具体实践结合起来，努力探索具有中国特色的社会主义革命和建设的规律，以制定出正确的路线、方针和政策；开拓创新的根本要求，就是要与时俱进，深刻反思在革命、改革和建设中遇到的重大理论和实际问题，对新的实践和新的要求做出新的理论概括和新的指导，不断推进马克思主义中国化。我们党之所以能顶住各种风浪，战胜各种风险，经受各种考验，不断取得社会主义建设和改革开放事业的伟大胜利，根本原因在于我们党坚持马克思主义的基本立场，坚持求真务实、开拓创新的科学精神。

求真务实，开拓创新，既需要对历史条件和实际情况的继承和发展，也包括对未来的开拓和创新。求真务实，就是要实事求是；开拓创新，就是不断地追求与时俱进的境界，进而达到对事物"真、善、美"的认识。这种对事物"真、善、美"的认识的马克思主义中国化理论实践形态体现在中国革命、建设和改革的具体实践中，体现在正在进行中的中国特色社会主义现代化的伟大建设中。因此，只有有的放矢地把"真"和"实"统一起来，把马克思主义的普遍真理与中国实际有效结合，才能从根本上坚持求真务实的精神，才能解决看待马克思主义的态度问题，解决马克思主义中国化的根本问题。只有持续推进开拓创新，打破那些不合时宜的思想、观念和体制，打破那些主观主义和形而上学的桎梏，以新的实践为依据，以新的时代发展要求为目标，向着合乎事物发展的方向探索前进，才能引领又一次思想解放高潮的到来。

中国共产党70余年的执政历史充分证明，党要正确地领导中国革命、建设和改革事业，必须有正确的理论指导，矢志不渝地坚持以马克思主义为指导，把加强党的思想理论建设放在首位。马克思主义是科学世界观，是共产

党人行动的指南。但马克思主义只有同具体实际相结合，才能指导实践并在实践中丰富发展，才能产生巨大的威力。中国特色社会主义事业还在蓬勃进行中，把马克思主义基本原理同中国实际相结合的过程永无止境，我们必须在新的实践中不断进行理论创新，不断推进马克思主义的发展，不断生成马克思主义中国化的最新成果，不断用发展着的马克思主义指导新的实践。

改革开放40余年的发展历程证明，求真务实、开拓创新是马克思主义中国化的内在本质，也是不断推进中国特色社会主义理论创新、不断推动中国特色社会主义实践事业的思想保证。求真务实，强调的是要坚持马克思主义的立场、观点和方法。求真，一方面是要做到求是，坚持从实际出发，诚实地、大胆地、勇敢地面对事物发展过程中遇到的各种矛盾与问题；另一方面，要重点突出"真"字，就是要通过不断的研究和反复的实践，分析事物之间存在和发展以及事物内部各个要素之间的真伪，力争寻求事物存在和发展的真理性。开拓创新，重在创新。创新不是脱离实际的乱想，开拓也不是随心所欲的蛮干，真正的开拓创新，应该在科学的理论指导下，挣脱条条框框和各种观念的束缚，在"求真"的基础上不断地解放思想，使思想真正符合实践并成为实践的能动内涵。不断推进工作和事业走向新的发展水平和发展层次，用实践来最终检验"求真务实、开拓创新"的科学性和正确性。面对新形势、新任务，我们的各项工作能否做好，我们的事业能否成功，在很大程度上取决于我们党的领导水平和执政能力的不断提高。我们要始终保持求真务实、开拓创新的精神状态，励精图治，牢牢把握发展这个执政兴国的第一要务，极大地推动当代中国先进生产力和先进文化的发展；我们要始终居安思危，不断增强忧患意识，研究新情况、解决新问题；我们要正视前进道路上的困难和风险，知难而进，不断提高应对复杂局面、驾驭复杂局势的能力；我们要始终保持党同人民群众的血肉联系，尊重人民群众的实践，向人民群众学习，在人民群众丰富生动的伟大实践和创造中汲取营养，不断提高领导现代化建设的水平和能力；我们要倾听人民群众的呼声，反映群众愿望，集中群众智慧，实现决策的民主化、科学化、制度化，使我们党的理论、路线、纲领、方针、政策和各项工作符合人民群众的利益和愿望。

第二章　中国特色社会主义理论体系的理论基石

　　社会主义社会是人类社会发展的一个历史阶段，并且会经历一个从低级到高级的升级过程。社会主义制度建立以后，如何认识和判断我国社会所处的历史方位问题，成为当时的一个主要问题。过去由于对我国处于什么样的社会主义发展阶段缺乏正确的认知，以至于我们在实践中走了许多弯路，付出了巨大的代价。我国的社会主义制度是在全国人民共同努力下，经历了千辛万苦，在社会主义改造的基础上形成的，坚持马克思主义基本原理，科学认识和正确把握我国社会主义发展阶段、基本国情和主要矛盾是中国特色社会主义理论体系的理论基石。

一、社会主义初级阶段理论的形成

　　列宁最早提到社会主义发展阶段，但由于各种现实原因，最终并未能有机会继续研究和阐释社会主义发展阶段理论；斯大林也没有继续深入研究，且操之过急，产生了一些负面影响。中国共产党对社会主义发展阶段的认识是一个螺旋式的上升发展。早在1956年1月，毛泽东就指出我国已经进入了社会主义社会，但我们的社会主义是不完整的、尚未完成的。由于我国刚刚进入社会主义，工业化水平以及整个经济水平都比较落后，社会主义缺乏一定的物质基础，所以我国社会主义建设道路任务艰巨而复杂。社会主义的发展经历了从空想到科学、从理论到实践、从一国实践到多国实践、从胜利到曲折、从曲折到新的希望的历史过程，纵观这一历史进程，有许多历史经验值得总结。1958年，由于错误地估计了我国当时的发展状况和能力，使得急于求成的思想在整个社会蔓延,甚至产生了一些盲目乐观的情绪。1959年底到1960年初,毛泽东指出:"我们的社会主义可以分为两个阶段,一个是发达的、一个是比较发达的,后一个要比前一个需要更长的时间。"① 在那个时候,最大的任务和目标是建设社会主义。毛泽东这一关于社会主义发展阶段划分的思想,为我国后期探索社会主义发展阶段提供了重要借鉴。但由于党内长期"以阶级斗争为纲"的"左倾"思想的存在,导致我国在处于什么样的社会主义发展阶段这一问题上进行了艰苦的长期探索,走了许多弯路。党的十一届三中全会之后,对中国国情的研究才真正上升到对社会主义社会发展阶段的具体认识上来,并对此进行了深入探索,我国还处于并将长期处于社会主义初级阶段,这才是我国的基本国情。

1978年12月召开的十一届三中全会重新确立了党的实事求是思想路线,为正确认识中国国情,科学分析和判断我国所处的发展阶段提供了认知前提。1979年3月,邓小平指出要认清我国当时的现实,即"底子薄、人口多、生产力落后"。必须大力发展经济,走出一条适合国情的现代化道路,同时认为中国的现代化建设必然是长期的。② 这成为认识我国社会主义长期性的重要基石。

1981年6月,党的十一届六中全会通过了邓小平主持起草的《关于建国以来党的若干历史问题的决议》,第一次明确提出了"我们的社会主义还处于初级阶段"的重要论断,认为"我们的社会主义制度由比较不完善到比较完善,必然要经历一个长久的过程"③,表明我党对我国社会主义发展阶段有了进一步的认识。1982年9月,党的十二大报告中在谈到我国社会主义社会发展阶段时再次指出,我国的社会主义社会,现在还处在初级发展阶段。1984年10月,党的十二届三中全会对社会主义初级阶段的认识取得了突破性进展。会议通过的《关于经济体制改革的决定》明确指出,社会主义要想发展,必须推动商品经济发展,而我国当时的商品经济并不发达,也正是因为这样才

---

① 毛泽东.毛泽东文集:第8卷[M].北京:人民出版社,1999:116.
② 邓小平.邓小平文选:第2卷[M].北京:人民出版社,1994:177.
③ 中共中央文献研究室.关于建国以来党的若干历史问题的决议注释本[M].北京:人民出版社,1985:62.

出现了社会主义初级阶段。

1987年，中国共产党对我国社会发展阶段问题进行了集中思考，社会主义初级阶段理论逐渐成熟。1987年8月，邓小平在会见意大利共产党人约蒂和赞盖里时明确指出："我们党的十三大要阐述中国特色社会主义是处在一个什么阶段，就是处在初级阶段，我们中国又处在社会主义的初级阶段，就是不发达的阶段。一切要从这个实际出发，根据这个实际来制定规划。"①自此开始，社会主义初级阶段第一次被提到基本国情的层面加以把握，成为我们党和国家制定各项方针战略的重要依据。根据邓小平这一谈话精神和改革开放以来我们党在进行社会主义现代化建设中积累的经验，首次对社会主义初级阶段的内涵和特征做出明确的、全面的理论界定，这是党对社会主义和我国国情认识的一次巨大飞跃。邓小平指出，社会主义的优越性归根到底是生产力要比资本主义更好些、更快些。社会发展规律表明，封建社会之所以代替奴隶社会，资本主义社会之所以取代封建社会，首先是前者比后者创造出高出千万倍的生产力，因此生产力发展是社会历史的内在理性，也是社会主义社会的生命力之所在，是社会主义之所以最终战胜资本主义的内在依据。正是在这个意义上，生产力是体现社会主义本质的东西。

党的十三大闭幕不久，邓小平强调指出，十三大的一个重要特点是"阐述了中国社会主义初级阶段的理论，在这个理论指导下，坚定地贯彻党的十一届三中全会以来的路线、方针和政策"②。20世纪80年代末90年代初，国内外形势发生巨大变化，社会主义事业面临严峻的考验，邓小平以一个伟大的马克思主义者坚定的毅力和敏锐的洞察力，排除干扰，坚定不移地贯彻中国特色社会主义初级阶段理论，继续坚持"一个中心，两个基本点"的基本路线。邓小平是中国特色社会主义事业的开创者，也是中国特色社会主义理论的创立者。邓小平的社会主义的本质论——解放生产力，发展生产力，消灭剥削，消除两极分化，最终达到共同富裕，把发展生产力视为社会主义的根本任务，把发展生产力视为巩固和发展社会主义的基础。这种从生产力的基础和经济富裕角度揭示社会主义本质的理论具有重要的历史意义和方法论

---

① 邓小平.邓小平文选：第3卷[M].北京：人民出版社，1993：252.
② 邓小平.邓小平文选：第3卷[M].北京：人民出版社，1993：258.

指导作用,这是对什么是社会主义的科学回答,也是对社会主义建设规律的深刻认识。党的十四大充分肯定了十三大以来关于社会主义初级阶段问题的理论和经验,揭示了社会主义初级阶段理论同中国特色社会主义建设理论的内在联系。

党的十四大以后,改革开放带来的显著成果和变化为社会主义初级阶段理论的充实和发展积累了一定的物质基础,社会主义初级阶段理论得到了进一步的丰富和发展。江泽民在十五大报告中明确指出,十一届三中全会以来,党正确分析国情,做出我国还处于社会主义初级阶段的科学论断。十五大报告对我国社会主义初级阶段的长期性做出了具体界定,进一步科学、准确地揭示了社会主义初级阶段的主要矛盾。即将迈入21世纪,我们党和国家面临着攻坚克难和开创新局面的双重任务,此时认清社会主义初级阶段这一基本国情更显得尤为重要。

十五大以后,党对社会主义初级阶段的认识继续深化。2001年7月,江泽民指出:"我国现在处于并将长期处于社会主义初级阶段,将来条件具备时,我国社会主义建设会进入更高的发展阶段。"[①]党的十六大确立了全面建设小康社会的目标,这既是邓小平理论的续延,又是依据时代条件的变化,依据社会主义现代化自身发展的逻辑,与时俱进,理论创新的成果,是我们党对社会主义建设规律的最新把握。这个目标是中国特色社会主义经济、政治、文化全面发展的目标,是与加快推进现代化相统一的目标,符合我国国情和现代化建设的实际,符合人民的愿望,标志着我们党对社会主义建设规律认识的进一步深化。党的十九大报告强调,我国仍处于并将长期处于社会主义初级阶段的基本国情没有变,我国是世界最大发展中国家的国际地位没有变,这就是两个"没有变",是我们党和国家制定方针战略的立论基础,时刻不能离开这两个"没有变"去谈其他。最终达到共同富裕是邓小平社会主义本质论的深层规定。它是社会主义的根本目的的体现,是社会主义的生产力和生产关系互相结合辩证发展的结果。"富裕"反映了社会物质财富和精神财富的丰富,是生产力发展的必然结果,也是生产力水平的重要体现;"共同"则反

---

① 江泽民.江泽民文选:第3卷[M].北京:人民出版社,2006:293.

映了社会成员对社会财富的占有关系和占有方式，它是社会生产关系的体现。这样从生产力和生产关系两个方面科学规定了社会主义的本质。邓小平还提出了逐步实现共同富裕的构想和路子。这就让一部分人、一部分地区先富起来，帮助和带动其他人、其他地区走向共同富裕，所以共同富裕的概念既有别于同等富裕（平均富裕），也不是同步富裕，而是一个富裕的范围不断扩大、程度不断深化的发展的过程。新时代，还是要继续牢牢坚持社会主义初级阶段理论，牢牢把握社会主义初级阶段这个基本国情。

社会主义初级阶段理论的提出和形成，绝不是凭空想象的产物，而是对中国国情具体分析得出的必然结论，具有客观的历史、现实依据。

这是由我国进入社会主义的历史前提决定的。早在100多年前，我国处于半殖民地半封建社会，社会生产力水平、经济水平等都落后于资本主义国家，为了追赶资本主义国家的发展进度，坚实生产力基础，首先必须推动经济发展、提高现代化程度，尽可能实现工业化，这是我国社会主义初级阶段不可逾越的历史阶段。

这是由我国现有的生产力和生产关系的发展现状决定的。从生产力发展水平来看，虽然中华人民共和国成立以来，特别是1978年改革开放以来，我国的社会生产力不断发展，经济、文化、人民生活水平等较过去明显发展，综合国力和国际地位有了显著提高，实现了由温饱向总体上达到小康水平的历史性飞跃，但与发达国家相比，人均国民生产总值仍然落后于发达资本主义国家；城乡差距、区域差距、贫富差距仍然存在，产业结构不合理，经济增长方式仍以粗放型增长为主，科学技术水平、国民教育和文化素质与发达资本主义国家仍有较大差距。从生产关系的发展程度来看，由于生产力落后和商品经济不发达，社会主义生产关系仍处于不成熟、不完善的状态。经过50多年的努力，我国确立了公有制和按劳分配的主体地位，但由于生产力水平的局限，在相当长的时间内还必须在公有制占主体地位的前提下，实行多种所有制经济并存的制度，以及实行按劳分配和按生产要素分配并存。

这是由上层建筑的成熟程度决定的。虽然人民当家作主的社会主义政治制度已经确立，但社会主义民主政治仍不完善，民主的制度化、法制化仍需进一步健全。社会主义市场经济体制也仍不完善，社会的不公平、不公正现象和贪污腐败现象仍然存在，建设高度的民主政治和完善的社会主义市场经济仍需一个较长时间的发展阶段；从文化方面看，虽然马克思主义在思想文化领域已经占据主导地位，但实用主义、利己主义、功利主义思想在当今社会仍然存在，官僚主义、家长作风、贪污腐败现象仍未根除，建设社会主义思想文化的核心价值体系道路仍然漫长。

总之，社会主义初级阶段理论是根据我国的历史史实和现实情况做出的具体分析，是中国特色社会主义理论体系的理论基石，这块基石的根本点在于：它把马克思主义创始人所设想的社会主义社会与现实的社会主义社会区别开来，把社会主义的发达阶段和不发达阶段区别开来，把建设中国这样一个经济文化落后的社会主义国家与建设其他社会主义国家区别开来，它不拘泥于社会主义的抽象原则和一般形式，而是立足中国，从中国的"实事"出发来认识和掌握社会主义，这个认识对于推动中国特色社会主义伟大事业发展具有重要意义。

二、社会主义初级阶段理论的内容

社会主义初级阶段不是泛指任何国家进入社会主义社会都要经历的起始阶段，而是特指我国在生产力落后、商品经济不发达的情况下建设社会主义所必须经历的特定阶段。一般来说，从1956年我国社会主义改造基本完成之后，就进入了社会主义初级阶段，但是完全实现社会主义现代化可能需要上百年的时间。社会主义初级阶段是不能逾越，也无法逾越的一个重要的历史阶段。

（一）社会主义初级阶段的科学内涵

党的十三大报告对社会主义初级阶段的概念做出了明确的定义：我国正处于社会主义社会，必须继续坚持社会主义毫不动摇。在中国特色社会主义理论体系中，承载其理论全部负荷的正是社会主义初级阶段理论，其他的相关理论都是基于此并与其相辅相成，共同构成体系的内容。党的十三大以来，改革开放和现代化建设进程全面铺开，中国特色社会主义理论体系关于社会主义初级阶段的理论是针对中国情况而言的，其科学含义包括相互联系的三

个方面:

其一,我国已经是社会主义社会。我国从1956年起已经进入社会主义社会,建立了社会主义的制度,而非资本主义向社会主义的过渡时期。这决定了我们国家的基本经济制度是以生产资料公有制和按劳分配为主体的"社会主义基本"经济制度而非别的经济制度,我们国家的政治制度是人民民主专政的"社会主义"政治制度,经济和政治的"社会主义"标志着以马克思主义为指导的社会主义意识形态已经在我国基本确立。

其二,我国目前仍处于社会主义初级阶段。从我国当时社会主义发展水平和程度来看,我国生产力落后的状况没有得到根本性改变,在经济基础和上层建筑等方面仍存在不完善之处,这决定了我国仍处于社会主义初级阶段。什么是社会主义、怎样建设社会主义的答案并不存在于"本本"之中,而存在于现实的实践中,同样,中国特色社会主义理论体系的逻辑起点,不在于抽象的理论原则之中,而在于现实的中国国情,确切地说,在于对现实国情的正确认识和把握之中,这就是初级阶段理论。因此,必须联系实际,继续坚持和完善社会主义制度,不能超越这个阶段。

其三,我国将长期处于社会主义初级阶段。我国的社会主义制度从半殖民地半封建社会中演变发展而来,生产力发展水平、经济文化水平等落后于那些18世纪进行工业革命后崛起的欧美各国,这就决定了我国必须经历一个较长的社会主义初级阶段时期,科学实现"赶英超美"的目标,实现生产力的巨大飞跃和经济社会的大发展。

科学理解和掌握社会主义初级阶段理论,是我国建设社会主义制度的重中之重。我国进入新时代以来,虽然世情、国情、党情、民情都发生了深刻变化,但我国的基本国情并没有发生变化,我国仍处于社会主义初级阶段。我国社会的主要矛盾是人民日益增长的美好生活需要和不平衡不充分的发展之间的矛盾,这决定了我国仍需以经济建设为中心,继续深化改革,推进全面开放。

(二)社会主义初级阶段的基本特征

党的十三大从我国的人口分布和人口信息、工业化水平、地域发展区别、科教文卫事业进展等方面对我国的社会主义初级阶段特征做出了基本概括。经过10多年的认识和实践，党的十五大报告从以下九个方面对基本特征作了概括。

社会主义初级阶段是逐步摆脱不发达状态，基本实现社会主义现代化的历史阶段。这是对社会主义初级阶段整个历史进程所体现的总的特征的概括。

中华人民共和国成立初期，我国是一个相当落后的农业国家，以农业为生的人口比重很大，在社会主义初级阶段，这样的局面会渐渐发生变化，非农业人口会渐渐减少，取而代之的是农业现代化和服务业现代化。我国仍是一个农业人口占很大比重的农业国家，工业化和现代化发展较低，这是社会主义初级阶段理论确立的一个重要依据。据国家统计年鉴（2017）显示，2016年年末，全国内地总人口138 271万人，其中农村户籍人口58 973万人，农村户籍人口占比超过总人口的40%，在我国仍然存在相当大比例的以农业为主要生产生活来源的人口。众所周知，农产品的科技转化率和生产率相对工业、服务业等其他产业更低，所以我国首要面临的仍然是加速由落后的农业国向先进的工业国的转变。

在我国建立社会主义市场经济体制，是历史的必然。因为我国是在商品经济不发达、经济文化落后的条件下建设社会主义，大力发展生产力始终是我们的根本任务。在发展生产的过程中，必须合理地配置资源，使各种生产要素形成最佳组合，减少浪费，提高经济效益。这客观上需要市场机制来调节，它通过价值规律和竞争规律，引导生产和消费、调节社会资源的合理流动，从而使生产效益日益提高。我国处于并且将长期处于社会主义初级阶段，由于以公有制为主体的多种经济成分并存，因此企业与企业之间的交换必须遵循等价交换的原则。

社会主义初级阶段是由文盲、半文盲占比很大，科技教育文化落后，逐步转变为科技教育文化比较发达的历史阶段。"再穷也不能穷教育"，2006年，我国修订通过了《中华人民共和国义务教育法》，从此，每个孩子都依法享有平等接受义务教育的权利，每个孩子都被公平善待；近几年，高职、本科和研究生陆续扩招，都显示出了国家对教育事业的重视。

社会主义初级阶段是由贫困人口占比很大、人民生活水平比较低，逐步转变为全体人民比较富裕的阶段。截至2017年年底，我国农村贫困人口尚有3046万，扶贫工作任重而道远。"些小吾曹州县吏，一枝一叶总关情"，民间疾苦一直是总书记和基层干部最关心的群体。"实现共同富裕"是社会主义的本质，"逐步摆脱贫困、解决温饱问题"则贯穿于社会主义初级阶段的发展过程，全面建成小康社会的目标任务要求党和政府高度重视扶贫工作，做到精准扶贫，真正做到扶到点上、扶到根上，扶贫更要扶"智"。

社会主义初级阶段是地区经济文化很不平衡，通过有先有后的发展，逐步缩小差距的历史阶段。我们国家地大物博，各个地区之间由于历史和文化等因素，经济发展并不平衡，西部的经济发展水平低于东部地区，内陆的经济发展水平低于沿海地区，而人口人才又向大城市"聚拢"，导致发达的地区越来越发达，落后的地区发展稍显缓慢。基于这一基本国情，党和政府通过发展较快的地区带动和帮助发展较慢地区的政策，实现地区经济合理布局、协调发展，逐步缩小差距，最终实现共同富裕的目标。

社会主义初级阶段是通过改革和探索，建立和完善充满活力的社会主义市场经济体制、社会主义民主政治体制和其他方面体制的历史阶段。我国的经济、政治及其他方面体制的不完善是我国确立社会主义初级阶段理论的基础之一，因此，通过深化改革来全面健全和完善我国社会中各项体制是社会主义初级阶段的重要任务之一。面对诸多尚须完善的制度，我们必须坚持深化改革这一基本策略，而社会主义初级阶段则在社会主义改革的过程中不断前进。

在社会主义初级阶段，广大中国人民必须牢固树立共同理想，艰苦奋斗，自强不息，发扬伟大的民族精神和时代精神，实现物质和精神的双重文明。社会主义初级阶段的任务就是促进经济、政治、文化全面发展。根据马斯洛需求理论，人在满足了基本的生理需求、安全需求等基本需求后，会逐渐开始渴望受到他人的尊重，并追求自我价值的实现，在这个阶段，我们的目标不应该停留在单纯地发展物质文明，更要兼顾精神文明和政治文明的同步建设发展。

我国虽于1978年开始实行改革开放，但改革和开放的时间并不长，社会现代化水平还不高，与当代世界的先进国家相比，我国社会主义发展仍然肩负着艰巨的历史任务。我国要真正实现中华民族的伟大复兴,跻身于世界先进行列,实现惠及广大14亿中国人民的梦想,任重而道远。面向现代化、面向未来,离不开面向世界和走向世界。

总之,社会主义初级阶段是一个实现伟大转变、加速发展的历史阶段,是一个由不发达的社会主义国家走向富强、民主、文明、和谐、美丽的社会主义现代化国家的阶段。在十九大报告中,社会主义现代化奋斗目标又进一步加入了"美丽"的奋斗目标,与"五位一体"的总体布局也相互对应。

(三)社会主义初级阶段理论的重大意义

社会主义初级阶段理论是中国特色社会主义理论与实践的基础和起点,是解答"什么是社会主义、怎样建设社会主义"的基本出发点,是我们制定各项路线、方针、政策的根本依据。它是中国特色社会主义理论体系的基石,具有十分重要的意义。

首先,社会主义初级阶段理论发展了马克思主义关于社会主义发展阶段的理论,是马克思主义中国化的理论成果之一。几代领导集体在继承马克思、恩格斯及其他优秀的马克思主义学者思想的基础上,认真总结相关历史经验和教训,从我国的客观实际出发,明确提出了我国在现在这样一个经济文化相对落后的国家进入社会主义社会必须经历一个相当长时间的探索阶段,那就是社会主义初级阶段。这不仅是对我国社会主义发展阶段的科学认知,而且是对马克思关于社会主义发展阶段思想的创新发展。

其次,社会主义初级阶段理论是我们党制定路线、方针和政策的理论依据和重要来源。实践出真知,而理论要运用到实践中去才能发挥它最大的作用。我国在探索社会主义建设道路上的历史经验告诉我们,只有明确自身在历史发展阶段进程中的科学定位,才能制定切实可行的路线、方针和政策。我国处于社会主义初级阶段这一基本国情,是我们党解决各种现实问题的客观依据,任何方针、政策都必须紧紧围绕着这一基本国情展开,切不可操之过急。

最后,社会主义初级阶段理论为我们在建设中国特色社会主义的伟大事业中提供了反对"左"和右倾思想的锐利武器。在党的历史上,"左"和右倾两种错误思想的指导使得中国的革命和建设事业遭受了巨大的挫折和损失，给中国人民留下了弥足深刻的经验教训。"左"和右倾思想虽然在表现形式上各不相同，但本质上都是否定马克思主义与中国实际相结合。十一届三中全会以来，我们多次重申"社会主义初级阶段"这一重要理论，从当前中国的实际出发，清楚认识到我国社会主义现代化事业建设的长期性、复杂性、紧迫性和艰巨性，避免党在实践中重新陷入"左"和右倾思想的泥淖。因此，在复杂多变的国内环境和国际环境中，我们要保持清醒的头脑，既要反对急于求成、追求"纯粹"社会主义的"左"的思想影响，又要克服主张"全盘西化"，坚决否定我国社会主义性质的右的思想影响，在中国社会主义现代化事业的建设道路上，坚决保持危机意识和忧患意识。

三、社会主义初级阶段的基本路线、基本方略

党的基本路线、基本方略是党在一定历史阶段为解决社会主要矛盾而提出的总的指导方针和具体行动纲领。党的基本路线是党和国家的生命线，党的基本路线正确与否，直接关系到社会主义现代化建设事业的成败。党的十九大报告提出了新时代坚持和发展中国特色社会主义的基本方略，这是我们党根据马克思主义基本原理和时代发展要求做出的重大理论创新，是新时代决胜全面建成小康社会、夺取中国特色社会主义伟大胜利、实现中华民族伟大复兴的具体行动纲领。

（一）社会主义初级阶段的基本路线

党的十一届三中全会中深刻总结了党在社会主义建设事业中的深刻教训，重新思考"什么是社会主义，怎样建设社会主义"这一科学命题，果断停止"以阶级斗争为纲"的错误口号，将党和国家的工作重心转移到社会主义现代化建设上来，改革开放使我们国家的发展进入了一个崭新的时代。

1. 社会主义初级阶段基本路线的形成

邓小平曾深刻地指出："1978年我们党的十一届三中全会对过去做了系统的总结，提出了一系列新的方针政策。中心点是从阶级斗争为纲转到以发展

生产力为中心，从封闭转到开放，从固守成规转到各方面的改革。"①

1979年3月，邓小平在党的理论工作务虚会上，第一次明确强调我国社会现阶段的主要矛盾，并提出要以经济建设为中心作为党的中心任务，首次提出"坚持四项基本原则"这一战略思想。至此，我党社会主义初级阶段基本路线中的"一个中心，两个基本点"的基本内容初步形成。

1981年6月，党的十一届六中全会第一次以党的正式文件的形式确立我国社会的主要矛盾和中心任务，并将改革开放和坚持四项基本原则纳入我国社会主义现代化建设道路的内容之中。

1982年9月，党的十二大第一次明确提出要"建设有中国特色的社会主义"这一科学命题。1985年，邓小平在会见外国客人时指出："我们拨乱反正，就是要在坚持四项基本原则的基础上发展生产力。为了发展生产力，必须对我国的经济体制进行改革，实行对外开放的政策。"在这里，我党已将"一个中心"和"两个基本点"联系起来。随后，党的十三大对党的基本路线做出完整概述，即"领导和团结全国各族人民，以经济建设为中心，坚持四项基本原则，坚持改革开放，自力更生，艰苦奋斗，为把我国建设成为富强、民主、文明的社会主义现代化国家而奋斗"。党的十七大通过的党章又将"和谐"纳入"富强、民主、文明"之中，十九大报告中又在"和谐"之后加入"美丽"二字，表明党在社会主义现代化建设事业中的实践和探索，在此基础上认识逐步深化。

社会主义初级阶段的基本路线是党和国家在总结历史经验教训的基础上，比较系统地初步回答了在中国这样一个经济文化落后的国家，如何建设社会主义、如何巩固和发展社会主义这一系列重大问题，是引导我国走向富强、民主、文明、和谐、美丽的社会主义现代化国家的必由之路。

2. 社会主义初级阶段基本路线的主要内容

中国特色社会主义理论体系深深根植于现实实践中，并指导着现实实践。而理论转化为现实，变为"物质力量"，需要一系列中介环节，这就是党的各个时期的路线、方针、政策、措施等，而在这些中介层级中，最根本中

---

① 邓小平. 邓小平文选：第3卷［M］.北京：人民出版社，1993：269.

介是党的基本路线。基本路线在邓小平的理论和实践指导下,从十三大至今逐渐形成为"领导和团结全国各族人民,以经济建设为中心,坚持四项基本原则,坚持改革开放,自力更生,艰苦创业,为把我国建设成为富强、民主、文明、和谐、美丽的社会主义现代化强国而奋斗"。党的基本路线的基本内容是:"坚持以经济建设为中心。"党的十一届三中全会最伟大的贡献之一就是做出了把党和国家的工作重心转移到经济建设上来,这要求党和国家的各项工作都要服从和服务于经济建设这个中心。经济建设的中心地位的确立有着深刻的理论和现实依据。首先,是由我国的社会主义本质决定的。社会主义的本质是实现共同富裕,这需要强大的社会生产力作为物质基础。其次,社会主义初级阶段的主要矛盾是人民日益增长的美好生活需要同不平衡不充分的发展之间的矛盾,解决现阶段矛盾的关键就是坚持以经济建设为中心这一基本方略不动摇,大力发展社会生产力。最后,面对日趋复杂的国际和国内环境,国际竞争日益激烈,经济的不稳定性加剧,作为世界上最大的发展中国家,我们要坚持以经济建设为中心,增强本国经济实力,我们才能在国际社会中占据一席之地。因此,在中国特色社会主义事业建设道路上,我们要坚持扭住经济建设这一中心。

坚持四项基本原则,坚持改革开放。四项基本原则是立国之本,改革开放是强国之路,我们要将两者统一于中国特色社会主义伟大实践之中。如果偏离了四项基本原则,就会动摇社会主义国家的根本性质和政治基础;如果偏离了改革开放这一对外政策,就会使我国重陷封闭僵化的老路,丧失社会主义制度的优越性。坚持四项基本原则赋予改革开放正确的方向指导,保证改革开放沿着正确的道路继续前进;改革开放赋予四项基本原则新的时代内容,以进一步解放和发展生产力、坚持和巩固社会主义制度为根本动力。我们要将二者统一于中国特色社会主义事业的伟大实践中,为中国事业的进步指明方向。

党的基本路线把自己的内在实质理性内容具体化为我们党在一定时期的战略任务、奋斗目标、基本政策等,进一步成为中国特色社会主义理论在各地的生动实践,具有重要的理论和实践意义。

阐述了党在社会主义初级阶段的奋斗目标,即"把我国建设成为富强、民主、文明、和谐、美丽的社会主义现代化强国",体现了中国特色社会主义经济、政治、文化、社会以及生态五位一体全面发展的要求。"富强"是经济领域的目标和要求,社会主义社会必须是富裕而又强大、综合国力占据优势地位的国家。"民主"是政治领域的目标和要求,社会主义社会必须是民主的,体现人民当家作主的本质特征。"文明"在这里强调的是文化领域的目标和要求,我们要坚持马克思主义在意识形态领域的领导和指导地位,大力弘扬我们的时代精神。"和谐"凸显的是社会领域的目标和要求,我们所要构建的社会必然是和睦的、有秩序的。"美丽"是中共十九大提出的新要求,反映的是生态领域的目标和要求,我们既要金山银山,也要绿水青山,坚持建设美丽中国。

阐述了实现奋斗目标的基本途径和根本保证,即"以经济建设为中心,坚持四项基本原则,坚持改革开放",即"一个中心,两个基本点"。这是党在社会主义初级阶段实现奋斗目标的基本途径和根本保证,也是基本路线的核心内容。以经济建设为中心,是兴国之要,是党和国家兴旺发达和长治久安的根本要求,回答了社会主义的根本任务,体现了发展社会生产力的本质要求。社会主义的本质是共同富裕,我们党用生动的实践告诉我们要坚持以经济建设为中心,大力发展社会生产力;四项基本原则是立国之本,是党和国家生存发展的政治基石。"坚持四项基本原则",回答了解放和发展生产力的政治保证,体现的是社会主义的制度要求。"坚持改革开放",回答了社会主义的发展动力要求,体现了解放生产力的本质要求,改革开放是推进一切工作的动力,是强国之路。正确认识和处理经济基础和上层建筑之间、生产力和生产关系之间的辩证关系,要求我们全面坚持和理解"一个中心,两个基本点"的整体理念。

阐述了实现目标的领导力量和依靠力量,即"领导和团结全国各族人民"。中国共产党是中国特色社会主义事业的领导核心,其领导地位是在长期的革命和建设的道路上逐渐发展确立的。中国共产党集中代表了社会中最先进的积极分子,有着严密的组织结构和严格的纪律要求,在社会主义革命以及社会主义现代化建设道路上始终居于领导地位。其依靠力量是全国各族人民。建设富强、民主、文明、和谐、美丽的社会主义强国,是全国人民的共同愿望和价值追求,实现这一伟大的目标需要调动一切积极因素,充分发挥全国各族人民的积极性和创造性，为实现中国梦而不懈奋斗。

阐述了实现目标的基本条件，即"自力更生，艰苦奋斗"。"自力更生"是指中国的事情需要中国人民自己去解决，要将立足点基于自身力量。虽然我们不排斥外界帮助，但在其根本上我们要坚定自己的理想信念，战胜一切苦难，实现中华民族伟大复兴。"艰苦奋斗"是指党和国家在中国社会主义现代化建设的道路上要勇往直前，开拓创新，艰苦创业，奋斗拼搏，为中国人民创造更多的物质和精神财富。自力更生，艰苦奋斗自古以来就是中华民族的优良传统，也是党实现社会主义初级阶段奋斗目标的基本条件。我们要在社会主义现代化建设道路上充分发扬中国人民自身的创造才能，为祖国的建设添砖加瓦。

坚持党在社会主义初级阶段的基本路线不动摇，必须正确处理好改革、发展、稳定的关系。其中，发展是目的，是硬道理。中国解决所有问题的关键要靠自己的发展。唯有自身的发展才能实现社会主义现代化；改革是动力，改革是不断调整生产关系和上层建筑，使之适应和促进生产力的发展，改革是经济和社会发展的强大动力，是社会主义制度的自我完善和发展，只有深化改革，才能根除社会中根深蒂固的深层次矛盾，才能促进社会生产力的解放和发展，为我国经济的持续发展和国家的长治久安打下坚实的基础；稳定是前提，不论是改革还是发展，都需要有一个相对稳定的社会环境做保证，没有稳定的政治和社会环境，一切无从谈起。改革的力度不能超过自然和人文环境所能承受的程度，经济发展的速度不能快于社会的发展进程，要不断改善人民的生活水平，推动社会经济又好又快发展。

加强党的建设是坚持社会主义初级阶段基本路线的根本政治保证。坚持党的基本路线不动摇，关键要提高党的先进性、纯洁性。中国共产党代表了部分中国先进知识分子，党内建设的好坏，党的组织状况的好坏，各级领导干部尤其是高级领导干部的思想素质水平，直接影响中国社会主义命运和现代化建设事业的前进方向。因此，十九大报告强调将党的政治建设摆在首位，全面推进党的政治建设、思想建设、组织建设、作风建设、纪律建设，构成党的建设领域的"五位一体"。我们要重视党的建设，坚定不移地提高贯彻执行党的基本路线的自觉性、坚定性。

(二)中国特色社会主义的基本方略

自改革开放以来,我们党相继提出了基本理论、基本路线、基本纲领、基本经验、基本要求,构成了中国特色社会主义的"五个基本"。不难发现,基本理论和基本路线都是贯穿于社会主义初级阶段这一整个过程,其根本性质是不可动摇的。但相对而言,在具体的历史时期形成的基本纲领、基本经验、基本要求,都会随着实践和理论发展而与时俱进。党的十九大报告提出的新时代坚持和发展中国特色社会主义的基本方略,把"五个基本"简化整合为基本理论、基本路线、基本方略,将之前党提出的基本纲领、基本经验、基本要求集于一身,这是习近平新时代中国特色社会主义思想的重要理论贡献。"十四条坚持"就是新时代坚持和发展中国特色社会主义的基本方略,它集中体现了新时代如何坚持和发展中国特色社会主义,是我们党在新时代的具体行动纲领。认真学习贯彻基本方略,有助于我们党和国家清楚地认识我国的基本国情,坚持党在社会主义初级阶段的基本路线,坚定不移地走中国特色社会主义发展道路。

1. 坚持党对一切工作的领导

历史经验表明,中国共产党的执政地位是不容动摇的。我们只有在中国共产党的带领下,才能实现中华民族的伟大复兴。在这里,我们强调党是领导一切的,这是对党执政地位的再确认,要求我们党在社会主义建设事业中发挥领导核心作用。因此,我们必须自觉维护党中央权威和集中统一领导,不断增强政治意识、大局意识、核心意识、看齐意识,严明党的政治纪律和政治原则;必须确保党总揽全局,协调各方的作用;必须坚持党的民主集中制,既要发挥各级党务部门的积极性、创造性和主动性,又要遵守党纪规则,禁止有令不行、有禁不止。

2. 坚持以人民为中心

马克思主义唯物史观要求我们坚持以人民为中心。"人民群众是历史的创造者"作为马克思主义唯物史观的基本观点之一,始终被我们党坚定地践行着,人民群众是决定党和国家前途命运的根本力量。必须始终坚持立党为公、执政为民,将全心全意为人民服务视为工作的根本宗旨,满足人民日益增长的美好生活需要，坚持发展依靠人民，发展成果由人民共享，只有通过中国人民的共同努力，才能实现中华民族的伟大复兴。

3. 坚持全面深化改革

中国特色社会主义理论的主旨在于建设中国，发展中国，使中国尽快成为社会主义现代化强国。而要实现这一点，根本的途径是发展生产力，而要发展生产力，就必须对内进行改革，对外实行开放。因此，改革开放是决定当代中国命运的关键抉择，是中国特色社会主义不断发展的内在动力，是发展中国特色社会主义、实现中华民族伟大复兴的必由之路。只有改革开放才能实现中国的繁荣富强，实现从"站起来"到"富起来"到"强起来"；只有坚持社会主义制度才能发展中国。因此，面对新时代、新问题、新矛盾和新要求，我们必须全面深化改革，紧紧依靠人民推动改革，以最大公约数的思想方法研究和解决问题，聚合众力、融合众智，无论从哪个角度讲，离开了改革开放理论，就不可能产生中国特色社会主义理论，它是中国特色社会主义理论中最具"特色"的支柱理论，是深刻揭示中国社会主义建设实践规律的重要理论，是马克思主义理论与中国现实实践科学"结合"的重大理论成果。

4. 坚持新发展理念

从一定意义上讲，中国特色社会主义理论体系的实质内容就是中国特色社会主义的发展理论，因为这个理论一切都是围绕发展这个实践主题来展开的。我们必须清醒的是，在我国社会主义的现阶段，经济发展尽管是中心，但经济发展并非发展的唯一内容，经济增长不等于发展全部，发展具有整体性、全面性、内生性的特点。目前，我国已成为世界第二大经济体，经济增长速度让世界震惊。我们对经济增长的要求已经从高速增长转变为高质量增长，注重经济增长模式的创新。因此，我们必须从根本上转变发展理念，坚持物质文明与精神文明同步发展，坚持和完善我国社会主义基本经济制度和分配制度，以供给侧结构性改革为主线，推动建立新型工业化、信息化、城镇化、农业现代化同步发展的创新型国家。

5. 坚持人民当家作主

人民当家作主是社会主义民主政治的本质特征。我国是人民民主专政的社会主义国家，国家的一切权力属于人民，人民的主体地位必须得到重视，人民的根本利益必须得到维护。近一个世纪以来，中国共产党人将马克思、恩格斯所创立的人民主体观与中国革命、建设、改革的实际相结合，继承发展了马克思主义的人民主体观。在马克思主义中国化过程中，以人民为中心、坚持人民当家作主一直是中国共产党人的价值基础和实践目的。因此，我们必须始终实现坚持党的领导、人民当家作主、依法治国有机统一，坚持和完善中国特色社会主义政治制度，丰富民主形式，拓宽民主渠道，把人民当家作主落实到实际行动中来。

6. 坚持全面依法治国

党在总结社会主义国家兴衰成败的经验，特别是中国社会主义民主建设、法制建设，借鉴现代法治理论合理成分的过程，得出了一个重要结论：依法治国是党领导人民治理国家的基本方略，是中国特色社会主义的本质要求和重要保障，这要求我们坚定不移地走中国特色社会主义法治道路。依法治国首先应该依宪治国，依法执政首先应该依宪执政，我们必须重视宪法的作用，将宪法摆在全面依法治国的突出位置，完善以宪法为核心的中国特色社会主义法律体系。始终坚持依法治国，构建法治社会，不断推进社会主义民主政治，紧紧维护最广大人民群众的根本利益。

7. 坚持社会主义核心价值体系

弘扬社会主义核心价值体系，是我们党在思想建设上的重大理论创新，是党的十七大提出的一项重要战略任务。随着经济社会改革开放的不断深入，开放的力度越来越大，国际上各种文化的获得与交流也变得更加便利和频繁，西方个人英雄主义、霸权主义和强权政治的文化也在潜移默化中"入侵"中国，悄然影响着人们的生活和意识，此时，树立中华优秀文化的认同感和自信心变得尤为重要。

文化自信是一个国家、一个民族发展中更基本、更深沉、更持久的力量，社会主义核心价值体系回答了在新的时代条件下我们党应该用什么样的精神旗帜带领中国人民继续中国特色社会主义的建设。马克思主义是我们的精神旗帜，是科学的理论，它为我们提供了正确的世界观和方法论。马克思主义深刻揭示了关于物质世界及其发展规律、人类社会及其历史规律、认识过程及其思维规律等原理，指明了人类社会发展的前进方向，它为我们提供了科学的世界观、方法论。它有其自身的原理规律、逻辑体系、发展历史，是科学的真理体系，因此，必须大力发展先进文化，发展面向现代化、面向世界、面向未来的，民族的、科学的、大众的社会主义文化，以不断丰富人们的精神世界，增强人们的精神力量，我们必须支持健康有益的文化，努力改造落后文化，坚决抵制腐朽文化，不断增强中国特色社会主义文化的吸引力和感召力，使全民族的思想道德素质、科学文化素质和健康素质明显提高，同时，以与时俱进的品格和开放包容的气度继承和发扬中华优秀传统文化，实现社会主义先进文化的创新发展。在此过程中，我们既要不忘本，汲取五千年历史积淀的文化底蕴，又要吸收符合时代精神的外来文化，在时代和实践的发展中不断构筑中国精神、中国价值、中国力量，为人民提供精神指引。

8. 坚持在发展中保障和改善民生

改善民生是经济发展的根本目的，增进民生福祉是发展的根本目的。在党的十九大报告中，"人民"和"美好生活"一词反复出现，凸显了人民在党和国家事业建设中的突出作用，凸显了在发展中保障和改善民生的重要意义。因此，我们必须为老百姓谋福利，为老百姓解忧愁，补齐民生工作短板，增进人民生活福祉，实现幼有所育、学有所教、劳有所得、病有所医、老有所养、住有所居、弱有所扶；同时，中国的发展已经步入了瓶颈期，进入了决胜小康的关键阶段，我们必须深入开展脱贫攻坚工作，确保保障和改善民生的惠普性，使人人共享改革发展成果，促进人的全面发展，实现人民共同富裕。

9. 坚持人与自然和谐共生

人与自然是生命共同体，人类的永续发展依赖于友好的自然环境，友好的自然环境又必须依赖于人类的悉心保护。我们必须保护环境、尊重自然、顺应规律。然而，我们的经济发展确实是以环境的牺牲为代价的，大气污染、土壤污染、水污染等各种污染问题日益加剧，这迫切要求我们加强生态环境治理，为全球性生态危机的治理出谋划策。因此，我们必须树立和践行"绿水青山就是金山银山"的理念，这一理念是习近平总书记十多年前在湖州考察时提出的论断，如今看来，是相当科学而正确的。坚持节约资源和保护环境的基本国策，创新绿色治理方式，将绿色理念融入社会发展的全过程和各个方面，形成绿色发展方式和生活方式，推进政府绿色行政、企业绿色经营、公众绿色消费的有机统一，建设繁荣、富强、美丽的中国。

10. 坚持总体国家安全观

中华民族伟大复兴的历史进程告诉我们，机遇与挑战并存，前进道路不可能永远一帆风顺，我们决不能忽视任何风险挑战。统筹发展和安全，增强忧患意识，居安思危，是我们党治国理政的一个重大原则。因此，我们必须坚持总体国家安全观，以政治安全为根本，坚持党的领导和中国特色社会主义制度不动摇；必须坚持国家利益至上，坚决维护国家的根本利益，坚决维护国家主权、安全、发展利益，做到不惹事不怕事，坚决同各种违背国家利益的行为做斗争；必须坚持发展和安全并重，安全是发展的基础，发展是安全的保障，我们要将二者统一于建设社会主义道路的全过程，以安全促发展，以发展促安全。

11. 坚持党对人民军队的绝对领导

自鸦片战争以来，帝国主义列强在政治、经济、军事上的入侵，给整个中华民族造成了深重的灾难。社会主义救了中国，完成了救亡图存的历史使命，但中国的富强之梦远没有实现，社会主义现代化道路仍是曲折的。邓小平深深意识到，要在中国实现社会主义现代化是艰难的，必须对中国社会主义根本矛盾、根本道路和根本方向做深入思考。党的历史经验表明，"党指挥枪"是保持人民军队本质和宗旨的根本保障，有了中国共产党，人民军队前进就有方向、有力量。建设一支听党指挥、能打胜仗、作风优良的人民军队，是实现"两个一百年"奋斗目标、实现中华民族伟大复兴的重要战略支撑。因此，我们必须全面坚持党的军事指导理论，确立新时代党的强军思想在国防和军队建设中的指导地位，坚持形成政治建军、改革强军、科技兴军、依法治军的战略布局，实现党在新时代的强军目标，建立世界一流军队。

12. 坚持"一国两制"和推进祖国统一

"和平统一、一国两制"的科学构想是新时代党为实现祖国完全统一而提出的伟大战略方针，是马克思主义基本原理同中国现阶段具体实际相结合的产物。保持香港、澳门长期拥护"一国两制"基本国策，地区繁荣稳定，祖国早日实现完全统一，是实现中华民族伟大复兴的必然要求。因此，我们必须切实贯彻"一国两制""港人治港""澳人治澳"、高度自治的方针，在坚持一个中国的原则下切实保障特别行政区高度自治权，确保"一国两制"方针不会变、不动摇，确保"一国两制"实践不变形、不走样；同时，我们必须与时俱进地发展"一国两制"理论，推动两岸关系和平发展，深化两岸经济合作和文化往来，为台湾的统一提供指导方向，加快实现祖国的完全统一，为实现中华民族伟大复兴的中国梦而奋斗。

13. 坚持推动构建人类命运共同体

当今世界处于大发展、大变革和大调整时期，虽然和平与发展仍是当今世界的主题，但世界上仍然存在着一定的不安因素。解决人类面临的共同问题，需要全世界人民的共同努力。中国人民的梦想同各国人民的梦想息息相通，实现中国梦离不开和平的国际环境和稳定的国际秩序。因此，我们必须坚持独立自主的对外开放政策，奉行互利共赢的开放战略，统筹国内国际两个大局，矢志不渝地走和平发展道路，始终做世界和平的建设者、全球发展的贡献者、国际秩序的维护者。"一带一路"基本国策的提出，体现了我国积极构建人类命运共同体的责任心和寻求新型全球化经济模式的大国担当。

14. 坚持全面从严治党

全面从严治党，核心是加强党的领导，基础在全面，关键在严，要害在治。党的领导是中国特色社会主义建设取得成功的根本保证，这要求我们坚持、加强和完善党的领导。因此，我们必须将党的政治建设摆在突出位置，将党的制度建设全面贯穿于党的政治建设、思想建设、组织建设、作风建设、纪律建设；同时，必须坚持寸土不让、标本兼治，要严格要求、严格管理、严格教育各级党员干部，严格监督、严格治理、严格肃清党内各种歪风邪气，加大反腐力度，要努力使党的思想理论真正为广大人民群众所接受，并变为自觉行动；要通过制度建设，改革和完善党内各项制度，把党内制度建设与国家制度建设统一起来，并通过一系列的制度设计和体制安排，保证党坚持科学执政、民主执政、依法执政，保持党的统一意志。要保持党的行为的统一性，就必须加强党的作风建设和廉政建设，使广大党员能团结一致，不断发挥先锋模范作用，使我们党能够团结一切积极力量，实现中华民族的伟大复兴。

以上十四条，构成新时代坚持和发展中国特色社会主义的基本方略。其中的每一条"坚持"，都是习近平新时代中国特色社会主义思想的实践指导，是党的基本路线、基本理论的战略深化。这"十四个坚持"，不仅覆盖了党的基本纲领、基本经验、基本要求的内容，更是对党的治国理政重大方针和原则的最新概括，是习近平新时代中国特色社会主义思想的重要组成部分，是落实习近平新时代中国特色社会主义思想的实践要求，是实现"两个一百年"奋斗目标的行动纲领。这"十四个坚持"，体现了中国共产党对共产党执政规律、社会主义建设规律、人类社会发展规律的深刻把握和自觉遵循，开辟了中国特色社会主义的新篇章，展示了21世纪中国马克思主义的新时代内涵。

四、社会主义初级阶段的主要矛盾及其变化

中国共产党自成立以来，就一直对社会主要矛盾进行孜孜不倦的探索，它的转化随着我国经济发展状况的变化而变化。历史表明，正确认识社会主义初级阶段的主要矛盾，事关社会主义事业的成败。中国社会主义建设所取得成就和经历的挫折，都与党对这一问题的认识密切相关。

（一）社会主义革命与建设时期党对中国社会主要矛盾的摸索判断

1956年9月，有了社会主义改造的物质基础和群众基础后，党的八大正确地分析了国内形势和社会主要矛盾的变化，也提出了党在今后的根本任务，八大报告指出："我们国内的主要矛盾，已经是人民对于建立先进的工业国的要求同落后的农业国的现实之间的矛盾，是人民对于经济文化迅速发展的需要同当前经济文化不能满足人民需要的状况之间的矛盾。"[①]这一主要矛盾的论述符合中国的基本国情，奠定了建设中国特色社会主义道路的理论基础，为中国的发展指明了前进的方向。毛泽东在《论十大关系》中强调，要根据社会形势和国情调整方针政策，全面发展各行各业，大力建设经济，改革经济

---

① 中共中央文献研究室.建国以来重要文献选编：第9册[M].北京：中央文献出版社，1994：341.

体制，提出了中国社会主义经济建设的若干新方针。

1957年，毛泽东在《关于正确处理人民内部矛盾的问题》中系统地阐明了社会主义社会的基本矛盾，指出重视并解决这些矛盾的目的是调动一切积极因素，为社会主义事业服务。这些论述都是八大中关于社会主要矛盾论述的重申。

（二）改革开放以来党对中国社会主要矛盾的不断完善

过渡时期的两年时间，我们党联合人民群众以极大的热情投入各项革命建设（主要是经济建设）工作中去。1978年，十一届三中全会召开，这是我国历史上一次伟大的转折，它揭开了社会主义改革开放的序幕。

1981年，十一届六中全会通过了关于我国社会主要矛盾的全新表述："在社会主义改造基本完成以后，我国所要解决的主要矛盾，是人民日益增长的物质文化需要同落后的社会生产之间的矛盾。"[①] 如何理解"落后的社会生产"和"人民日益增长的物质文化需要"这两个范畴呢，如何理解这两者之间的矛盾呢？

在当时社会主要表现为生产力落后的现象，我国没有实现工业化和市场经济的市场化、社会化、现代化，还表现为落后的生产力组织、经营和管理方式。而就"人民日益增长的物质文化需要"而言，"需要"是随着经济发展水平而不断提高的，具有动态性，而人民对物质文化不断提高的要求与社会总体生产比较落后存在较大的差距，这一差距导致了主要矛盾的产生。这一主要矛盾贯穿于我国社会主义初级阶段的发展过程和社会领域的方方面面，认识和把握这一主要矛盾，对集中解决我国社会的其他矛盾，具有重要的借鉴意义。

（三）新时代我国社会主要矛盾的转化

实践没有止境，理论需要与时俱进。随着改革开放的不断发展，我国经济实力、综合实力不断提高，一跃成为世界上仅次于美国的世界第二大经济

---

① 中共中央文献研究室.三中全会以来重要文献选编：下［M］.北京：中央文献出版社，2011：168.

体。在党中央的领导下,中国人民的生活水平明显改善,基本实现小康水平。人民群众的温饱问题已经基本得到解决,对生活水平的追求明显提高,不再仅仅关注衣食住行等基本生活需要,而且关注医疗卫生、贫富差距、环境污染、政府建设等更高层次的需要。"落后的社会生产"的时代已经过去,中国人民进入了新的时代,中国已经处于由富起来走向强起来的历史定位上。

中国特色社会主义进入新时代,我国综合国力显著增强,人民生活质量明显提高,各项事业的发展取得了举世瞩目的成就。首先,在经济方面,我国经济水平持续平稳上升,目前我国已经进入了中等收入国家的行列,我国经济总量一直位居世界第二,外汇储备跃居至世界第一。我国在供给侧结构性改革方面的举措持续深入推进后,经济体制进一步得到优化,新兴经济形式得到大幅度发展。科技创新向产业化转移,科技创新正在逐渐成为我国经济发展的动力来源。其次,在政治方面,随着社会改革深化程度进一步加强,消除体制机制弊端成果卓著。再次,在文化方面,取得丰富成果,我们党在意识形态领域的建设效果更加鲜明,人民在思想意识形态与国民整体素质方面都有极大的进步。文化艺术事业蓬勃发展,各种能够反映时代特点的优秀艺术题材越来越新颖,形式越来越多样,为人民提供了愉悦心情、陶冶情操的更多选择。由此可见,中华民族的"软""硬"实力都在世界上有着举足轻重的地位。最后,在社会生活方面,我国教育医疗等行业的改革进一步加深,普通民众的民主意识进一步增加,人民更加关注自身的权益问题。生态环境方面保护管理进步明显,重大生态环境保护与修复项目进一步完善,我国人民对生态资源的保护意识也有了极大的提升。综上所述,新时代我国各项事业得到了快速的发展,我国社会在经济、政治、文化、社会生活以及生态环境方面都有着极大的提升。

面对世情、党情、国情的深刻变化,我国主要矛盾也发生变化,当中国特色社会主义进入新时代,标志着长期饱受磨难的中华民族迎来了从"站起来"到"富起来"再到"强起来"的伟大飞跃。新时代我国社会主要矛盾是我们党站在新的时间节点上做出的重大判断。

时代是思想之母,实践是理论之源。党的十九大报告立足于新时代的历史定位和现阶段的基本国情,对社会主义初级阶段主要矛盾做出的全新研判,对明确新时代的总体战略布局、总体目标、总体方针政策具有重要的指导意义。就人民日益增长的美好生活需要而言,"人民"既是一个政治范畴,又是一个历史范畴。这一概念在不同的国家和不同的历史阶段,具有不同的内容。在我国,这一概念是指在人口中占绝大多数,顺应历史发展,推动社会进步的阶级、阶层和社会集团。"需要"是随着经济社会发展而不断提高的,具有动态性和全面性,人的需要是多种多样的;"美好生活的需要"与物质生活需要相比其范畴更广,其不仅包括物质文化这些客观需要的内容,还包括其衍生的幸福感、获得感、归属感以及权利、尊严等。虽然我国已经基本上解决了十几亿人口的温饱问题,人民生活水平达到小康水平,在不久的将来,我们即将建成全面小康社会。但是我们仍需注意到,我们的发展仍是不平衡不充分的发展,其"不平衡不充分的发展"主要体现在民生领域,城乡差距、区域差距、贫富差距依然存在,脱贫攻坚工作仍然艰巨。以脱贫工作为例,十九大报告指出,虽然我们贫困人口以每年1300万递减,其速度让世界为之惊叹,但当前我们已经进入决胜小康的重要阶段,要实现在2020年现行标准下农村人口全部脱贫工作,其任务异常艰巨。前40年,我国对社会主要矛盾的判别,主要是建立在社会生产力相当落后的社会大背景之下的,这一主要矛盾是对当时基本国情和发展阶段的准确把握,我们可以称之为"发展前的矛盾"。历经几十年的发展,中国已经基本告别贫困,跨越温饱,进入决胜小康的重要发展阶段,社会生产力显著提高,因此,基于当前时代背景的变化,我国的主要矛盾转变为"发展后的矛盾"。

社会主义初级阶段主要矛盾的变化是关系中国总体战略布局的历史性转变,为党和国家继续推进社会主义建设事业指明方向。但是,我们要认识到,主要矛盾的变化并不意味着中国的基本国情已经发生变化,我国的基本国情仍然是我国处于并将长期处于社会主义初级阶段,在解决社会各种矛盾,改革与生产力不相适应的生产关系,与经济基础不相适应的上层建筑时,我们要牢抓其中的"变"与"不变"的关系,坚定不移地继续贯彻党在社会主义初级阶段的基本路线和基本方略,在深化改革的基础上致力于解决区域发展不平衡的问题,兼顾社会公平,为推动人的全面发展、社会的全面进步不懈努力。

第三章　中国特色社会主义的本质理论

究竟什么是社会主义、怎样建设社会主义？空想社会主义虽然憧憬并设计了一种美好的社会制度，但终因没有将其建立在现实实践的基础上而陷入"空想"。马克思、恩格斯之所以将空想社会主义转变为科学社会主义，正是因为将社会主义建立在现实实践的基础上。因此，将社会主义的理想与现实有机统一起来，是思考究竟什么是社会主义、怎样建设社会主义的基本线索。改革开放以来，我们党对社会主义本质理论的认识正是沿着这一基本线索展开的。

一、社会主义的根本任务和根本目的

贫穷不是社会主义，发展太慢也不是社会主义，社会主义原则，第一是发展生产，第二是共同致富，解放和发展生产力是建设社会主义的目的和实现这一目标的基本途径，解放和发展生产力是基础和首要任务，只有解放和发展生产力，才能够达到社会生产的根本目的。

（一）社会主义的根本任务

人类社会是一直发展的，一直向前进的，沿着原始社会、奴隶社会、封建社会、资本主义社会到社会主义社会的轨道前进，不仅是社会形态由低级到高级的更替，从根本上说，这是社会生产力不断发展的必然结果，是不同历史时期代表当时先进生产力的阶级发挥推动历史进步的能动作用的结果。关于生产力在社会发展中的基础的、决定性的作用，在《德意志意识形态》中，马克思曾有过精辟的论述："他们提出了无产阶级夺取政权、消灭私有制、建设新社会并在斗争实践中改造自己的任务，强调未来新社会的创建一方面要以生产力的巨大增长和高度发展为前提，另一方面要以同生产力的普遍发展相联系的世界交往为前提。"①社会物质生产力对人们的社会存在起最终决定作用，社会发展中最活跃、最革命的因素也是生产力，社会的变革首先是从生产力的变革开始的。马克思的这些精辟深刻的观点，有力地驳斥了游离生产力抽象地谈论社会主义的历史唯心主义，这奠定了其历史唯物主义的基础，为人们科学认识社会历史发展、正确认识世界，提供了直接的、正确的方法论。正是基于马克思提出的这一历史唯物主义基本观点，列宁在这一基础上，依据俄国建设社会主义的新的实践经验，从实践中获得了对社会主义的新的认识，在《苏维埃政权的当前任务》中，他明确提出，任何社会主义革命，当无产阶级夺取政权的任务解决后，最根本、最重要的任务就是："要创造高于资本主义社会的社会经济制度，就是要提高劳动生产率。"②

在中国民主革命过程中，毛泽东就说过："中国工人阶级的任务，不但是为着建立新民主主义国家而斗争，而且是为着中国的工业化和农业近代化而斗争。"③中华人民共和国的建立和生产资料私有制社会主义改造的完成，使中国获得了由农业国变为工业国的基本条件。在这种情况下，建设独立、富强、民主、文明的中华人民共和国的任务摆到了党和国家的主要工作日程上来。由于受到历史条件的限制，党对建设社会主义的长期性、艰巨性缺乏必要的思想准备，在这个问题上的认识还很不成熟，缺乏实践经验和思想自觉性，加上受到长期形成的阶级斗争问题的影响，对国际国内形势做出了片面的观察和夸大的估计，从而在理论和实践上出现了重大失误，结果陷入了"以阶级斗争为纲"的误区，把发展生产力这一根本任务推到了次要地位。

十一届三中全会后，邓小平基于对历史经验和我国国情的科学分析，明确指出我们当前和今后相当长一个历史时期的主要任务，就是进行现代化建设。他强调："社会主义阶段的最根本任务就是发展生产力，社会主义的优越

---

① 中共中央马克思恩格斯列宁斯大林著作编译局.马克思恩格斯选集：第3卷[M].北京：人民出版社，2012：19.
② 中共中央马克思恩格斯列宁斯大林著作编译局.列宁选集：第3卷[M].北京：人民出版社，1995：509.
③ 毛泽东.毛泽东选集：第3卷[M].北京：人民出版社，1991：1080.

性归根到底要体现在它的生产力比资本主义发展得更快一些、更高一些，并且在发展生产力的基础上不断改善人民的物质文化生活。"① 但是，在中华人民共和国成立以后，我们对发展生产力有某种忽略，这是我们最大的缺点。中国社会主义现代化建设的总设计师邓小平在改革开放的过程中不断思索，他认识到以经济建设为中心，大力发展生产力，进而实现社会主义现代化，对中国经济和社会发展的极端重要性，把它作为关系党和国家全局的"最大政治任务""压倒一切的中心任务"，作为巩固和发展社会主义的"首要任务""第一个任务""最根本任务"，作为衡量一切工作是非得失的"最根本的标准"。他强调，坚持党的基本路线不动摇，关键是坚持以经济建设为中心不动摇，这是对社会主义本质和根本任务的深入思考，是对马克思主义历史唯物主义关于生产力是社会发展最终决定力量的基本观点的重新认定，它彻底回答了当代中国社会发展的最基本问题，从而也构成了邓小平独具特色的科学社会主义观的坚实理论基础。党的十九大提出了"习近平新时代中国特色社会主义思想"的科学理论，这是以习近平同志为核心的党中央把马克思主义基本原理和当代中国实际紧密结合起来的理论创新。只有坚持在中国的现实实践中深刻把握和贯彻落实习近平新时代中国特色社会主义思想，才能科学地解决时代课题。新时代的中国仍处于社会主义初级阶段，其根本任务依然是解放和发展生产力。习近平总书记指出："全面建成小康社会，实现社会主义现代化，实现中华民族伟大复兴，最根本最紧迫的任务还是进一步解放和发展社会生产力"②，正体现了马克思主义的基本观点——生产力是推动社会发展的最终动力。

　　解放和发展生产力是社会主义的根本任务。党的八大在分析了社会主义社会的主要矛盾后指出，国家的主要任务是集中力量发展社会生产力，实现国家工业化，满足人民日益增长的物质文化需要。20世纪70年代中期以来，邓小平在他的一系列文章和重要讲话中，创造性地提出和阐明了建设中国特色社会主义理论，明确指出社会主义阶段的最根本任务就是发展生产力，社会主义的生产力比资本主义发展得更快一些、更高一些正是社会主义的优越

---

① 邓小平. 邓小平文选：第3卷[M]. 北京：人民出版社，1993：63.
② 中共中央宣传部. 习近平总书记系列重要讲话读本[M]. 北京：学习出版社，2016：55.

性的体现，要想改善人民的精神文化生活和物质文化生活就必须大力发展生产力。这是他在立足于中国现实国情，将马克思主义与现实实践相结合，科学总结历史经验和现实教训得出的正确认知。当代中国社会发展所面临的最基本的问题是发展国家生产力，摆脱国家的贫穷落后状态，实现民族富强，实现国家的工业化和现代化，这也是我们党和人民在整个社会主义现代化建设阶段一直面临的主要工作或根本任务。在一定意义上，也可以说是中国近代以来就一直存在着的最重要的社会基本问题，是广大中国人民最普遍的愿望和要求，是一个在当时没有条件完成的历史任务。

（二）社会主义的根本目的

最终达到共同富裕是邓小平社会主义本质论的深层规定。它是社会主义的根本目的的体现，是社会主义的生产力和生产关系互相结合辩证发展的结果。"富裕"反映了社会物质财富和精神财富的丰富，是生产力发展的必然结果，也是生产力水平的重要体现；"共同"则反映了社会成员对社会财富的占有关系和占有方式，它是社会生产关系的体现。这样从生产力和生产关系两个方面科学规定了社会主义的本质。中国共产党一成立，在它的党纲中就明确规定："消灭资本家私有制，消灭阶级差别。"中国共产党人进行了30年的新民主主义革命后，建立了社会主义制度，经过社会主义改造，消灭了私有制，完成了消灭剥削、消灭阶级这一历史任务，但不等于就达到了共同富裕，它仅仅是为共同富裕创造了必要条件。奴隶社会、封建社会和资本主义社会，奴隶主、封建主和资产阶级等少数剥削者占有劳动者的大多数劳动和成果，这些少数剥削者的富裕是建立在剥削大多数人的劳动和成果的基础之上的，少数剥削者的富裕与绝大多数劳动者的贫困同时并存。这与马克思和恩格斯的观点是相斥的，他们认为"无产阶级的运动是绝大多数人为绝大多数人谋利益的独立自主的运动"[①]。中华人民共和国成立以来，毛泽东一直把建立"人人平等，共同富裕"的社会主义社会放在极其重要的地位。在七届六中全会上，他提出，只有领导农民走社会主义道路，使农民群众共同富裕起来，才

---

① 中共中央马克思恩格斯列宁斯大林著作编译局. 马克思恩格斯全集：第4卷 [M]. 北京：人民出版社，1958：477.

能巩固工农联盟的政权。这是共同富裕思想的早期萌芽。

邓小平认真总结了国内外社会主义正反两方面的经验教训,从我国社会主义现代化建设的实际出发,对此问题大胆破题,创立了新的社会主义本质论,丰富和发展了马克思主义。邓小平社会主义本质论蕴含着丰富而科学的思想观点,它自身有一套完整的逻辑结构和内容体系。邓小平的社会主义本质论——解放生产力,发展生产力,消灭剥削,消除两极分化,最终达到共同富裕,把发展生产力视为社会主义的根本任务,把发达的生产力视为巩固和发展社会主义的基础,这种从生产力的基础和经济富裕的角度揭示社会主义本质的理论具有重要的历史意义和方法论指导作用,这是对什么是社会主义的科学回答,也是对社会主义建设规律的深刻认识。邓小平的"富裕"是"共同富裕",这"共同"二字,目标就是社会公平和谐。因此,"生产力发展"与"社会公平和谐"正是社会主义生产关系的本质要求,也是社会主义的价值目的,它体现了社会关系的"平等""公平""正义""和谐"。邓小平关于社会主义本质的论述,科学回答了什么是社会主义,怎样建设社会主义;为解除生产关系和旧制度的束缚以及改变劳动者的贫困局面,逐步提高物质文化水平,实现共同富裕指明方向。在中国共产党第十八次全国代表大会上,胡锦涛提出:"必须坚持走共同富裕的道路。共同富裕是中国特色社会主义的根本原则。"[①]共同富裕,是中国特色社会主义的根本目的,是社会主义最本质的特征,是建设富强、民主、文明、和谐、美丽的社会主义现代化国家的必然要求和实现条件。在党的十九大上,习近平总书记再次强调:"让改革发展成果更多更公平惠及全体人民,朝着实现全体人民共同富裕不断迈进。"[②]深刻领会习近平新时代中国特色社会主义思想,把握当代中国实际,必须懂得共同富裕是社会主义的根本原则和最终目标,一切为了人民,使人民走向共同富裕成为中国特色社会主义所要实现的终极目标。

---

① 胡锦涛.中国共产党第十八次全国代表大会报告[N].人民日报,2012-11-08.
② 习近平.中国共产党第十九次全国代表大会报告[N].人民日报,2017-10-18.

二、生产力发展与社会主义本质的概括

社会主义的本质内涵是"生产力发展"与"社会公平和谐"的有机统一。贫穷不是社会主义,社会无序失范也不是社会主义,生产力和社会和谐的统一才是社会主义的内在本质。邓小平的社会主义本质论把生产力发展和共同富裕看成社会主义的本质规定,从而初步廓清了"什么是社会主义,怎样建设社会主义"的问题。胡锦涛的社会主义和谐社会理论把社会公平和谐看成社会主义的本质属性,进一步发展和完善了邓小平的社会主义本质论,从而使中国特色社会主义理论体系的社会主义本质理论更加明确、更加完善。

(一)生产力发展的一般规律

唯物史观认为,一定的生产力是建立社会形态的基础,生产力决定生产关系。生产力是人们认识自然、改造自然的能力,这种能力的水平和性质,直接取决于劳动者素质和技能水平的高低,也取决于生产工具的科技含量、性能以及劳动对象是否合理、充分利用的程度与现状。解决任何自然矛盾的能力主要是指生产力,生产力直接反映了人与自然的关系。人的需要和自然之间的矛盾使生产力不断发展具有可能性,要使这种可能性必成现实性,还需进一步揭示劳动者与生产资料之间的矛盾,两种矛盾不断解决又不断生成,推动生产力不断向前发展。生产从来都是社会的生产。要构建现实的生产力,必须把生产力诸因素与一定的社会形式结合起来。马克思指出,在具体的生产活动中,人类不仅影响着自然界,他们自身内部也相互影响,生产的前提是他们采取一定方式的共同活动,这必然会造成他们之间产生一定的社会联系和社会关系。而人类社会性质是由社会关系决定的,社会关系包括生产关系以及政治、法律、宗教、道德、艺术和感情等方面的关系。生产力决定生产关系,生产关系反作用于生产力,生产力是社会发展的最终决定力量。在每一个社会形态中,生产力总体上都呈现出不断发展、不断进步的趋势,都不同程度地得到了发展。事实上,在私有制社会,剥削阶级以一种剥削制度取代另一种剥削制度的革命,也在一定程度上对生产力进行了解放和发展。但是在私有制条件下,生产力的解放和发展总是先发生,随着生产力的发展,

私有制也成为生产力进一步发展的桎梏，马克思指出："在资本主义社会，生产力与生产关系之间的对抗必然引起无产阶级革命。"① 这说明，生产力的发展使得资本主义的旧有生产关系再也容纳不了新的生产力内容，只有用社会主义的生产关系代替资本主义的生产关系，才能不断解放和发展生产力。邓小平认为："封建社会代替奴隶社会，资本主义代替封建主义，社会主义经历一个长过程发展后必然代替资本主义。这是社会历史发展不可逆转的总趋势，但道路是曲折的。"② 生产的高度社会化是这个阶级最基本的一个前提条件，生产的社会化包括生产力和生产关系两个方面。生产力与生产关系的矛盾运动，使得两者之间由基本适合到基本不适合，再经过矛盾的解决达到新的适合，从而形成一个川流不息、循环往复、不断前进的过程。由此构成了从原始社会、奴隶社会、封建社会、资本主义社会到社会主义社会的发展历程，这也是生产力不断发展，从而实现社会更替的历史过程。任何一种社会形态在客观上都要发展生产力，但并不等于所有社会形态在不同发展阶段都能对生产力起到积极作用。不同于私有制生产关系那种严重的桎梏，社会主义生产关系的体制形式与生产力的发展虽然也有不适应的一面，但并不表示阶级利益的根本对立和冲突，社会主义完全可以通过体制改革完善社会主义制度，不断解放和发展生产力。

（二）生产力发展与社会主义本质理论的内在逻辑

脱离生产力的发展，抽象地谈论社会主义本质是不现实的。"讲社会主义，首先就要使生产力发展，这是主要的。……社会主义经济政策对不对，归根到底要看生产力是否发展，人民收入是否增加。这是压倒一切的标准。"③ 邓小平立足于历史唯物主义观点，明确指出大力发展生产力是社会主义初级阶段的"首要任务""第一任务""最根本任务"。要建立起巩固社会主义制度的强大物质基础，必须坚持大力发展生产力，创造出高于资本主义的劳动生产率，才能在竞争激烈的国际社会中充分彰显社会主义制度的优越性，才能

---

① 中共中央马克思恩格斯列宁斯大林著作编译局. 马克思恩格斯全集：第1卷 [M]. 北京：人民出版社，2012：9.
② 邓小平. 邓小平文选：第3卷 [M]. 北京：人民出版社，1993：382.
③ 邓小平. 邓小平文选：第2卷 [M]. 北京：人民出版社，1993：314.

不断提高社会主义国家的综合国力和国际话语权,才能不断推动经济社会和人民生活水平不断发展,才能最终实现国家富强、民族振兴。只有解放和发展在资本主义制度和其他社会制度下受束缚、受限制的生产力,才能为"消灭剥削、消除两极分化、实现共同富裕"创造物质前提。

"解放生产力、发展生产力"是社会主义本质论的第一要义。邓小平在总结历史经验教训和现实实践的基础上,把解放生产力与发展生产力有机统一起来。他指出:"社会主义基本制度确立以后,还要从根本上改变束缚生产力发展的经济体制,建立起充满生机和活力的社会主义经济体制,促进生产力的发展……应该把解放生产力和发展生产力两个讲全了。"① 这里蕴含着,凡是束缚生产力的都要进行改革,凡是经过试验,被证明能解放生产力的,就要肯定,就要推行,不能解放生产力的,就要停止和改正。邓小平指出,社会主义的优越性归根到底是生产力要比资本主义更好些、更快些。社会发展规律表明,封建社会之所以代替奴隶社会,资本主义社会之所以取代封建社会,首先是前者比后者创造出高出千万倍的生产力,因此生产力发展是社会历史的内在理性,也是社会主义社会的生命力之所在,是社会主义之所以最终战胜资本主义的内在依据。正是在这个意义上,生产力是体现社会主义本质的东西。"消灭剥削、消除两极分化"是社会主义本质的主要内容。过去,对社会主义生产关系的考察,一般是从公有制和按劳分配来界定,但是中国现实的社会主义实践,已对公有制和按劳分配的含义和具体实现形式提出了许多新问题,对此有待于做新的研究和概括。邓小平的"消灭剥削、消除两极分化"正是既考虑实际,又在更根本的意义上考虑社会主义本质的结果。

解放和发展生产力,是贯穿社会主义发展全过程的一根红线,构成了社会主义实践最根本的主题。它体现在中国革命、建设和改革的整个过程中,涉及社会发展的各个方面。无产阶级是解放生产力和人类未来的先进生产力代表。② 只有通过暴力彻底摧毁私有制和旧的国家机器,无产阶级才能从根本上改变劳动者被奴役的地位,才能解放全人类,才能最终解放自己。生产力

---

① 邓小平.邓小平文选:第3卷[M].北京:人民出版社,1993:370.
② 王小平.解放和发展生产力是社会主义本质首要的观点[J].毛泽东思想论坛,1997(01):41-45.

是社会发展的最终力量,也是社会主义社会存在和发展的根本内涵,因为一个社会处在什么样的发展阶段上,它的物质水平、社会结构、政治制度怎样,人们的各种社会关系、生活方式、活动方式怎样,都是由一定的生产方式决定的。可是,长期以来,我们传统的思想理论对社会主义的考察和认识,只注重公有制、按劳分配和无产阶级专政几个方面,以此来推究社会主义本质,这只是停留在生产关系和上层建筑之中,有空中楼阁之嫌。邓小平理论认真总结了国内外社会主义正反两方面的经验,从生产力和生产关系的统一中理解社会主义的本质,并且把解放和发展生产力放到社会主义本质中的突出地位。这既有效地破除了离开生产力来抽象谈论社会主义本质的唯心史观,也从根本上澄清了对社会主义理论的种种扭曲认识,奠定了当代科学社会主义的基础。

(三)社会主义本质理论的深化和发展

邓小平的社会主义本质论,就是解放生产力,发展生产力,消灭剥削,消除两极分化,最终达到共同富裕。邓小平把发展生产力视为社会主义的根本任务,把发达的生产力视为巩固和发展社会主义的基础,这种从生产力的基础和经济富裕角度揭示社会主义本质的理论具有重要的历史意义和方法论指导作用,这是对什么是社会主义的科学回答,也是对社会主义建设规律的深刻认识。然而,社会主义虽然要富,要发展生产力,但并不是富了、生产力发展了就是社会主义。社会主义有它的价值目标,这一目标就是社会和谐、社会公平。

中国特色社会主义新的实践的不断发展,要求我们从多种维度去拓展和完善对社会主义本质的认识。正确理解社会主义的基础理念及其包含的辩证关系,对于我们解决社会主义建设实践中遇到的各种问题,沿着正确的道路前进具有重要意义。在新的历史条件下,以胡锦涛同志为总书记的党中央,坚持和继承我们党在社会建设方面的理论与实践成果,并借鉴传统和谐思想的有益成分,第一次把"社会主义"与"和谐社会"结合起来,提出了构建社会主义和谐社会的重大战略思想,进一步回答了什么是社会主义、怎样建设社会主义的问题,具有十分重大的理论创新意义。建设的社会主义和谐社会的内容,就是民主法治、公平正义、诚信友爱、充满活力、安定有序、人与自然和谐相处,这一理论涉及人与人、人与社会、公民与政府、人与自然等多重关系,涵盖了人们的经济生活、政治生活、文化生活和日常生活的方方面面,贯通了马克思主义关于社会主义社会的建设理论、邓小平理论和"三个代表"重要思想关于中国特色社会主义建设的思想,反映了新世纪新阶段中国社会主义建设实践的客观实际和现实要求,是对社会主义本质认识的深化和发展。

构建社会主义和谐社会理论突破了社会主义建设的"三位一体"理论,深化了对社会主义建设规律的认识,明确了中国特色社会主义建设由经济建设、政治建设、文化建设三位一体,发展为经济建设、政治建设、文化建设、社会建设四位一体,通过和谐社会建设来为社会主义物质文明、政治文明、精神文明建设创造有利的社会条件。这是对马克思主义关于社会主义建设理论的重大创新。社会主义和谐社会的理论,传承、发展了马克思主义社会主义学说和邓小平社会主义本质论,认为社会主义社会不但是一个富裕的社会,而且必须是一个和谐的社会,贫穷不是社会主义,失序无范更是社会主义必须防止的,对于社会主义社会来讲,富裕与和谐一个都不能少,和谐是社会主义社会的本质属性。社会主义和谐社会理论是对社会主义本质认识的深化和发展。

因此"生产力发展"与"社会公平和谐"是社会主义的两个内在统一的基础理念,离开了生产力发展谈社会公平和谐,即脱离了现实基础的空想;同样,离开社会公平和谐谈生产力发展和"富裕",是缺乏社会主义的价值基础的,它容易导致社会主义发展的无原则、无方向。

三、人的全面发展是社会主义的本质要求

实现社会和谐,建设美好社会,始终是人类孜孜以求的社会理想,也是包括中国共产党人在内的马克思主义政党不懈追求的目标。马克思主义认为,和谐的理想社会是人与自我、人与人、人与社会、人与自然矛盾的"真正解决",是社会的全面进步和人的全面发展。因此,人的全面发展是社会主义的

本质要求。

（一）人的全面发展是社会主义的应有之义

实现每个人的自由而全面发展，是马克思关于未来社会发展设想的理想目标。马克思从社会主体出发，将人类社会发展划分为三个阶段：第一阶段是人完全依赖自然，这个社会是人的依赖关系的社会；第二阶段是人依赖物体，人有一定的独立性，这个社会是物的依赖关系的社会；第三阶段是人的全面发展阶段，在这个阶段中，社会生产力成了全社会的共同财富，这个社会是人的自由而全面发展的社会。马克思追求的共产主义的最高阶段是人的发展的第三阶段。马克思、恩格斯辩证地、批判地吸收了空想社会主义中的积极成分，他们从历史唯物主义的观点出发来探讨未来社会。在《哥达纲领批判》中，马克思认为人类社会必然要经历一个从资本主义到共产主义的过渡阶段，即社会主义阶段。社会是自由人的联合体，马克思认为，社会主义社会是"以每个人的自由而全面的发展为基本原则的社会形式"①。在他们看来，社会主义社会不仅要保证社会劳动生产力高度发展，还要保证人类全面发展。

每个人的自由而全面的发展，不仅是马克思和恩格斯设想追求的未来社会的理想目标，也是人类历史发展的必然趋势，是社会生产力高度发展的要求和结果。毛泽东在领导中国革命和建设过程中，十分重视人的全面发展问题，这体现在很多方面，其中最主要体现在他竭力倡导人格建设和个性解放上。毛泽东在民主革命时期和社会主义建设时期，将人的个性解放、独立发展等与人的承受能力结合起来、同人的全面发展联系起来，指出人的全面发展、人的个性解放同社会的解放和发展是相互促进、相互联系的。邓小平的社会主义本质论，明确提出了"共同富裕"的根本目的，共同富裕虽然只是经济上的价值目标，但是其归根到底是人的共同富裕，这把社会主义与最广大人民的利益紧密联系起来。江泽民勾画的全面小康蓝图，把社会主义建设与社会的全面进步、人的全面发展有机统一起来，既遵循着社会主义建设的

---

① 马克思.资本论：第1卷[M].北京：人民出版社，1993：649.

自然规律要求，又符合社会主义社会的社会发展趋势要求；既重视社会的发展，又重视人的全面发展。

综上所述，人的全面发展思想，是对社会主义本质的进一步深化，也是建设社会主义社会的应有之义。

（二）人的全面发展是社会主义发展的必然选择

人的全面发展是由社会主义发展规律所决定的。任何关于事物本质的揭示都是对其规律性的阐述。人的全面发展理论，一方面深化了对社会主义本质的正确认识，另一方面揭示了社会主义发展的根本规律。社会主义社会的基本矛盾决定了社会主义的发展规律，社会主义社会的基本矛盾仍然是生产力与生产关系，经济基础与上层建筑之间的矛盾。社会姓"社"还是姓"资"的本质区别就在于生产关系是否有利于生产力的发展，上层建筑是否有利于经济基础的巩固。但是，我们不能忽视的是，作为社会主体的人在社会主义社会发展过程中发挥着积极的能动作用，社会发展的客观规律性与人的主观能动性是相互作用、相互联系的，正是二者的相互影响，才能不断推动社会向前发展，所以本质上社会发展与人的发展是同一历史活动的双重结果，这就要求我们高度重视人的发展在社会发展中的重要作用。

社会主义社会是人民当家作主的社会，人民才是国家的主人，只有实行社会主义制度，才能为实现国家富强、实现人的全面发展，创造更为优越的社会条件。中国共产党人带领人民群众推翻剥削制度，建立社会主义制度，其目的就在于使人民群众过上幸福生活。社会主义制度消除了两极分化，实现人民当家作主，坚持发展生产力，保障人民物质生活丰富，坚持共同富裕的理想目标。在物质生活资料相对丰富的同时，坚持两手都要抓、两手都要硬，全力推进精神文明建设。社会主义制度的建立实现了社会关系的根本性变革，确立了以公有制为基础的经济制度，确立了国家权力属于人民的政治制度，为实现人的解放、促进人的全面发展提供了制度保障。

简言之，人的全面发展和社会发展是互为基础和前提的。人越全面发展，社会的物质文化财富就会创造得越多，人民的生活就越能得到改善，而物质文化条件越充分，又越能推进人的全面发展。因此，坚持人的全面发展，是建设中国特色社会主义的实践要求,是社会主义社会发展的必然选择。

(三)人的全面发展的实现途径

随着高新信息科学技术的迅猛发展和经济全球化的日益深入,世界在不断发生变化。一方面,生产社会化程度大大提高,国与国、人与人之间的社会关系日益紧密,国家的社会矛盾日益显现并呈多样化趋势;另一方面,科技的高度发展使生产与生活的关系界限愈加模糊,生产关系和生活关系的内容和形式相互交织,"社会"的内涵不断发生变化,它日益丰富且比重不断增加,"社会"的问题也日益凸显且不断细化。新时代、新实践从客观上更加凸显了人的发展的重要性,我们必须在实践中不断开辟人的全面发展的实现途径。

当前,我国正处于社会主义初级阶段,实现人的全面发展还有很长的一段路要走,这就要求我们不断加强建设物质文明、政治文明、精神文明、社会文明、生态文明,从而为实现人的全面发展创造各种有利的前提和条件。

加强物质文明建设,为人的全面发展创造坚实的物质条件。这就要求我们高度重视经济建设这个中心工作,努力增加城乡居民的收入,充分协调经济发展,实现在2020年全面建成小康社会的目标,不断提高人民的生活质量,满足人民对美好生活的向往。加强政治文明建设,为人的全面发展创造政治前提,这要求我们必须大力发展社会主义民主政治,创造高度发达的社会主义政治文明,丰富民主形式,拓宽民主渠道,推进政治体制改革,健全社会主义法制,真正落实保证人民当家作主的制度,积极发挥人民群众在政治生活中的自主性、能动性、创造性,促进人的全面发展。加强精神文明建设,为实现人的全面发展提供先进文化,这就要求我们在具体的工作和实践中坚持为人的全面发展提供良好的文化环境,提高人民的思想觉悟、道德水准、文明素养,提高全社会的文明程度,坚持"二为"方向和"双百"方针,推动优秀文化产品大量涌现,不断丰富人民的精神世界,这是人的全面发展的根本体现和内在要求。加强社会文明建设,为实现人的全面发展提供生活保障,这就要求我们必须提高保障和改善民生水平,加强和创新社会治理,不断解决好人民最关心、最直接、最现实的利益问题,努力改善人民群众的物质生活，为民生谋利，为人民解忧，使老有所养、幼有所教，坚持以人民为中心的思想，努力提升人民的幸福感和获得感。加强生态文明建设，为实现人的全面发展提供永续发展的生态环境，这就要求我们必须促进人与自然和谐相处，坚持"两山"理念和新发展理念，坚持走绿色的生产生活方式，让良好的生态环境成为人民美好生活的保证。

四、社会和谐是社会主义的本质特征

社会的本质属性是社会之为社会或社会区别于其他存在物的特性。和谐作为人与人之间关系的内在价值是人类社会之为人类社会、人类社会区别于其他事物的基本特性，是社会存在和发展的本质属性。其一，社会和谐是任何社会存在和发展所固有的基本状态；其二，社会和谐反映了人与人之间关系的存在内容和内在要求；其三，社会和谐是社会存在和发展的基本目标和必然趋势，是人类社会共同的价值理想。

（一）社会和谐的理论渊源和现实依据

社会主义历史的几次重大发展，尽管每一次都是对社会主义理论的丰富和发展，但由于受当时时代条件的限制，对社会主义建设和如何建设问题涉及较少。由于长期受传统社会主义模式的限制，人们对如何建设社会主义一直处在摸索之中。中国共产党人认真总结了国内外社会主义正反两方面的经验教训，从我国社会主义现代化建设的实际出发，对此问题大胆破题，创立了新的社会主义本质论，丰富和发展了马克思主义。关于社会和谐论的论点提出，有着丰富的理论渊源和现实依据。

中国传统文化中对社会和谐有着独到的论述，孔子的"和而不同"；墨子的"兼相爱"；以及孟子的"老吾老以及人之老，幼吾幼以及人之幼"的社会理想状态等都是当下社会关于和谐的萌芽。不仅如此，《礼记·礼运》中的"谋闭而不兴，盗窃乱贼而不作"的家家户户可以敞开大门的大同社会，太平天国时期的"无处不均匀，无人不饱暖"的社会，康有为《大同书》中的"人人相亲，人人平等，天下为公"的理想社会，这些对大同社会的追求虽然带有不同时代和提出者阶级地位的痕迹，但都在一定程度上反映了人民群众对美好生活的向往。虽然在剥削阶级的旧制度下，这些设想是可望而不可即的，但是这些对理想社会的目标为我们今天建设社会主义和谐社会提供了理论资源。

社会和谐是人类社会发展的不懈追求，西方空想社会主义者们建立"新和谐公社"理想社会模型，尝试在资本主义制度下实现人人平等的理想社会。虽然这些想法最终都破灭了，但是为科学社会主义提供了价值指向。在评判空想社会主义思想的基础上，马克思、恩格斯勾勒出建立未来美好社会的蓝图，并积极探索实现美好社会理想的正确方法。社会和谐是科学社会主义的基本特征。马克思在论述人类社会发展规律的基础上，提出了关于未来美好社会——共产主义社会的美好状态。在共产主义社会中，"每个人的自由发展是一切人的自由发展的条件"①，不仅实现了社会发展和个人发展协同共进，人与人的关系也达到了高度和谐。马克思和恩格斯所勾勒的美好社会蓝图，消除了资本主义私有制的弊端，消除三大差别——阶级差别、城乡差别、脑力劳动和体力劳动差别，最大限度调动了劳动者的积极性和创造性，勾画了一幅物质财富极大丰富、人民精神境界极大提高、每个人自由而全面发展的共产主义社会蓝图，从而最终实现人、自然、社会三者的和谐共生、共同发展。

社会和谐是我们党不懈奋斗的目标。党领导人民进行新民主主义革命，建立人民当家作主的中华人民共和国，为实现社会和谐提供了根本前提。中华人民共和国成立后，我们党在"如何认识社会和谐、怎样实现社会和谐"问题上进行了艰辛探索。毛泽东在《论十大关系》和《关于正确处理人民内部矛盾的问题》两篇文章中集中论述了社会和谐问题，阐述了其在经济、政治、文化、社会等各方面的具体表现，即经济上各尽所能、按劳分配；政治上民主解决人民内部矛盾；文化上"百花齐放，百家争鸣"；社会上构建基层群众自治的雏形和社会救济等相应制度。早期共产党员的这些思想是对和谐社会建设的初步探索。邓小平进一步将经济建设与社会和谐相联系，根据中

---

① 中共中央马克思恩格斯列宁斯大林著作编译局. 马克思恩格斯选集：第1卷［M］. 北京：人民出版社，2012：422.

国特色社会主义建设的规律，提出社会主义本质论，社会主义本质的根本目的就是实现共同富裕的科学概括，实际上就是社会主义和谐社会的思想，也是马克思主义对社会主义本质及其本质特征的新论断。江泽民针对国内外形势的发展变化，阐述了全面进步和协调发展的小康社会的特征，即民主健全、科教进步、文化繁荣、社会和谐、人民生活殷实，这些思想进一步丰富和发展了我党社会主义社会建设的理论。胡锦涛明确提出了实现社会更加和谐的要求，十六届六中全会做出了社会和谐是中国特色社会主义的本质属性的重大判断，对构建社会主义和谐社会做出全面部署。党的十八大以来，习近平进一步强调，要在改善民生和创新管理中加强社会建设，不断促进社会和谐，强化了社会和谐在中国特色社会主义总体布局中的战略地位。

（二）社会和谐是中国特色社会主义的本质属性

任何事物的存在都有其属性。属性是事物的特性、特征，包括状态、动作、关系等，如一个物体的形状、大小、颜色、气味等就是它的属性。属性有本质属性和非本质属性之分，本质是事物本身所固有的必然联系，是事物存在的根本性质和事物发展的必然趋势，因此，本质属性是指事物内部固有的并能规定一事物之为一事物的特性。事物是这样，社会也是这样，社会是由人组成的，和谐作为人与人之间关系的内在价值，是人类社会之为人类社会、人类社会区别于其他事物的基本特征，是社会存在和发展的本质属性。社会和谐也就意味着人与人、人与社会、人与自然的和谐，解决彼此的对立和矛盾，达到统一和完善的状态。社会主义从空想到科学再到实践，它的价值目标就是要人人平等、社会和谐。这种平等和和谐不是形式上的平等和口头上的和谐，而是整个社会自觉做到共同占有生产资料、人人平等相处，通过每个人的自觉劳动从而走向共同富裕。

社会和谐作为社会主义的本质属性，体现在社会主义社会的经济、政治、文化等各个方面，体现了社会主义的价值目标和本质要求。以邓小平同志为主要代表的中国共产党人开创的中国特色社会主义理论，鲜明地指出中国特色社会主义的本质——"解放生产力，发展生产力，消灭剥削，消除两极分化，最终实现共同富裕"，科学回答了"什么是社会主义，怎样建设社会主义"的重大时代课题,这不仅反映了中国特色社会主义建设的实践要求,而且从理论上延续和发展了科学社会主义的历史理性。党的十六大将社会和谐作为全面建设小康社会的重要任务和目标,强调指出中国特色社会主义不再是单纯地蕴含着经济、政治、文化三个领域,而是加入了社会建设的丰富内涵,推动构建社会和谐,从而为建设社会主义物质文明、政治文明、精神文明创造稳定的社会前提条件。面对新的世情、国情和党情,面对新的实践要求,社会主义理论需要不断地创新,这要求我们多维度、多层次、多方面地拓深和完善关于社会主义本质的认识。习近平新时代中国特色社会主义思想强调"四个全面""五位一体",整体推进中国特色社会主义建设,强调以人民为中心发展理念,把人民对美好生活的向往作为奋斗目标,强调切实改善民生,不断提升社会管理水平,强调国际国内和谐合作,构建人类命运共同体,都是新时代创建社会和谐的最强音。

(三)社会和谐的基本内涵和现实意义

贫穷不是社会主义,失序更不是社会主义。我国一直致力于建设民主法治,公平正义,诚信友爱,充满活力,安定有序,人与自然和谐相处的和谐社会。民主法治,意味着充分发扬社会主义民主,有效贯彻落实依法治国的基本战略,广泛动员各个方面的积极因素。公平正义,是指有序协调社会各方面的利益,正确处理人民内部矛盾和其他社会矛盾,在协调利益和处理矛盾时一直秉持公平公正的信念。诚信友爱,是指全社会秉持诚实守信的信念,自觉做到互帮互助,平等相待,友爱相处。充满活力,意味着尊重所有有益于社会进步的创造性愿望,支持创意活动,发挥创意才能,肯定创意成就。安定有序,就是社会组织机制健全,社会秩序安定,人民群众在良好的社会管理中安居乐业、和谐共处。人与自然之间和谐相处,就是要求寻找到人、自然、社会的平衡点,实现三者和谐共生,构建生产发展、生活富裕、生态良好的理想社会。

社会主义社会是一个各尽其能并充满创造活力的社会。社会主义和谐社会是一个尊重人民合理诉求、保证社情民意畅通的社会。一个社会如果没有正常的民意表达渠道,民意就会以某种不正常的方式来释放,而这种方式往往具有某种破坏性；社会主义和谐社会是一个人人各尽其责、各司其职、通力合作的社会。和谐社会的构建，是需要全体社会成员共同劳动、共同付出的，应该根据社会成员的能力和贡献给予相应的回报，使社会成员各得其所，在各得其所的社会里，各方面的社会关系才能融洽，人与人之间才能和谐共处；社会主义和谐社会是一个"和"但注重"不同"的社会，在人与人和谐共处的过程中我们不能摈弃"异"，相反，我们应该尊重差异、包容差异、在差异中寻找共通点，实现多样性和统一性的统一；社会主义和谐社会是一个公平公正并共生共进的社会，在构建和谐社会的过程中，我们要将无数人民群众的小力量汇聚在一起，形成一股合力，共同推动社会进步。建设中国特色社会主义，是我们所有社会阶层全体人民的共同事业，我们每一个人都是中国特色社会主义事业的建设者。

和谐作为社会存在和发展的本质属性，规定着社会必须不断克服和消除人与人、人与社会、人与自然的对立和矛盾，达到统一和完善的状态。社会是在不断解决矛盾中前进的，旧的矛盾解决了，又会出现新的矛盾，正是永不停歇的矛盾运动推动着社会进步。构建社会主义和谐社会，就是一个不断解决矛盾、增加和谐因素的过程。和谐不是静态的完美，而是动态的协调，是目标和过程的统一。社会发展史表明，人类社会的发展，呈现出多种多样的状态，但最基本的是动荡、混乱、失序和稳定、和谐、有序这两类状态。这两类状态之间的相互结合、相互过渡又产生出许多的中间状态。动荡、混乱、失序状态，往往会造成对生产力的极大破坏，对社会生活的极大破坏，对社会发展的连续性的极大破坏；稳定、和谐、有序的状态，有利于生产力的恢复和发展，有利于人民的休养生息，有利于社会的繁荣和发展。治国理政，从根本上都要讲秩序、讲规范、讲稳定、讲合作，维护社会的稳定、和谐、有序是人类社会共同的价值目标。

社会和谐思想，贯穿了社会主义社会发展的客观规律，承续和拓深了马克思主义关于社会主义本质理论、社会主义建设理论的认识，反映了中国特色社会主义新的实践和新的发展的实践要求，是我们党的又一次重大理论创新。这也为社会主义现代化建设开创新思路和新局面，更是深化了共产党的执政规律，实现了党执政理念的升华。大力构建和谐社会，有利于更好地调动广大人民群众积极参与,提高对党和政府的满意度,从而巩固党的领导地位和执政地位,发挥党的政治优势和社会主义制度的优越性。

五、党的领导是中国特色社会主义的最大本质

中国共产党是中国工人阶级的先锋队,是中国人民和中华民族的先锋队,是中国特色社会主义事业的领导核心,代表了中国先进生产力的发展要求,代表了中国先进文化的前进方向,代表了中国最广大人民的根本利益。党的十八大以来,以习近平同志为核心的党中央在总结历史经验的基础上,继续发扬马克思主义理论的真理光芒,并结合中国现实国情和时代特征,对中国特色社会主义本质做出了新的判断,指出党的领导是中国特色社会主义最本质的特征。

纵观中国共产党的发展史,我们不难看出,我们党历来重视生产力的解放和发展,一直以解放和发展社会生产力作为其根本任务。历史的经验和教训告诉我们:要实现这一根本任务,必须坚持中国共产党的领导。改革开放40多年的历程,向世人不可辩驳地证明,没有中国共产党的领导,中国人民就无法实现站起来,也无法富起来,更不可能强起来,中国特色社会主义就无法开启从创立、发展到完善的新征程。只有坚持中国共产党的领导,我们才能在革命、建设和改革的过程中,奋发有为,敢于进取,积极应对一系列风险挑战,克服一系列艰难险阻,一路上披荆斩棘,不断开创中国特色社会主义新局面。

(一)党的领导是社会主义的最大本质的认识过程

近代以来,中国在列强的入侵下,逐步沦为半殖民地半封建国家,深陷民族危机之灾难,中国人民为拯救国家和民族危亡进行了前赴后继的斗争,农民阶级和资产阶级都曾经登上过历史舞台领导中国革命,但最终都以失败告终。中国共产党的诞生,使中国革命有了坚强的领导核心,中国人民有了指路明灯,正是因为中国共产党的存在,中国人民才能前所未有地团结起来,拧成一股力量,形成共同的信念,以坚定不移的努力和坚持不懈的毅力改变

了中华民族和自身的命运。中国共产党成立以后,团结带领中国人民,推翻了压在中国人民身上的"三座大山",实现了新民主主义革命的胜利,使中华民族从此站上了独立的舞台;完成了社会主义革命,实现从新民主主义社会向社会主义社会的飞跃;进行了改革开放,在党的领导下坚定不移地走中国特色社会主义道路,不断增强中国的综合国力和国际话语权,提高中国的国际地位,以不可辩驳的事实向世界人民展示了中国在党的领导下取得辉煌业绩和成就。

中国特色社会主义不是从天上掉下来的,最初的探索、开创、坚持和发展都是在党的领导下进行的。中国人民选择并相信中国共产党,走上社会主义道路,从此成为国家的主人,在党的领导下开创了人民幸福的光明之路。中国从一个积贫积弱的落后国家跃升为世界第二大经济体,中国特色社会主义几十年的繁荣发展,使我国十几亿人民摆脱了贫困,摘下了贫穷的帽子,提高了生活质量,实现物质文明和精神文明同步发展,中国特色社会主义更是为人类文明贡献"中国智慧"和"中国方案"。特别是近五年来,我国经济发达、政治清明、文化繁荣、社会稳定、生态良好,中国特色社会主义进入新时代,中国人民走向了国富民强的新征程。

在社会主义建设的长期理论探索和实践过程中,党坚持全心全意为人民服务的宗旨,不忘初心,用奋斗向人民交出了满意的答卷,成为中国特色社会主义事业建设坚强的领导核心。马克思和恩格斯曾指出,只有让"无产阶级上升为统治阶级"①,才能最终消灭阶级、消灭私有制。列宁明确指出:"党是直接执政的无产阶级先锋队,是领导者。"②在俄国社会主义建设时期,列宁明确表明无产阶级政党的领导是俄国社会主义革命胜利的重要前提和必要保证。纵观中国革命历程,我们党正是因为始终以马列主义为指导思想,才能不断带领人民取得胜利的果实。在新民主主义革命胜利以后,中国共产党在社会主义实践的探索过程中,结合马列主义政党学说,总结出一些新理

---

① 中共中央马克思恩格斯列宁斯大林著作编译局.马克思恩格斯选集:第1卷[M].北京:人民出版社,2012:421.
② 中共中央马克思恩格斯列宁斯大林著作编译局.列宁选集:第4卷[M].北京:人民出版社,2012:423.

论、新观点。毛泽东认为:"中国共产党是全中国人民的领导核心,没有这样一个核心,社会主义事业就不能胜利。"①邓小平也指出:"为了实现四个现代化,我们必须坚持社会主义道路,坚持无产阶级专政,坚持中国共产党的领导。"②没有共产党就没有中华人民共和国,在中国共产党的领导下,中华民族在960万平方千米的国土之上一定能够建成一个富强、民主、文明的社会主义现代化国家。③习近平指出:"如果没有中国共产党领导,我们的国家、我们的民族不可能取得今天这样的成就,也不可能具有今天这样的国际地位。"④中共十八届四中全会通过的《中共中央关于全面推进依法治国若干重大问题的决定》也明确指出"党的领导是中国特色社会主义最本质的特征",这一判断成为我们全面推进依法治国,实现"两个一百年"奋斗目标的重要指导思想。十三届全国人大会议审议通过的宪法修正案,把"中国共产党的领导是中国特色社会主义的最本质特征"载入宪法总纲,以国家根本大法的形式强调党的领导在中国特色社会主义中的核心地位。

事实证明,党的领导是社会主义最大的本质,这一科学论断经历了漫长的认知过程,是我们党对社会主义本质的认识的不断深化。

(二)党的领导是中国特色社会主义最大本质的内在规定

中国共产党的性质和地位决定了其在建设中国特色社会主义事业中的领导核心地位,中国共产党以其百年发展历程向世界人民证明中国共产党的领导是中国特色社会主义最大的国情,最大的特色,更是中国特色社会主义制度最大的优势。

1. 中国共产党是中国特色社会主义的领导核心

中国共产党自1921年成立之日起,始终将实现社会主义和共产主义作为其奋斗目标,经过新民主主义和社会主义革命后,中国共产党对如何建设社会主义进行了艰辛探索,尽管遭遇过曲折和出现过偏差,但也取得了独创性理论成果和巨大成就。十一届三中全会以来,坚持和拓展中国特色社会主义

---

① 毛泽东.毛泽东文集:第6卷[M].北京:人民出版社,1999:350.
② 邓小平.邓小平文选:第2卷[M].北京:人民出版社,1994:173.
③ 江泽民文选:第1卷[M].北京:人民出版社,2006:37.
④ 习近平.在全国党校工作会议上的讲话[M].北京:人民出版社,2016:2.

道路，坚持和丰富中国特色社会主义理论体系，坚持和完善中国特色社会主义制度，这一系列的坚持之所以能发挥最大力量，都是因为我们坚持中国共产党的领导。在近百年的发展历程中，中国共产党始终以国家富强、民族复兴、人民幸福为己任，无论身处顺境或逆境，无论强大还是弱小，在建设中国特色社会主义事业的行程中坚守初心，矢志不渝，乘风破浪，砥砺前行，以一个又一个的伟大创举向世界人民和中国人民充分展示了英勇风姿和卓越风采。

党的十八大以来，面对世情、国情、党情的深刻变化，面对改革开放深入发展所凸显的各种矛盾，我们新一代党和国家领导人始终坚持解放思想，实事求是，坚持与时俱进、开拓创新，用新理论、新思想、新方法指导建设中国特色社会主义事业，形成新时代中国特色社会主义思想。党的十九大以来，中国共产党进入决胜全面小康的攻坚期，新时代有新的问题和新的挑战，面对实现社会主义现代化和实现中国梦战略任务，我们党更是应该不忘初心、奋发有为、积极进取，不断增强责任感和使命感，以更加卓越的风采发挥在新时期的社会主义建设中的重大领导核心价值。

站在"危"与"机"的历史交汇期，我们更是应该开展一段新的征程。在这个过程中，我们会遇到更多的艰难险阻，要战胜前进道路上的风险挑战，从根本上讲还是要靠党的领导。党的领导坚强有力，国家就繁荣稳定，人民就幸福安康。正是因为有中国共产党的领导，中国才能找到真正适合自身特殊国情的发展道路；才能形成和发展中国特色社会主义制度；才能在社会主义现代化进程中充分发挥带领中国人民披荆斩棘、砥砺前行的领导作用。简言之，没有中国共产党，中国特色社会主义就失去了真理性和科学性，就失去了前进的方向。

2. 党的领导是中国特色社会主义制度的最大优势

中国特色社会主义制度是中国共产党领导和带领人民群众奋斗的结果，是中国独创的、适合本国国情的、具有自身特色的伟大创举。我们党坚持马克思主义立场、观点和方法，不断解决在现实实践中遇到的各种问题和挑战，坚持将科学社会主义原则与中国的现实国情紧密结合，建立了人民代表大会制度的根本政治制度，确立了中国共产党领导的多党合作和政治协商制度的基本政治制度，建立了民族自治制度和基层群众自治制度……党的领导，是这些制度的最大优势，也是这些制度能发挥最大力量的根本原因。

在党的领导下，中国特色社会主义制度在改革中不断完善和发展，而中国共产党在长期的斗争历程中形成了具有自身特色的优势：理论上高度重视马克思主义指导思想，坚持运用马克思主义中国化的最新理论成果武装全党、教育人民；政治上坚守崇高的政治理想，坚定政治信仰和革命意志；组织上坚持马克思主义政党建设理念，严守组织制度、遵守组织纪律，保证全国人民团结一致，共同奋斗……中国共产党在其奋斗历程中形成的独特优势，保证了中国特色社会主义制度优势的有效发挥。中国特色社会主义制度之所以显示出鲜明的中国特色和制度优势，其根本原因在于坚持了中国共产党的领导。在中国共产党的领导下，中国特色社会主义制度不断成熟，日趋完善，为党和国家事业的发展、社会和谐稳定、人民生活幸福安康提供稳定管用的制度保证。

（三）党的领导是新时代党的建设的历史使命

中华人民共和国成立后，特别是改革开放以来，建设什么样的党、怎样建设党始终是中国共产党长期研究的重大课题。实践也证明，无论是社会主义革命，还是社会主义建设，都必须有一个坚强的马克思主义政党，这个政党作为无产阶级和社会主义事业的领导核心，在社会历史发展中起着重要的作用。因此，加强政党的建设、保持党的性质和先进性，直接关系到社会主义事业的成败。从理论上讲，共产党是无产阶级的政治领袖和先进代表，是工人阶级的先进觉悟阶层和先锋队组织；从根本上讲，共产党是社会的先进生产力、先进的生产关系和先进的上层建筑的代表。中国共产党是中国特色社会主义建设的领导力量，是把中国的事情办好的关键因素。

党的领导不仅是中国特色社会主义制度的最大优势，而且是新时代党的建设的历史使命。党政军民学，东西南北中，党是领导一切的，是最高的政治领导力量，这对新时代中国共产党提出了更高的要求。首先，坚持党对一切工作的领导，必须增强政治意识、大局意识、核心意识、看齐意识，即"四个意识"，自觉维护党中央权威和集中统一领导。党的十八大以来，随着全面从严治党不断推进，党内存在的突出矛盾和问题从政治上暴露得越来越充分。在当今中国，我们党是中国最高政治领导力量，居于总揽全局、协调各方的领导地位。政治上出现的问题和需要改进的方面，必须从政治上加以解决，严守政治纪律和政治规矩，自觉把讲政治贯穿于党性锻炼全过程，转化为思想自觉、党性观念、纪律要求和实际行动。坚持党的领导的体制机制，坚持稳中求进工作总基调，统筹推进"五位一体"总体布局，协调推进"四个全面"战略布局，确保党始终总揽全局、协调各方。其次，新时代党的建设要坚持党要管党和全面从严治党。我们党的辉煌历程，历经挫折，在苦难中成长壮大，当今面临"四大考验""四大危险"，各级党组织必须增强忧患意识、坚持问题导向，深入贯彻"基础在全面，关键在严，要害在治"的基本要求，以更高的要求、更大的力度、更强的决心全面推进从严治党。最后，应该切实加强党的长期执政能力建设、先进性建设和纯洁性建设。面对改革开放和社会主义现代化建设中各种艰巨性、复杂性、繁重性的风险和挑战，面对各种新情况、新问题，必须加强党的执政能力建设，切实提高科学执政、民主执政、依法执政水平。始终保持党的先进性和纯洁性，使各级党组织不断提高创造力、凝聚力、战斗力，始终发挥领导核心作用和战斗堡垒作用，使我们党保持与时俱进的品质，始终走在时代前列；坚持强化思想理论武器和严格队伍管理相结合，坚持发扬党的优良作风和加强党性修养和党性锻炼相结合，以更严苛的力度惩治腐败，以更高的要求加强预防腐败，加强和完善党的自我净化、自我完善、自弃革新、自我提高能力，保持党的思想纯洁、组织纯洁和作风纯洁。

历史和实践反复证明，党的建设是党的事业前进的重要保证，党的事业是党的建设的基础和条件，必须把二者紧密地结合起来，党的事业发展到哪里，党建工作就要加强到哪里。从时代要求来看，必须加强和改善党的领导和党的建设，全面从严治党，提高党的领导水平和执政水平，发挥党的领导的最大本质作用，不断发展和完善中国特色社会主义。简而言之，只有坚持党的领导，我们才能准确把握党和国家发展的根本命脉，才能实现社会的和谐稳定和长治久安，才能切实维护全国各族人民的利益和幸福。我们正站在实现"两个一百年"奋斗目标和实现中华民族伟大复兴中国梦的关键时期，面对未知的道路，我们无法估计要翻越多少障碍，经过多少坎坷，经历多少风雨，攻克多少险阻，在前进的道路上，我们仍然需要坚持中国共产党的领导。

六、社会主义本质理论的重大意义

社会主义本质理论科学地解答了"什么是社会主义、怎样建设社会主义"的重大时代课题，它不仅反映了中国社会主义建设的实践要求，而且从理论上延续和发展了科学社会主义的历史理性，从而成为中国特色社会主义理论的重要支柱。社会主义的本质，是解放生产力，发展生产力，消灭剥削，消除两极分化，最终达到共同富裕。人的全面发展是社会主义新社会本质要求。社会和谐是中国特色社会主义的本质属性。这些都是科学社会主义发展史上的重大创新，丰富和发展了马克思主义的理论宝库。

（一）社会主义本质理论是科学社会主义理论的深层突破

社会主义本质理论从根本上解开了长期以来传统思想观念的束缚，使社会主义的理论和实践迈上新的征程。它在突出生产的首要地位的基础上，坚持了生产力和生产关系的统一，即以社会生产方式为基本依据来考察和界定社会主义本质，这充分体现了历史唯物主义精神，在理论上进行了发展和创新，是对科学社会主义理论的深层突破。

马克思、恩格斯没有明确提出过社会主义本质的完整概念，他们只是以发达资本主义国家为考察对象，基于科学分析资本主义经济结构和运动形式，揭示了生产力和生产关系的矛盾运动的不可调和性导致资本主义必然灭亡，社会主义必然胜利，指出了社会主义作为一种理想，是以消灭资本主义私有制和使社会财富归全社会所有为最终目标。其指出社会主义是以生产资料公有制为基础、实行计划经济、为满足人民的物质生活而生产、实行按劳分配为原则的非商品经济社会，是共产主义的第一阶段，而"尽可能地增加生产力的总量"是无产阶级夺取政权后的首要任务。马克思和恩格斯由于并没有明确提出建设社会主义社会的经验，所以对于社会主义的本质也没有做出相关科学解答。而列宁继承和发展了科学社会主义，以理论指导十月革命取得胜利，这使得社会主义理论从空想变成了现实，但实际上，社会主义到底是什么样子，苏联并没有得出一个明确的结论。以毛泽东为代表的中国共产党人，由于未能真正认识社会主义的本质，把对社会主义的认识简单地归结为公有制、按劳分配和计划经济三大特征，在实践中盲目地扩大公有制、按劳分配范围，未能遵循社会主义建设的客观规律，从而在早期的社会主义建设中走了很多弯路。以邓小平同志为核心的党的第二代中央领导集体，认真总结了国内外社会主义正反两方面的经验，从生产力和生产关系的统一中理解社会主义的本质，并且把解放和发展生产力放到社会主义本质中的突出地位。这既有效地破除了离开生产力来抽象谈论社会主义本质的唯心史观，也从根本上澄清了对社会主义理论的种种扭曲认识，奠定了当代科学社会主义的基础。

（二）社会主义本质理论是中国特色社会主义建设的行动指南

实现共同富裕，建设和谐社会，实现人的全面发展是目的，而这些目的的前提是发展生产力。这里发展生产力是手段，需要我们不断推进中国特色社会主义事业建设，坚持党的基本路线，坚持以经济建设为中心，这样才能实现手段和目的在社会主义本质论中有机统一，从而谱写社会主义理论的新篇章。因此，社会主义本质理论是中国特色社会主义建设的行动指南。

社会主义本质理论为党的基本路线——"一个中心，两个基本点"提供科学依据。党的基本路线是理论与现实实践相结合的中介或者说是用发展着的马克思主义指导现实实践的中间环节。这就要求我们党的基本路线要顺应时代发展潮流和我国社会发展进步的要求、反映全国各族人民的利益和愿望。党的基本路线，是我们在深刻认识社会主义本质的前提下科学提出的行动路线，为中国特色社会主义事业发展指明了方向。

党的基本路线强调的"一个中心"就是以经济建设为中心，而社会主义本质理论中也将"解放和发展生产力"作为关键一环，这说明党的基本路线是基于社会主义本质理论的正确认识。正如邓小平反复强调，坚持社会主义制度最根本的事情就是发展社会生产力。这说明，解放和发展生产力是建设中国特色社会主义的重中之重，只有认真贯彻落实这项重要工作，才能不断推动社会的发展进步，才能坚持中国特色社会主义制度，才能建设社会主义现代化强国。十一届三中全会以来，我们党始终坚持以经济建设为中心，实行改革开放的新决策，坚持四项基本原则，以辉煌业绩和成就向世人展示了社会主义的优越性。而坚持改革开放和坚持四项基本原则是党的基本路线中的"两个基本点"，坚持二者的统一实质上就是在坚持社会主义本质的前提下进行建设社会主义现代化事业，立志于将我国建设成为富强、民主、文明、和谐、美丽的社会主义现代化强国，这也集中体现了社会主义本质与中国特色社会主义制度的统一。

改革开放以前，"计划经济即为社会主义，市场经济即为资本主义"这个错误观点始终根深蒂固地存在于我国人民的观念之中，因此，在经济建设过程中，我们固步自封地运用计划经济手段，但事实证明，计划经济严重制约和阻碍了生产力的发展，不仅没有促进社会主义市场经济的发展，反而严重阻碍了生产力的进步。改革开放以来，我们党不断解放思想，抛弃以往以僵化的模式框住现实经济的做法，结合现实经济条件，现实经济运行的客观状况，建立市场经济，以不断充实经济基础，巩固社会主义制度。实践证明，在社会主义现代化建设的行程中，坚持公有制的主体地位，坚持按劳分配为主体的所有制形式，是坚持社会本质的前提条件，一旦动摇了社会主义公有制的主体地位和按劳分配的所有制形式，就无法打破以往的"大锅饭"的平均主义，就无法真正实现"消灭剥削，消除两极分化"，也就无法真正地解放和发展生产力从而达到共同富裕。中国特色社会主义新的实践的不断发展，要求我们从多种维度去拓深和完善对社会主义本质的认识，突破以往传统观念的禁区，纠正关于市场经济姓"资"姓"社"的长期争论现象，提出社会主义是一种社会制度，市场经济是一种经济体制，两者是不同领域，但两者并非完全独立，在一定条件下是可以结合的观点，从而为我国确立市场经济体制改革指明了方向，提供了重要的理论指导。

（三）不断推进社会主义本质理论的创新发展

中国特色社会主义新的实践的不断发展，要求我们从多种维度去拓深、完善、创新对社会主义本质的认识。邓小平把发展生产力视为社会主义的根本任务，把发展生产力视为巩固和发展社会主义的基础，从生产力的基础和经济富裕角度揭示社会主义本质的理论。江泽民提出人的全面发展是社会主义的本质要求，更加全面和具体地将人的发展和社会的发展相联系，反映了新世纪、新阶段中国社会主义建设实践的客观实际和现实要求。胡锦涛提出建设好社会主义和谐社会的思想，继承和发展了马克思主义关于社会主义的学说和邓小平社会主义本质论，认为社会主义社会不但是一个共同富裕的社会，而且必须是一个和谐的社会，贫穷不是社会主义，失序无范更是社会主义必须防止的。对于社会主义社会来讲，富裕和和谐一个都不能少，和谐是社会主义社会的本质属性，是对社会主义本质认识的深化和发展。党的十八大以来，面对世情、国情、党情的深刻变化，面对改革开放深入发展所凸显的各种矛盾，以习近平同志为核心的党中央科学分析历史与现实的概况、深刻总结中国特色社会主义实践中产生的宝贵经验，将党的领导与中国特色社会主义本质相统一，从而将社会主义本质理论上升到政治的上层建筑领域这个新的高度。

虽然中国特色社会主义新的实践不断发展，关于社会本质理论的研究不断深化，但这其中关于人的研究始终占据重要地位。社会主义本质中关于"实现共同富裕"的奋斗目标，其目的也在于实现人的自由而全面发展，这与我们建设社会主义社会的目标是一致的。党的十八大以来，中国共产党始终坚持人民的主体地位，尊重民意，顺应民意，响应习近平总书记"以人民为中心"的号召，坚持和发展中国特色社会主义。建设中国特色社会主义事业，人民群众是我们坚实的建设者、依靠者、奋斗者，离开了高素质的人民群众谈社会发展就是一句空话，而人的素质的提高的关键是知识水平、思想觉悟、实践能力的提高。贫穷不是社会主义，我们不仅要摘掉物质贫困的帽子，更应该摆脱精神贫穷，从而实现物质和精神同时"富"的共同富裕。当下中国正处于全面建成小康社会的决胜时期，虽然取得了巨大的成就，但各种矛盾错综复杂：社会发展不均衡、不充分，贫富差距仍然很大，民生短板突出，环境治理紧迫，突发事件频发，贪污腐败一系列现实问题依然影响着人们的生产生活。这就要求我们党和国家首先要高度重视社会的困难群众，给予他们更多的机会和更大的发展空间,将精准扶贫真正落到实处,切实改善困难群众的生存情况。社会主义社会的发展必须使物质和精神共同"富"。只有这样,社会主义建设才能真正坚持人民的主体地位,不断满足人民群众日益增长的物质文化需要,关怀人的价值、权益和自由,提升人的生活质量和幸福尊严水平,不断促进人的全面发展。

第四章　中国特色社会主义科学发展理论

发展是贯彻人类社会进程不变的主旨，加快发展是人类活动的基本规律和人类社会的根本趋势。发展是当代世界的主题，也是当代中国的主题，任何国家要赶上时代潮流，在激烈的国际竞争中立于不败之地，都必须重视、研究、解决发展问题。我国作为一个发展中大国，能否解决好发展问题，直接关系着人心向背、事业兴衰。改革开放以来，我们党在社会实践中牢扣发展这一主旨，不断推进发展理论创新，以具有创新性和时代性的发展理论推动中国特色社会主义事业蓬勃发展。

一、发展才是硬道理

邓小平在十多年的中国特色社会主义建设进程中总结出"发展才是硬道理"的深刻经验，这一经过长期探索和思考而总结出的历史跨越性论断，为后来所有发展的新观点提供了理论基础和借鉴依据。1992年1月29日，邓小平在听完顺德区以及珠江冰箱厂的发展情况汇报后说，我们的国家一定要发展，不发展就会受人欺负，发展才是硬道理。中国40多年的高速发展足以说明，这条改革开放发展道路是光明而正确的，"发展才是硬道理"是一条永不过时的真理。

（一）苏联和东欧的教训表明发展才是硬道理

20世纪初，列宁通过领导俄国十月革命建立起第一个社会主义国家，开创了人类探索社会主义道路的新时代。在这之后，苏联经过30多年的社会主义建设，改变了在欧洲落后的地位，成功"逆袭"成为与美国综合实力不相上下的世界上综合实力第二的大国。苏联这段"逆袭"经历在世界上产生深刻的影响，社会主义革命运动蓬勃兴起。然而，苏联在发展进程中并不是一帆风顺的，各种社会矛盾不断激化和显露。20世纪80年代末90年代初，苏联解体、世界格局发生巨大变化，这对共产主义社会来说，无疑是惨痛的教训。造成这种局面的原因是多方面的，但根本上还是经济问题。苏联由于固守斯大林模式，生产力水平一直低下，人民生活水平得不到改善，逐渐对政府失去信心，东欧剧变足以证明发展在社会主义建设中所占据的重要地位。

（二）落后就要挨打的史实表明发展才是硬道理

马克思、恩格斯曾明确指出，资产阶级在不到100年的统治中，就创造出巨大的生产力，"比过去一切时代创造的全部生产力还要多，还要大"[①]。中国古代文明曾经长期领先于世界，但是从18世纪末开始，清政府施行闭关锁国政策，造成中国步入缓慢发展甚至于停滞不前的进程之中。然而，同一时期的欧美资本主义国家，借助两次工业革命和一次科技革命的东风，综合实力显著增强。落后必然会挨打，落后的中国也就必然成为列强侵略的选择。原本屹立于世界民族之林的强大中国，却被列强瓜分和宰割。沉痛的历史教训促使后继领导人痛定思痛，寻找一条适合国家的光明的发展道路。

（三）中国改革开放前后变化的事实表明发展才是硬道理

"文革"结束后，邓小平果断地做出党和国家工作重心转移的战略决策，经济建设成为社会工作的中心。以经济建设为中心，就是要发展经济、发展生产力。社会主义初级阶段需要公有制经济，也需要非公有制经济，无论是公有制经济，还是非公有制经济，都服从和服务于增强社会主义经济基础这个目的，邓小平讲的计划、市场是手段，计划多一点，还是市场多一点，不是社会主义本质的关键。以此推论，相对于社会主义的基本制度来讲，经济体制中的"公有""非公有"的多少的设定必须得依据"现实经济条件"，其标准是"三个有利于"，其目的是巩固社会主义基本制度，邓小平将社会主

[①] 中共中央马克思恩格斯列宁斯大林著作编译局.马克思恩格斯选集：第1卷[M].北京：人民出版社，2012：422.

义与市场经济相联系，打破了固有观念，建立了符合现实发展进程的社会主义市场经济体制。我国现阶段社会主义是初级阶段的社会主义，这种社会主义的客观实际需要建立市场经济，以不断充实经济基础，巩固社会主义制度。邓小平提出建立社会主义市场经济，根本目的是更好地发展中国。只有抓住了发展这个关键，我们在提升国家地位和对外交往时才会拥有最大的主动权和选择权。对比改革开放前后的中国，我们不难看出发展才是硬道理，是建设中国特色社会主义事业中永恒的主题。逆水行舟，不进则退，只有坚持发展，才能实现"两个一百年"的奋斗目标，才能实现中华民族伟大复兴的中国梦。

二、发展是党执政兴国的第一要务

江泽民继承毛泽东和邓小平两代领导集体关于发展的价值定位的历史经验，深刻把握党的执政合法性和发展的价值的内在联系，明确提出"发展是党执政兴国的第一要务"这一著名的科学论断。

（一）提出"发展是党执政兴国的第一要务"这一论断的必要性

从国际方面来说，强调发展是兴国的根本途径。日趋激烈的国际竞争其实就是综合国力的较量，综合国力决定了国际地位和国际话语权。为了在国际竞争中占据优势，只有靠发展来积累实力。世界上为什么有些国家经常受到欺凌，战争不断，无法在国际交往中拥有话语权，究其根源，主要在于这些国家发展速度慢，综合国力弱，国家只有强大才能给予人民足够的安全感和归属感。

从全面建设小康社会来说，强调发展是实现新阶段第三步战略目标的关键。经过全党全国人民的艰苦奋斗，江泽民在党的十六大报告中提出，现阶段达到的小康是低水平的、不全面的、发展很不平衡的小康，与我们所提倡的小康社会仍然具有一定的差距。因此，为顺利如期完成全面建设小康社会的战略目标，为实现21世纪中叶基本实现现代化的目标，我们党仍然需要将发展作为第一要务。

从党的建设上说，发展是巩固党的执政地位的重要依据。一个政党能否执政，能否长期执政，很大程度上取决于这个党有没有执政基础。巩固党的执政地位问题，实质上就是广大人民群众对执政党政治领导的认同、忠诚和支持问题。全党必须保持与时俱进的精神，开拓马克思主义理论发展的新局面，这是党执政的意识形态基础；全党一定要尽可能地调动一切积极因素，为中国梦的实现施展青春才华，这是党执政的群众基础，党执政的群众基础是巩固党的执政地位问题的本质；全党必须以改革为契机，加强党的建设，为党的建设输入新鲜的血液和新的活力，这是党执政的能力基础。只有加强党的群众基础和能力基础建设，我们党才能不断增强执政能力建设，在我国社会主义现代化建设事业中发挥领导核心的作用。

（二）发展是党执政兴国的第一要务的内涵

我们党之所以能成为执政党，就在于其始终代表先进生产力的发展要求、代表先进文化的前进方向、代表最广大人民的根本利益。中国共产党之所以能体现生产力的先进性、文化的先进性，之所以能实现广大人民的利益，归根溯源都离不开发展，发展始终是贯穿"三个代表"重要思想的一根思想红线。因此，坚持"三个代表"，就是坚持将发展置于党执政兴国的重要位置，贯穿于党执政兴国的全过程。

纵观中国共产党的执政历史，我们不难看出我国能成为世界第二大经济体，国际地位显著提高、综合国力显著增强，其根本原因就在于中国共产党牢牢抓住了发展这个第一要务，将发展与自身的历史命运相联系，始终将发展作为历史使命，这表明我们党在长期的执政历史中深刻把握了发展与执政兴国的内在联系。

发展是党执政兴国的第一要务，这个"第一"表明了发展在我们党执政兴国过程中始终占据重要位置。在执政内容方面，在党执政兴国的过程中，我们会遇到各种纷繁复杂的难题，需要处理千丝万缕的事物，但相对于其他要务而言，发展始终是执政党首先必须考虑的问题，是我们党的"第一要务"，其他任何要务相较于发展而言，均只能处于次要地位，都不能影响和干扰"发展"的推进和落实；在执政过程方面，发展要始终贯穿于党执政兴国的全过程,每一个环节、每一个要务都要坚持以发展为中心,围绕发展来贯彻落实。

(三)发展是党执政兴国的第一要务的重要举措

首先,坚持以经济建设为中心,实现经济社会可持续发展。20世纪90年代,东欧剧变,苏联解体,面对复杂的国际形势,邓小平认为,世界上一些国家会出现问题,最根本的原因就是经济建设没有跟上去,人民群众最关心的衣和食出现问题,生活水平下降。邓小平指出,任何问题归根结底都是经济发展水平过低。发展,归根结底是经济上需要得到充分发展。在这样的背景下,我们党坚持以经济建设为中心,制定和实施符合我国现阶段生产力发展水平的路线、方针、政策,通过详细的不同阶段的发展规划提高社会生产力,实现社会主义市场经济的可持续发展。

其次,坚持弘扬和发展社会主义先进文化,不断满足人民日益增长的文化需要。人民群众文化需要上的满足,是我们党将发展作为执政兴国第一要务的重要目标,这要求我们党应该大力弘扬以马克思主义为核心的社会主义先进文化,从而满足人民群众的精神生活需要。物质文明和精神文明同步发展是中国特色社会主义科学发展的基本目标。物质文明可以消除人们的物质贫困,是发展的基础内涵,但社会发展不能停留在物质文明上,正如人不能停留在吃饱、吃好等的物质享受上一样,社会发展不能仅仅满足于对物质财富的拥有,而必须在物质满足的基础上,使社会的精神内涵不断升华。社会主义精神文明为社会主义现代化建设提供了必要的文化条件和智力支持;为社会主义现代化建设提供了精神动力,它不断生成有利于现代化建设的舆论力量、价值观念和社会的人文环境,从而最终保证了物质文明的正确方向,促进了物质文明的发展。正如邓小平提出,光靠物质条件,我们的革命和建设都不可能取得胜利。过去我们党无论怎样弱小,无论遇到什么困难,一直有强大的战斗力,因为我们有马克思主义和共产主义的信念。有了共同的理想,也就有了铁的纪律。无论在过去、现在,还是将来,这都是我们的真正优势。

随着经济结构的多元化发展和社会开放性的不断增强,不同的意识形态和价值观点相互碰撞、相互交融、相互影响，在这种情况下，我们需要确定符合人民群众价值取向的、适合社会进步的主流意识文化，在保持文化多样性的前提下规范和引导各种社会文化共同发展。因此，意识形态领域的建设同样是我们党需要高度重视的又一重要任务，我们党必须正确把握开放社会意识形态的多样性和主流意识形态的一元性的关系，坚持以马克思主义作为社会发展的主流意识形态，在具体的建设社会主义的现实实践中保持马克思主义与时俱进的优秀品质，丰富马克思主义中国化的具体内容，增强马克思主义作为主流意识形态的号召力，弘扬和发展社会主义先进文化，不断满足人们日益增长的文化需要。

最后，我们党必须践行全心全意为人民服务的宗旨。自中国共产党成立后，我们党始终坚持群众观点和群众路线，始终站在人民的立场之上，中国共产党成为执政党，不断地发展和壮大，其根本原因就在于我们党坚持来自人民、服务人民、植根人民的思想，坚持立党为公、执政为民的本质要求。因此，发展作为党执政兴国的第一要务，是践行发展为了人民的目的和要求，发展为了人民不仅要满足人民的物质文化需要，更应该实现由人民共享发展成果。

三、科学发展观

科学发展观，是在社会主义初级阶段的基本国情下，深刻总结我国发展实践经验教训，借鉴国外科学发展经验，为适应新的发展需要提出的重大战略思想。科学发展观强调的是要认清我国现阶段的基本国情，强调科学分析我国发展面临的新问题和新矛盾，以科学发展观为指导推进改革、谋划发展，坚定不移地走科学发展之路，奋力开拓中国特色社会主义更为广阔的发展前景。科学发展观是随着社会实践与时俱进的正确认识发展问题的科学理论，是中国共产党开拓中国特色社会主义事业的指导思想，更是我们党关于发展层面上的一次新飞跃。

（一）科学发展观的产生背景

改革开放以来，中国共产党带领中国人民取得了巨大的成就，中国虽然仍是世界上最大的发展中国家,但是在改革开放的进程中,经济实力明显增强,人民生活水平总体上达到小康水平。但是,我们不能忽视,这一阶段的小康是低水平、不全面、发展不均衡的,这与我们要建设惠及十几亿人口的更高水平的小康社会这个理想目标是存在较大差距的,这意味着实现全面建成小康社会仍是一个长期的、艰巨的任务。

1. 科学发展观是在明确我国全面建设小康社会目标的基础上提出来的

为实现这一目标,为实现我国经济社会的更高水平发展,我们需要重新审视"为什么要发展、什么叫发展、怎样发展"这一重大问题,这就迫切要求我们创新发展观念、完善发展战略、拓展发展路径。以人为本、全面协调可持续的科学发展观,正是在这样的目标背景下应运而生的。

2. 科学发展观是在分析我国经济社会发展现状的基础上提出来的

自改革开放以来,我们虽取得了巨大成就,但是也导致了城乡、地区差距较大,居民收入差距悬殊,各种社会矛盾激化,资源紧缺,经济增长不均衡等一系列问题。为了解决这些现实难题,我们必须回归于"发展",这就需要一个科学的理论来指导实践。另外,经过不断深化的改革发展,我国已经基本实现了小康,国家综合实力有了明显增长,我们已具备条件和能力去完成发展大业,以使经济更快发展,政治更加民主,文化更加繁荣,社会更加和谐,这是我们党提出科学发展观的现实基础。

3. 科学发展观是在总结我国社会主义建设实践经验的基础上提出来的

实践是理论之源,在社会主义建设的进程中,我们党遇到了各种艰辛探索和风险挑战,但也收获了成功的喜悦和胜利的果实,在总结社会主义现代化建设实践经验的基础上,我们党催生了新的发展思想——科学发展观。历史和实践向世人证明,我们党要坚持以经济建设为中心,在深入改革和扩大开放的进程中,牢记发展使命和目标,不断增强发展能力,提高发展质量;坚持充分发挥人民群众的力量和作用,尊重人民群众在建设中国特色社会主义事业的地位,推动人民群众助力经济社会发展,实现人民群众共享发展成果;坚持"两手抓"战略,协力推进物质文明和精神文明建设,全面促进社会的进步发展,不断提高人民的文明素养;坚持不断地深化改革,逢山开路,遇水架桥,敢于突破,稳扎稳打,整治顽瘴痼疾,突破利益固化藩篱;坚持扩大开放，以开放的理念、开放的态度推动对外开放迈向高水平、高层次、高领域，从而为经济增长输入新鲜的血液；必须高度重视环境保护与经济增长之间的关系，优化产业结构，进而实现绿色、健康、可持续的发展。因此，中国特色社会主义现代化建设的具体现实实践，是科学发展观产生之源。

4. 科学发展观是在汲取当代世界发展经验的基础上提出来的

第二次世界大战后，世界各国高度重视经济增长，人类社会创造了空前绝后的经济增长奇迹。但是，在经济增长的同时，人类往往因为思想的狭隘性只注重自身利益的实现，而忽视自然环境的价值，人与自然的矛盾不断激化显现，发展的不平衡不仅会危害人类自身的可持续发展，也会导致经济结构失去平衡，带来各种复杂的社会矛盾和社会问题。我国作为一个发展中国家，在还没有完全陷入这种境地之前，应该争取避免这种情况的出现，这取决于我们能否积极应对经济社会发展中的一系列挑战。科学发展观正是在汲取各国发展经验教训的基础上提出来的。

（二）科学发展观的科学内涵

"坚持以人为本，树立全面、协调、可持续的发展观，促进经济社会和人的全面发展"[①]的科学发展观，不仅包含了人们对发展问题的总的认识，而且涵盖经济、政治、文化、社会各个领域，是一个系统而丰富的科学理论体系。科学发展观作为指导思想，我们必须准确深刻把握其科学内涵。

1. 发展是科学发展观的第一要义

科学发展观，从命名上不难看出，发展是贯穿其中的一条红线。坚持将科学发展观作为指导思想，其最终目的是更好地发展。发展才是硬道理，是我们党执政兴国的第一要务，这是我们党在领导人民建设中国特色社会主义行程中得出的经验总结，也是我们党长期坚持的一项路线方针。中华人民共和国成立以来，特别是改革开放以来，经过党和人民艰苦卓绝的奋斗，中国以显著的成绩向世人证明我国社会主义建设的成就，我国一跃成为世界第二大经济体，国际地位显著提高，外交风采奕奕，综合国力极大提高，国际影

---

① 中共中央文献研究室. 十七大以来重要文献选编［M］. 北京：中央文献出版社，2009：11-12.

响力与日俱增，人民生活大幅度改善，这一切都源于发展。

从国内情况来看，目前我国正处于改革发展的关键时期，经济结构发生重大变化，消费结构剧烈变动，社会结构面临重大调整，面对复杂多变的国际形势和艰巨繁重的改革任务，面对许多必须解决且不能避免的问题，面对一系列必须抓紧且不能拖延的任务，我们党应该坚持将发展作为第一要务，紧抓发展这一时代主题，带领中国人民抓住机遇，迎接挑战，以坚定的步伐和意志推进中国特色社会主义事业不断发展。

从国际情况来看，时代主题仍然是和平与发展，在相对和平的国际环境中谋求共同发展仍是世界上大部分国家追求的目标。谋求发展，不仅是当代世界的主题，也是当代中国的主题。面对复杂多变的国际形势，作为一个发展中国家，我们应该认清自己所处的地位，积极主动利用国际形势谋求发展。我们必须认识到只有抓住机遇，迎接挑战，才能在复杂多变的国际形势中立于不败之地，在激烈的国际竞争中站稳脚跟，赢得话语权。

2. 以人为本是科学发展观的核心

无论是经济建设、政治建设、社会建设，还是思想文化建设，其主体都是人，离开了人的素质的提高谈社会发展只是一句空话。而人的素质的提高关键是知识水平的提高，思想觉悟的提高，实践能力的提高。由此可见，中国特色社会主义的发展基础和目的是"为了人"，为了人的发展。由于人之为人的本质在于"自觉的能动性"，在于理性，在于精神，因此社会的发展、人的发展的价值目的也在于人的精神日益丰润，从这个意义上理解"贫穷不是社会主义"，有两个方面要点，一是物质贫困不是社会主义，二是精神贫困也不是社会主义。社会主义要富，不仅要使物质"富"，更要使精神"富"。社会主义社会的发展必须使物质和精神共同"富"。只有这样，社会主义建设才能真正坚持人民的主体地位，不断满足人民群众日益增长的物质文化需要，关怀人的价值、权益和自由，提升人的生活质量和幸福尊严水平，不断促进人的全面发展。

唯物史观表明，人民群众是历史的创造者，是推动社会变革的决定性力量，这从历史唯物主义角度论证了以人为本作为无产阶级指导社会实践的一项重要基本思想。同时，中国共产党的性质决定了"立党为公、执政为民"

是我们党的执政理念,这与科学发展观所倡导的以人为本是完全一致的。最后,以人为本基本回答了科学发展观一系列的问题,为了谁发展,依靠谁发展,发展成果如何分配,这是所有发展观都必须面临和解决的问题,而科学发展观明确提出发展为了人民、发展依靠人民、发展成果由人民共享。

以人为本,这里所强调的人,是指最广大人民;这里的本,就是根本,就是一切工作的出发点和落脚点。以人为本作为科学发展观的核心,要求我们以最广大人民的根本利益为本,维护和尊重人民的主体性地位和权益,想人民之所想,急人民之所急,解群众之所难,为人民群众排忧解难,努力让发展的成果惠及广大人民群众,让广大人民群众切实感受到社会主义制度的优越性。人民群众对于党和政府的看法,往往是从他们如何对待人民群众的切身利益来分析和判断的,这就要求我们党必须践行全心全意为人民服务这一宗旨,牢记群众利益无小事。

3. 全面协调可持续是科学发展观的基本要求

全面,强调的是发展的范围,注重发展的整体性要求,社会发展是整体的发展,正如人的生长不是先长头,或先长脚,而是整体生长一样,社会发展也是社会诸要素的共同趋进。从社会存在的共时性角度看,社会的基本要素有政治、经济、文化、社会等,科学发展观非常强调社会各方面协调发展,强调以经济建设为中心,强调社会发展的政治保证,强调社会文化发展,强调社会主义和谐社会建设的重要性,努力把社会发展看成一个包容性的系统工程。从社会的历时性角度看,发展是一个从低级到高级,从简单到复杂,从无序到有序的辩证统一的过程。在指导我国经济社会发展的方针上,经历了从物质文明和精神文明"两手抓"到经济、政治、文化"三个文明"建设,再到经济、政治、文化、社会的"四位一体"建设,之后又加上生态文明建设的"五位一体"总体布局,是我们党对社会主义建设规律和发展规律的不断深化,是我们党对"全面"这一要求的深入理解。因此,我们党必须坚持将全面作为可持续发展的基本要求之一,以经济建设为中心,统筹推进"五位一体"总体布局,实现社会又好又快发展。

协调,解决的是发展的不平衡、不充分问题,注重发展的均衡性要求。唯物辩证法的联系观强调事物的发展具有普遍性,事物之前的发展是相互影响、相互制约的，这就要求我们协调发展社会主义现代化建设进程中的各个环节、方面、领域。因此，我们必须统筹城乡发展、区域发展、经济社会发展、人与自然和谐发展、国内发展和对外开放，在大力推进经济建设的同时，遵循事物发展规律，统筹安排产业结构，实现不同地区、不同领域、不同产业结构相对和谐地发展。这不仅是我国总结世界发展进程得出的经验和教训，也是我们解决社会发展矛盾时正确处理发展速度与结构、质量和效益的关系的基本要求。

可持续，强调的是发展的时间维度，是指发展的持续性和连续性。发展要讲效率、讲成果，但其成果的取得方式，效率的增长度要符合客观规律，这就是说发展有一个自然限度。人不可能超越自然而生存、发展，社会发展也不可能超越自然而行进，相反它必须以自然的客观条件和规律为基础和前提，这就要求实施可持续的发展战略而不能竭泽而渔，追求暂时的、短期的发展成果，使其失去可持续性。邓小平提出，评价一个国家的政治体制，就要看政治结构和政策是否正确，看生产力能否得到持续发展。可持续发展的深层含义在于不断改善社会的人文环境，使人们在"公平"原则下合理发展。它包括"代内公平"和"代际公平"两个方面。"代内公平"是指当代人在发展的机会上是均等的。邓小平的"消灭剥削、消除两极分化"正是实现"代内公平"的条件。"代际公平"是指当代人不应享用后代人的自然条件，而应该为后代人的进一步发展提供良好的条件。总之，可持续发展是要在实现人与自然关系优化的基础上，实现社会的经济、政治、文化、社会和自然的协调发展，从而为未来社会的更好发展提供可持续的条件。要做到这一点的关键，是转变人的价值观念，树立正确的社会价值目标。它要求我们注重增强发展能力，注重社会公正，以发挥人类整体力量的优势，注重人的精神升华而贬低追求物质享乐，只有这样才能保证中国特色社会主义发展的永续性。实现可持续发展，就是要尊重和保护自然，在不触及生态保护红线的基础上实现经济效益和社会生态效益相统一，自然资源和生态环境是发展的重要基础，巧妇难为无米之炊，只有牢记可持续发展的目标和要求，合理利用自然资源，自觉保护生态环境，我们才能实现一代接一代地、一辈人接一辈人地永续发展。

4. 统筹兼顾是科学发展观的根本方法

统筹兼顾强调的是纵观大局，双管齐下强调的是一种全局的思想和原则。首先，统筹兼顾是我们党的重要历史经验。在中国革命、建设和改革的过程中，历届党中央领导集体，都始终从战略全局出发，坚持统筹兼顾的方针，正确地处理了革命与建设、改革和发展中的各种重大关系。毛泽东最早在抗日战争时期提出的"公私兼顾"就已经产生了统筹兼顾的萌芽。中华人民共和国成立初期，中国共产党把"统筹兼顾"确立为经济指导方针并写进《中国人民政治协商会议共同纲领》，并强调"我们的方针是统筹兼顾，适当安排。无论什么问题，都要从对全体人民的统筹兼顾这个观点出发"[①]。自改革开放以来，邓小平提出的"两手抓"思想、"大局思想"，这些都是"统筹兼顾"思想在当时的最新体现，也体现了"两点论"的哲学理念。邓小平指出，应遵循统筹兼顾的原则来调节各方利益之间的关系。迈入新的世纪，"统筹兼顾"也被赋予了新的内涵。胡锦涛在党的十七大报告中指出，要正确认识和处理中国特色社会主义事业中的重大关系，统筹城乡、区域、经济社会、央地等关系，既要总揽全局、统筹规划，又要抓住主要工作、关心突出问题。历史证明，统筹兼顾是我们中国共产党制定和实施方针政策的基本要求，是我们党长期执政的历史经验总结。

其次，统筹兼顾必须正确认识和处理中国特色社会主义事业的重大关系。贯彻落实科学发展观的过程，实际上就是统筹兼顾各方面发展、各方面利益的过程。在发展中国特色社会主义事业的进程中，我们要统筹内政、外交和国防各个方面，在社会发展进程中兼顾改革、发展和稳定，兼顾经济、政治、文化、社会、生态各方面建设，兼顾国家、个人和集体的利益，在解决发展不平衡问题时加强统筹兼顾城乡、区域之间的发展，等等，从而实现中国特色社会主义事业整体迈向新台阶。

最后，坚持统筹兼顾的根本方法体现了马克思主义的多重哲学蕴意。统筹兼顾不仅体现马克思主义基本原理关于事物联系具有普遍性的观点，即在发展时要重视各个事物之间的联系，不能顾此失彼；也体现马克思主义哲学

---

① 毛泽东.毛泽东文集：第7卷[M].北京：人民出版社，1999：228.

的辩证法的精髓,即在分析矛盾和解决矛盾过程中,要学会运用矛盾分析法,学会一分为二、具体问题具体分析。统筹强调的是在现实实践中要有全局观念,注重纵向看待和解决问题;兼顾强调的是在现实实践中要兼顾各个环节、各个方面,注重横向看待和解决问题。按照"横向到底,纵向到底"的原则,坚持统筹兼顾,要求我们在发展过程中树立全局观念,统筹全局,同时兼顾发展进程中的各方,实现整体协调发展。

(三)科学发展观的精神实质

"解放思想、实事求是、与时俱进、求真务实",这十六个字揭示了科学发展观活的灵魂,深刻总结了科学发展观的精神实质。

解放思想,是贯彻科学发展的重要前提。解放思想,是破除落后的发展观念,转变发展方式,实现科学发展的尖锐武器。党的十一届三中全会提出了解放思想,具有重要的现实意义。我们党能够实现工作重心的转移,进入改革开放的新局面,一个重要的原因就是我们在思想上得到了解放。在现阶段,实现科学发展,转变发展方式,仍然要求我们在思想上不断地解放和发展。思想是行动的指南,只有多维度、全方位地解放思想,我们才能破除不合时宜的旧观念和旧思潮,才能破除在科学发展过程中遇到的思想障碍,以积极进取、高昂向上的姿态迎接和解决在发展道路上遇到的新状况和新问题,以具有时代性和创新性的理论不断推动社会实践的发展。

实事求是,就是要求在科学发展的过程中认识发展规律、尊重发展规律、按照发展规律办事,这是我们坚持科学发展的根本原则。实事求是,就是要求敢于直面发展进程中的难题和问题,以"求"为动力,从"实事"到"是",有的放矢,遵循事物发展的规律,力争求是,构建科学的理论来指导社会的发展。

与时俱进,是贯彻科学发展的时代要求。与时俱进就是要求我们在科学发展的进程中要总结实践经验,打破制约发展的桎梏,坚持用与时俱进的马克思主义指导中国现实实践,不断地丰富、完善和创新发展理念。理论创新永无止境,我们要用开放的科学发展观指导我们的实践创新,又在新的实践创新中分析时代特征和发展趋势,实现理论的不断创新和发展,进而开拓中国特色社会主义发展的新视野和新前景。

求真务实，强调的是科学发展中关于作风建设的目标和要求，是贯彻科学发展的实践方法。"在全党大力弘扬求真务实精神，大兴求真务实之风，对于推进党和国家的各项工作，具有基础性、根本性的意义。"① "求真"，就是"求是"，就是遵循和把握事物发展规律；"务实"，就是"下功夫"，就是勇于探索、勇于实践。因此，在党的思想路线和科学发展观精神实质的高度，强调落实科学发展观，具有重要的现实意义。这要求我们党员干部要深入了解世情、国情和党情，以调查研究为基础，坚持人民利益至上，在工作中坚持讲实话、办实事、求实效，并做到身体力行，推动全党作风的转变。这是我们实现科学发展的必然要求。

四、中国特色社会主义新发展理念

在党的十八届五中全会上，习近平提出主要内涵为"创新、协调、绿色、开放、共享"的新发展理念，是管全局、管根本、管长远的导向。党的十九大报告把坚持新发展理念作为构成新时代坚持和发展中国特色社会主义基本方略的"十四个坚持"中的重要一个。党的十九届五中全会将"新发展理念"上升为我国经济社会发展的基本原则，强调"十四五"时期要"把新发展理念贯穿发展全过程和各领域，构建新发展格局"②。

（一）创新发展

创新是引领发展的第一动力。习近平形象地将科技创新比作"牛鼻子"，指出只有下好科技创新这步棋，才可以占领先机、赢得优势。纵观世界历史发展潮流，靠着从水力到蒸汽动力的创新，英国开启"日不落帝国"时代；靠着信息革命的一枝独秀，美国至今依然占据世界科技实力最高峰。只有创新经济体系和发展模式，我们才能明确把握未来中国的发展走向。近代史上，我们受够了落后就要挨打的苦；改革开放以来，我们也吃够了创新不足受制

---

① 中共中央文献研究室.十六大以来重要文献选编：上[M].北京：中央文献出版社，2005：724.
② 中共中央关于制定国民经济和社会发展第十四个五年规划和二〇三五年远景目标的建议[N].人民日报，2020-11-04.

于人的亏。历史和实践证明，不创新就要落后，创新慢了也要落后。综合国力的竞争实质上就是创新的竞争，当下，新一轮科技革命和产业变革正在孕育兴起，世界主要国家为了赢得更好更快地发展，高度重视科技创新的重要作用。

创新发展是党引领发展的重要理念。新的经济社会发展模式需要新的发展理念来指导，如果发展理念不能与时俱进，则可能造成发展步伐倒退。因此，我们必须树立正确的发展理念，指导新时期经济和社会的发展。在十三五规划中，"创新"一词总共出现了70余次，可见"创新"居五大新发展理念之首的必要性，因此，这要求我们党和政府高度重视创新理念的重要性，将创新发展理念贯穿于社会发展进步的全过程和各方面，各级政府、各级部门、各级单位坚持将创新发展作为指导思想，以创新理念推动和引领发展，形成新的经济发展动力，不断提高经济发展水平和人民生活水平。

创新发展是刺激经济社会发展的第一动力。只有坚持创新这个引领社会的"火车头"，才能拉动整个经济社会的繁荣进步。因此，我们必须将创新作为发展的基点，实施创新发展战略，推动产业结构优化升级，增强我国在涉及国家战略利益和长远发展等领域的主动权，将创新与国家发展的前途命运紧密相连，形成各类创新主体协调有序、创新要素高效配置、创新源泉争相涌流的生动局面，让创新成为全社会新风尚。新时代，我国的经济增长已经步入新常态，在新的阶段我国经济呈现出"增长速度要从高速转向中高速，发展方式要从规模速度型转向质量效率型，经济结构调整要从增量扩能为主转向调整存量、做优增量并举"的现象，因此我们必须实施创新驱动发展战略，加快转变发展方式，调整产业结构，提升发展的质量和效益。在新常态下，只有坚持创新发展，才能持续为经济社会发展提供源源不断的新动力，才能实现我国从"经济大国"迈向"经济强国"的历史性转变。

（二）协调发展

协调，强调的是发展的全面性、平衡性和均衡性。协调发展，作为五大发展理念之一，旨在通过补齐全面建成小康社会的短板和不足，解决发展中遇到的问题和难题，实现协调发展、平衡发展、兼容发展，确保如期完成全面建成小康社会的战略任务。

协调发展,强调的是区域协同、城乡一体发展。不同地区的自然资源、历史基础各不相同,区域发展条件将长期存在,为了实现不同区域之间共同发展,我们必须注重发展进程中的协调性和整体性。全面建成小康社会,重点和难点都在"全面",因此,我们需要统筹东中西、协调南北方,深入推进西部开发、东北振兴、中部崛起、东部率先的区域发展总体战略,促使"一带一路"、京津冀协同发展、长江经济带三大战略的深入融合,实现区域间要素自由有序流动,实现各地区优势互补和良性互动,从而推动区域协调发展。同时,关注城乡差距,建设城乡一体化发展机制,促使城乡要素平等互换,城乡资源合理配置,实现新型工业化、信息化、城镇化和农业现代化同步发展。

(三)绿色发展

绿色发展,是实现可持续发展的必要条件,是人民追求美好生活的重要表现。绿色发展,作为五大发展理念之一,是人民群众的殷切盼望,是我们党坚持建设社会主义生态文明的科学指导思想,这不仅是我们党深入认识经济社会发展规律的重大体现,也成为指导我们实现中华民族永续发展的行动指南。

绿色发展,关键在于增强发展的协调性和可持续性,是我们党打造循环发展的新模式。绿色发展强调人与自然和谐共生,是关系我国全局发展的科学理念。当前我国人与自然的矛盾日益尖锐,资源紧缺、环境污染等问题依然束缚着生产力的发展。在全面建成小康社会的决胜阶段,"全面"一词当然也包括人与自然的和谐共生,因此,坚持绿色发展,不仅关系着人民群众的切身利益,更事关我国未来发展全局,这要求我们以效率、和谐、可持续作为经济发展的目标,以绿色的理念加快绿色产业的发展,在增加社会物质财富的同时,坚持以自然资源和环境承载力为底线,坚持绿色富国、绿色惠民、绿色生产,形成绿色的发展模式和生活方式,实现人、自然、社会三者的和谐共生。实现绿色发展,要求我们实现价值取向、思维方式和生活方式上的深刻变革,坚持绿色价值取向,就是要将生态资源和生产力发展画上等号,牢固树立只有生态资源得到保护才能实现生产力的发展的价值观念，坚决摒弃以自然资源的浪费换取短暂的发展红利的发展模式；坚持绿色思维方式，就是改变传统的"先污染，后治理"的思维模式，形成绿色底线思维，着力解决制约绿色发展的影响因素，以法治思维和法治方式保证社会主义生态文明建设；坚持绿色生活方式，就是在日常的工作和生活中认同和践行绿色发展理念，坚持知行合一，从我做起，为蓝天常在、青山常在、绿水常在贡献力量。

坚持绿色发展，就是坚持将"生态文明"和"经济增长"的同步实现作为衡量绿色发展的标准，牢固树立"绿水青山就是金山银山"的发展理念，深刻认识到科技创新在绿色发展中的重要位置，从源头上控制和减少污染，才能真正有效地减少资源浪费、减少生态环境污染，建设越来越美丽的神州大地。

（四）开放发展

开放发展，是新发展理念的重要内涵之一，也是中国特色社会主义繁荣发展的必由之路。坚持开放发展，是提高开放质量和效益，解决发展内外联动问题的行动指南，是我们党在深入理解人类社会发展规律的基础上关于对外开放理论的丰富和发展。

坚持对外开放是我们党在长期执政过程中的经验总结。20世纪80年代，我们党面对巨大的压力，以非凡的勇气和谋略开启了对外开放的新征程。实践证明，在改革开放的进程中，我们党带领人民取得了辉煌的成就：经济实力不断增强、国际地位明显提高、综合国力大幅提升……目前，我国的对外开放已处于关键时期，我们不仅要继续坚持"走进来"的工作，更要加快"走出去"的步伐，加强与世界各国的互动，积极参与全球经济治理，推动"一带一路"的建设，构建各国共商共建共享的开放格局。十八届五中全会提出的开放发展理念，是我们党和国家高度自信的重要体现，是我们大胆开放、走向世界进程中总结的发展理念，表明中国有能力、有胆量、有魄力在广阔的国际舞台上谋求一国发展。

习近平指出，各国经济，相通则共进，相闭则各退。在各国经济相互融合的新时代，只有打开国门，坚持对外开放，才能以主动进取的姿态参与全球经济治理，以高质量、高水平、高速度的发展建设"经济强国"。面对全球治理体系深刻变革、经济全球化浪潮风起云涌的国际环境，不稳定不和平因素依然存在，但和平与发展仍是时代主题，我们只有抓住机遇，崭露头角，才能实现中华民族伟大复兴的中国梦，这就需要我们坚持对外开放这一基本国策。从国内形势来看，目前，中国特色社会主义进入新时代，面对留下一些难啃的硬骨头的改革攻坚期，为如期实现全面建成小康社会和建设社会主义现代化国家的战略任务，我们必须坚持对外开放，以高水平、多层次、宽领域的开放格局为改革谋求更大的发展空间。因此，面对复杂的国际情况和国内形势，我们既要立足国内又要放眼世界，不断推进开放发展。

（五）共享发展

共享发展，是为了解决社会的公平问题而产生的发展理念，强调人人享有，各得其所。坚持共享发展，必须坚持发展为了人民、发展依靠人民、发展成果由人民共享。共享发展，是新发展理念的最终目的和归宿，充分体现了社会主义的本质要求，是实现人民当家作主和国家长治久安的重要发展理念。

共享发展，顺应了人民对美好生活的向往和追求。共享发展，在覆盖面上，追求的是全民共享，重点和难点都在"全"字，在发展过程中我们必须满足所有人民对美好生活的需要。我国的国体和政体决定了我们必须坚持将始终代表最广大人民的根本利益，这是我们谋求发展的起点和归宿。党的十九大报告也指出，"人民是历史的创造者，是决定党和国家前途命运的根本力量"，因此，我们要充分重视人民的主体性和创造性，尊重和保障人民的权益。党的十八届五中全会提出的共享发展理念，顺应了人民对美好生活的向往和追求，是我们党和国家坚持"以人为本"理念的体现。人民是阅卷人，坚持共享发展，必须解决好与人民最密切的问题，关心群众最直接、最现实的利益，满足人民合理合法的诉求，全面提升人民生活水平和质量，建立权利公平、机会公平和规则公平的社会公平保障体系。

共享发展，充分体现了中国特色社会主义的本质要求。共同富裕，是社会主义的本质要求和根本原则，也是我们党始终追求的奋斗目标，而共享发展这一理念与社会主义的本质相吻合，这也是十八届五中全会将共享发展作为五大新发展理念的最终目的的重要原因。在改革开放初期，经济发展水平和社会现实决定了我们党只能选择"先富带后富"的发展战略，通过让一部分人先富起来，带动全社会共同繁荣，但这必然会造成贫富差距的社会现象。经过40多年的改革开放，中国已成为世界第二大经济体，经济实力显著增强，但是发展不公平的问题依然是制约中国进一步发展的重要原因，严重影响共同富裕这一目标的实现。因此，为了实现共同富裕的目标，我们必须正确看待实现这一目标的长期性和艰巨性，坚持渐进渐享，积小胜为大胜，举全民之力做大和分好社会"大蛋糕"。

共享发展，是激发人民群众创造活力的现实需要。共享发展的过程，是人人参与、人人贡献、人人享有的过程，是实现共同富裕这一目标的过程，是在高水平共建的基础上实现共享的过程，这个过程中发展的目的、发展的主体和发展的动力最终都要落实到"人"这一社会群体。因此，我们必须坚持全民共建，充分发挥人民的积极性、主动性和创造性，举全民之力共同推进国家建设，才能真正实现共享这一美好愿望，才能真正让改革开放的发展成果惠及广大人民群众，才能在发展进程中增强人民群众的幸福感和获得感。

（六）用新发展理念不断推进中国特色社会主义的科学发展

站在新的历史起点上，面对新的发展环境，我们需要坚持以新发展理念引领新时代发展。习近平在《深入理解新发展理念》中，提出了五个"着力"，鲜明地指出必须贯彻落实新发展理念，不断推进中国特色社会主义伟大实践，这为全党在发展问题上提供了管全局、管根本、管长远的科学指引。

1. 创新驱动发展战略

创新，是引领发展的第一动力，是经济增长的新引擎。新时代，是站在"危"与"机"交汇的新时期，新时代必须迈向新征程，也必须展现新作为。当前，我国的科学技术水平取得了较大的提高，已经从跟踪为主转变为跟踪和并跑、领跑并存，在量子通信、纳米科技等方面实现了较大的突破。2018年，全社会科学研究与试验发展（Research and Development，简称R&D）经费支出达1.97万亿元。科技创新产出数量和质量不断提高，发明专利授权量增加至2018年的34.6万件。不仅如此，我们也成功地利用科学创新推动经济增长，至2018年，高新技术企业总数超过13.6万家，营业总收入预计超过30万亿元，高技术产业以及战略性新兴产业成为国民经济高质量发展的主要支撑。这些数据充分说明，我国坚定不移地贯彻创新驱动发展战略，创新质量不断提高，创新能力不断增强，创新水平不断发展。因此，我们要继续奋发有为，敢于进取，坚持发挥创新引领作用和驱动作用，在这样一个关键的历史节点，中国应该勇攀高峰，党中央要带领中国人民创造一个又一个令世界瞩目的"中国奇迹"。

坚持实施创新驱动发展战略，加快构建以创新为主要引领和支撑的经济体系和发展模式。抓创新就是抓发展，谋创新就是谋未来，我们应该高度重视科技进步和技术创新在产业发展和国家财富增长中起到的重要作用。党的十八大以来，我国创新驱动发展战略顶层设计基本成型，面向未来的科技体制机制主体架构基本确立，这些都有效激发了创新人才的创新动力，促进了创新资源的合理配置。不仅如此，我们还应该创新文化，积极保护知识产权，鼓励文化创新。实现文化强国战略，要求我们对传统文化既传承又创新，对其他国家的文化进行扬弃，不盲目崇洋媚外，应该加入符合国情和时代的元素，使文化得到创新。习近平多次强调文化自信，并将文化自信纳入"四个自信"的建设范畴，凸显文化的战略地位，对于继承文明、弘扬文化、早日实现民族复兴具有重要意义。

2. 增强发展的整体性和协调性

唯物辩证法认为，事物是普遍联系的，事物和事物之间是相互影响、相互制约的。新时代，我们提出的"五位一体"总体布局，是一个"相互联系的有机整体"，这就决定了我们要不断增强发展的协调性和整体性，实现社会主义现代化建设各项事业全面发展，实现我国经济社会行稳致远。

增强发展的整体性和协调性，是为了补短板、克瓶颈，实现发展进程中各个领域、各个方面配合发展。这就要求我们加快实施区域发展战略，解决发展中不平衡不充分问题。目前我国各地区经济稳步增长，尤其是中西部工业化、城镇化进程提速，虽然全国区域总体差异呈现收敛态势，但总体来说我国的区域发展仍不平衡。因此，我们要充分发挥各地区比较优势，优化生产力的布局和结构，完善区域政策，构建合理的区域发展格局，进一步提高发展的协调性和整体性。

增强发展的整体性和协调性，还应该关注城乡协调发展，关键在于促进农村的发展，因此把乡村振兴战略作为国家战略提到党和政府工作的重要议事日程上来，明确振兴乡村行动的目标任务和具体工作要求。要坚持农村优先发展，按照实现产业兴旺、生态宜居、乡风文明、治理有效、生活富裕的总要求，推动农业现代化建设。乡村的发展必然要有兴旺发达的产业支撑，只有在乡村形成既有市场竞争力又能可持续发展的现代农业产业体系，乡村才能有活力，经济才能大发展；要树立社会主义核心价值观的新风尚，弘扬当地特色文化，使整个乡村社会民风更加淳朴。乡村治理是社会治理的基础，要加强农村基层组织建设，让村民培养优良的传统道德观，做遵纪守法的好公民。要加快城乡一体化建设，合理配置城乡资源，坚持以工促农、以城带乡、工农互惠，实现城乡协调均衡发展。

增强发展的整体性和协调性，应该同时加强物质文明建设和生态文明建设，不断满足人民群众的衣食住行等物质需要和精神文化需要。进入新时代，我们要坚持"两手抓"战略，实现物质财富和精神财富的极大丰富。这要求我们在坚持以经济建设为中心的同时，加强正确的舆论引导，坚持社会主义先进文化的前进方向，坚持用社会主义核心价值观和社会主义优秀文化鼓舞人心、汇聚力量。

增强发展的整体性和协调性，应该重视经济建设和国防建设的内在关系。富国才能强军，强军才能安邦，经济建设和国防建设二者相辅相成、相互促进。经济强了我们才有能力进行国防建设，才能实现中国梦、强军梦；而只有加强国防建设，我们才可以有能力、有保障地实现中华民族的伟大复兴。因此，我们高度重视经济建设和国防建设，统筹发展和安全，兼顾富国和强军双重使命，既要实现"经济富"，又要实现"国防强"，统筹二者协调、平衡、兼容发展。

3. 推进人与自然和谐共生

在全球经济繁荣发展的同时，各种环境问题频生，能源资源短缺、环境污染严重、生态严重破坏已经成为制约全球可持续发展的重大瓶颈,维护全球生态安全,是每个国家的共识,也是每个国家不可避免的责任。因此,作为最大的发展中国家,我们应该树立正确的价值观念,高度重视在经济社会发展过程中产生的一系列生态环境问题,实现人与自然的和谐共生。自然是人类生存之本、发展之基,自然资源并不是取之不尽,用之不竭的,这和我们的眼睛、生命一样宝贵。因此,在处理经济增长与自然资源二者的关系时,坚决摒弃以往那种无节制单向向自然索取,换取短暂的经济增长红利的发展模式,合理有序利用自然资源促进经济发展,以长远的整体的视野正确处理好人与自然的关系,为子孙后代留一片蓝天、绿水、青山,坚守节约资源和保护环境的基本国策。

积极推进绿色生产方式和生活方式。这要求我们科学认识绿色生产方式和生活方式的内涵,以坚定的信念和具体的实际行动参与全球环境治理,积极为生态治理建言献策,落实节能减排的承诺,为真正解决生态危机贡献力量,构建天蓝、地绿、水清的新家园。

4. 着力形成对外开放新体制

各国的发展实践证明,封闭必然造成落后,开放必然带来进步。面对国内外环境的深刻变化,我们必须贯彻开放发展理念,加快以深化改革促进对外开放的步伐,开创对外开放的新格局,着力形成对外开放新体制。

当前,随着中国与世界的互动和联系的加强,随着经济全球化深入发展,世界经济深度调整,以积极主动的姿态在全球范围谋篇布局,参与国际事务管理,是中国走向世界舞台的必然选择。因此,我们必须顺应时代发展潮流,不断提高对外开放水平,坚持扩大开放和深化改革的协同作用,形成更好水平的开放格局。为实现这一目标,在"十三五"规划建议中,明确提出今后五年形成对外开放新体制的总体要求,就是要完善法治化、国际化、便利化的营商环境,健全有利于合作共赢的体制机制以及形成同国际贸易投资规则相适应的体制机制;同时,针对在贸易便利化、外商投资管理模式、对外投资管理体制等方面存在的问题,提出了"十三五"时期要推进落实的主要任务,就是要建立贸易便利化体制机制,创新外商投资管理体制,完善境外投资管理体制,有序扩大服务业对外开放,构建开放安全的金融体系,建立健全风险防控体系。通过以上具体的任务和要求，积极主动推动机制体制创新，发展更高层次的开放型经济。

空谈误国，实干兴邦。要着力形成对外开放新体制，各地区和部门都应该落实工作责任，在具体的工作实践中不断摸索和探索，形成对外开放新的体制机制，以高质量、高水平的开放能力推动"中国号"巨轮，开启对外开放的新征程。

5. 践行以人民为中心的发展思想

中国共产党自成立之日起，始终坚持群众观点和群众路线，始终站在人民的立场之上。以人民为中心的发展思想，在不同的历史发展阶段，具有不同的表达形式，但在任何时候这都不应该成为一个话语标签，而应该贯彻落实在党和国家的各项决策部署和具体实际行动之中。

践行以人民为中心的发展思想，首先应该尊重人民的主体地位。唯物史观表明，人民是历史的创造者，是社会变革的推动者，是国家的主人，这就要求我们尊重人民在历史创造中的主体地位，从人民的现实需求的角度出发，解决好群众最关心的问题和难题，以人民利益是否得到实现作为衡量工作的标尺，以人民的期待为行动的动力，以人民福祉为奋斗的目标，牢记并践行"人民对美好生活的向往，就是我们的奋斗目标"，倾听人民的心声和呼声，想人民之所想，急人民之所急，忧人民之所忧，最终解人民之所难。

践行以人民为中心的发展思想，还应该要为人民创造更多的"民生蛋糕"，大力发展社会生产力，创造更多的物质财富。这块蛋糕，不仅应该包括满足人民衣食住行等基本需求的物质财富，还应该包括满足人民文化需要的精神产品。因此，这就要求我们党和国家深入推进改革，坚持创新发展，破解发展难题，不断提高经济发展水平和质量，做大做足做均"民生蛋糕"。

践行以人民为中心的发展思想，更应该实现社会公平。以人民为中心，这里的人民，不仅是指"大部分人"，更强调"每一个人"的"蛋糕"做大了，但是社会如果没有公平公正的机制体制，改革的发展成果同样无法惠及每一个人民。因此，我们党和政府应该坚持社会主义基本经济制度和分配制度，通过税收、社会保障、转移支付等再分配的手段，形成合理有序的收入分配体制，缩小分配差距，真正让改革开放的成果惠及全体人民，让人民群众有更多的获得感、幸福感。

践行以人民为中心的发展思想，就是要为广大人民群众充分发挥积极性和创造性创造更大的舞台和环境。"人"归根到底是发展的主力军，因此在发展的过程中我们要充分调动人的积极性、主动性、创造性，让十四亿中华儿女凝聚智慧，汇聚力量，为各行业各方面的劳动者提供更为广阔的舞台和环境，真正实现"海阔凭鱼跃，天高任鸟飞"。

总之，中国特色社会主义理论体系的实质内容就是中国特色社会主义的发展理论，因为这个理论一切都是围绕发展这个实践主题来展开的。必须清楚的是，在我国社会主义的现阶段，经济发展尽管是中心，但经济发展并非发展的唯一内容，经济增长不等于发展的全部，发展具有整体性、全面性、内生性的特点。从邓小平的发展才是硬道理到江泽民的发展是执政兴国的第一要务，到胡锦涛的科学发展观，再到习近平的新发展理念，都非常强调发展的全面性和整体性。社会主义科学发展论是以社会主义物质文明、精神文明、政治文明、社会文明、生态文明同步发展为目标和内涵的整体发展观，是以人的全面发展和社会主义的全面进步为最终目的的社会主义核心价值观，反映社会主义现代化建设的客观规律，并在实践中有效地指导着社会主义事业的发展，是中国特色社会主义理论体系的重要支柱。

第五章　中国特色社会主义改革开放理论

中国特色社会主义理论的主旨在于建设中国、发展中国，使中国尽快成为社会主义现代化强国。而要实现这一点，根本的途径是发展生产力，而要发展生产，就必须对内进行改革，对外实行开放。因此，改革开放是决定当代中国命运的关键抉择，是党和人民事业进步的重要法宝，是发展中国特色社会主义、实现中华民族伟大复兴的必由之路。40多年来，我们党锐意推进改革，从农村到城市、从经济到其他各个领域，成功取得了由高度集中的计划经济体制转向富有活力的社会主义市场经济体制的伟大成就，并以此推动了我们改革开放事业的伟大进程。历史和实践证明，只有深入推进改革开放，我们才能在建设社会主义道路上越走越远、越走越宽。站在新的历史起点上，我们必须毫不动摇地推进改革、扩大开放，坚持和完善中国特色社会主义制度，促进国家治理能力和治理体系的现代化。

一、改革是中国的第二次革命

社会改革是一切社会发展的普遍形式，社会主义社会也应该是不断发生变化和改革的社会。邓小平的改革理论开创了马克思改革观的新领域，将改革理论系统化，从本质、原则、目标等方面阐释改革的科学性，彻底革新了原有体制，形成"改革是中国的第二次革命"的新局面。

"改革是中国的第二次革命"，邓小平提出，改革是一件尽管有风险，但我们必须要做的很重要的事情，改革不仅会促进生产力发展，还会使经济生活、社会生活、工作方式和精神状态等方面产生一系列深刻的变化。中国的改革具有特殊性质，它具有相互联系的两方面内涵。一方面，它是一场革命，另一方面它又是一种改良，是社会主义制度的自我完善和自我发展，是社会主义发展的基本形式，也是社会主义发展的内在动力。因此，"改革是中国的第二次革命"，不仅体现在改革本身的广度和深度上，而且体现在由此引起的社会生活和人们观念的深刻变化上，它涉及经济、政治、科技、教育和文化等多个领域，影响着人们的生活方式，渗透到人们的思想观念中，引起人们的世界观、人生观、价值观、道德观等多方面的深刻的变革。

邓小平特别重视我国的经济发展问题，经济体制改革是其改革思想中最早形成、最早发展的部分，也是其改革思想最重要的组成部分。马克思主义认为，不论在任何社会里，经济关系在整个社会关系中都是最重要、最基本的关系，一切经济关系以外的其他社会关系，归根到底都是由经济关系决定的。邓小平在1978年中共十一届三中全会召开前夕提到，改革，就是要改变目前生产力落后的局面，就是要改变生产关系和上层建筑，使之符合社会主义现代化建设的需要和要求。这段话事实上已经包含了"改革也是解放生产力"的思想。在随后的十余年波澜壮阔的改革实践中，理论不断地被丰富、被完善。1990年年底，邓小平明确指出，计划经济和市场调节都得要，不搞市场，自甘落后，连世界信息都不知道。邓小平对旧体制束缚生产力的原因作了高度概括：这个体制光用计划经济一种办法，不搞市场，自己毁了自己的经济组织能力，这就必然束缚生产力的发展。

1992年年初，邓小平在视察南方期间发表的重要谈话，以及在同年10月召开的中国共产党十四次全国代表大会上提出的社会主义市场经济理论，不仅标志着邓小平经济体制改革理论发展进入了新阶段，还表明全党最终在经济体制改革的目标模式方面，循着邓小平的思路，真正达成了共识。邓小平以革命家的智慧和胆略，破除了旧的经济体制强加于人们思想和实践的藩篱，崭新的社会主义政治经济学由几代中国共产党人在他们挚爱的中国大地上接续谱写着。

改革的内容包括两个方面：一是改革与生产力不相适应的生产关系，二是改革与经济基础不相适应的上层建筑。这是对生产关系一定要适应生产力，上层建筑一定要适应经济基础这一历史唯物主义的一般规律的具体演绎。我们所倡导的改革，并不是对旧制度的简单的修补，而是一种全面、彻底的改革，它本身具有完整的结构。它不仅要改变与生产力发展不相适应的某些生产关系和上层建筑的具体环节，而且要改变一切同现代化建设不相适应的管理方式、活动方式、思维方式。因此它几乎触及每一个社会领域，包括经济体制改革、政治体制改革、文化教育体制改革、社会生活管理体制改革等方面，并且各方面的改革又都不可能独立进行，它们是相互关联、相互衔接的有机整体，所以改革是一种整体性趋进。尽管在某个阶段某些方面有所侧重，但这只是改革进程的操作步骤的客观要求，只是整个改革的具体的一步。

政治体制是上层建筑的重要组成部分，是社会基本政治制度的具体表现形式的总和。上层建筑是由经济基础决定的，一定社会的经济制度是政治制度的基础，决定着该社会的政治制度，上层建筑会随着经济基础的变更也或快或慢地发生变革。同理，政治体制也会随着经济体制的变更或快或慢地发生相应的变革。邓小平早在1978年就阐述了经济基础与上层建筑同步变革的思想。随着新的经济体制的发展与旧的政治体制之间的矛盾日益突出，邓小平明确提出了政治体制改革的时代课题，指出："政治体制改革同经济体制改革应该相互依赖，相互配合。"[①]坚定不移地推进政治体制改革，既是改革开放总方针的重要内容，也是邓小平的一贯思想。邓小平肯定了毛泽东关于社会主义社会基本矛盾的正确提法，并率先以实事求是的科学态度对此做了大胆探索，明确提出"不搞政治体制改革不能适应形势"的科学论断，深刻阐明政治体制改革的重要性和必要性。为了进一步推进政治体制改革，邓小平在《党和国家领导制度的改革》中指出，党和国家的领导制度以及其他制度，需要通过不断地总结经验和深入调查研究，有步骤、有规划地从中央到地方推进改革。后来，邓小平又在多个场合强调，为了适应社会主义现代化建设的需要，必须进行全面改革。

邓小平在领导中国实现社会主义现代化的过程中，不但重视经济体制的改革、政治体制的改革，而且十分重视科技教育文化体制改革。科技教育文化事业是社会主义现代化建设的重要内容，不抓科学、教育，社会发展就会

---

① 邓小平．邓小平文选：第3卷［M］．北京：人民出版社，1993：164.

成为一句空话。邓小平指出："四个现代化，关键是科学技术的现代化。"① 把科学技术现代化上升到社会主义现代化建设的重要地位，是邓小平在总结历史经验教训的基础上做出的又一重要战略决策。如果不进行现代化，不发展科学技术，就无法促进社会生产力发展，无法提高国家实力，无法改善人民的物质文化生活，无法巩固我国的社会主义政治制度和经济制度，无法给国家安全可靠的保障，这样我们与其他国家的差距只会越来越大。正是因为我国经济落后的关键在于科技落后，所以邓小平反复强调，我们国家要赶上世界先进水平，应从科技和教育入手，努力提高科技进步在经济增长中所占的比例，提高全民族的思想道德和科学文化水平，从而以科学技术的进步和劳动者素质的提高来推进经济建设。科学技术的关键就反映了当今世界社会、经济发展的客观规律。邓小平纵观世界科技发展的这一历史趋势，阐明了科学技术在现代生产中日益重要的作用。邓小平指出，我们之所以可以以同样数量的劳动力在同样的劳动时间里生产出比之前多几倍甚至几十倍的产品，之所以能实现劳动生产率的提高和社会生产力的发展，最根本的就是依托科学和技术的力量。他认为，现代科学技术正经历着一场很大的革命，在这个革命过程中产生并在继续产生一系列新兴的技术，实现了新的飞跃。

邓小平的改革思想，不仅受到全党和全国人民的高度评价，也为他赢得了崇高的国际声誉。历史将继续证明，邓小平的改革观是中国特色社会主义发展历程中的一大壮举，为我国社会主义事业的发展谱写了新篇章，使中国社会从站起来到富起来迈出了历史性步伐。

经过40多年持续不断的努力，中国改革事业取得了重大进展，尤其是在农村家庭经营制度改革、国有企业改革、外贸体制改革等方面取得突破性进展。经过40多年的改革实践，我们产生了很多改革理论，但之前的改革理论偏重于经济领域，侧重于强调提高效率。现在，改革步入深水区，改革对象更加多元化，改革的内涵不断深化，外延不断拓展。但中国的改革实践是极不平衡的，这为进一步推进中国特色社会主义现代化事业留下了一些隐患，因此，树立符合时代发展的改革观，全面深化改革，全面系统地推进各项改

---

① 邓小平.邓小平文选：第2卷[M].北京：人民出版社，1994：86.

革,是新时代的发展要求。

二、改革开放是中国特色社会主义发展的重要法宝

从1978年至今,改革开放已经走过了40多年波澜壮阔的伟大征程。改革、开放都是为了解放和发展生产力,是解放和发展生产力的有效工具。改革是社会主义发展的内在动力,开放是社会主义发展的必要条件。我们党以巨大的政治勇气,锐意推进经济、政治、文化、社会、生态文明和党的建设等领域的体制机制改革,不断扩大开放,其决心之大、牵涉之广前所未有,其变革之深、成就之巨举世瞩目。一个蓬勃兴旺、充满活力的社会主义中国巍然屹立于世界东方。实践证明,改革开放是党在新的时代条件下带领全国各族人民进行的新的伟大革命,是当代中国最鲜明的特色,也是推进党和人民事业不断发展的重要法宝。

(一)改革开放是决定中国命运的关键抉择

我们党在1978年做出了实行改革开放的重大决策,其历史依据主要是以下两点,一是从我国自身的情况看,必须通过改革开放,增强社会活力,解放和发展社会生产力;二是从外部环境看,第三次科技革命推动人类社会发生巨大变革,世界经济加快向前发展,我国的经济实力、科技实力与国际先进水平相比,差距十分明显,面对其他国家带来的压力,我们必须推进改革开放,带领人民赶上时代潮流。只有社会主义才能救中国,只有改革开放才能发展中国。中国社会主义建设的实践证明,关起门来搞建设是不可能成功的。中国的发展离不开世界,经济和社会的日益一体化趋势客观要求中国借鉴和吸取其他国家的文明成果,既然如此,除了不断扩大对外开放,别无他途,对外开放必然成为我国的一项基本国策。邓小平指出,现在的世界是开放的世界,世界各国相互联系,互为发展条件。因此,对外开放是世界发展的趋势和潮流。与改革一样,对外开放也是一个不断深化的过程,随着对内改革的深入,对外开放的广度和深度也不断拓展,使我国开放程度不断加深、范围不断扩大,已形成一个全方位、多层次的对外开放新局面。

改革开放是我们党在经历了社会主义建设道路的艰辛探索、吸取国内外经验之后做出的义无反顾的战略选择。以邓小平同志为代表的中国共产党人极其清醒地认识到，不搞改革开放，不发展社会主义，任何一条道路都只能是"死路"。只有坚持"解放思想、实事求是"的思想路线，排除"自由化"的干扰，打破体制和观念的桎梏，才能探索出一条中国特色社会主义发展道路，由此可见，改革开放不是一蹴而就、一步到位的，而是逐步拓展、不断深化的过程，是决定当代中国命运的关键抉择。

改革开放促进了中国特色社会主义总体架构不断发展，促进了中国特色社会主义总体战略布局不断完善。改革开放之初，我们党在坚持以经济建设为中心的同时，提出了"高度文明""高度民主"的主张，在"两手抓，两手都要硬"的方针指引下，我们曾提出以"建设社会主义物质文明和精神文明"为主要标志，在突破经济发展的同时也不忽视精神文明的"两位一体"的布局，对建设社会主义的总体布局进行了初步探索。以江泽民同志为主要代表的中国共产党人，以邓小平理论为指导，突出强调，发展是党执政兴国的第一要务，社会主义社会要促进物质文明、政治文明、精神文明协调发展，促进人的全面发展等，深化对社会主义的总体布局的认识。党的十六大深刻总结社会主义现代化正反两方面的经验教训，在总结社会主义政治文明的基础上，提出了经济建设、政治建设、文化建设"三位一体"的社会主义事业总体战略布局，使我们对社会主义事业总体战略布局的认识进一步深化。党的十六大以来，以胡锦涛同志为主要代表的中国共产党人，坚持以邓小平理论和"三个代表"重要思想为指导，深入贯彻落实科学发展观，提出构建社会主义和谐社会的战略思想和重大任务，提出了经济建设、政治建设、文化建设、社会建设"四位一体"的社会主义事业总体战略布局。党的十八大以来，我们党坚持以邓小平理论、"三个代表"重要思想、科学发展观为指导，不断推进实践创新、理论创新、制度创新，将中国特色社会主义事业总布局扩展到经济建设、政治建设、文化建设、社会建设、生态文明建设"五位一体"，对社会主义事业总体战略布局的认识不断深入、不断发展、不断完善，反映了我们党对共产党执政规律、社会主义建设规律、人类社会发展规律认识的不断深化。

总之，"改革开放是决定当代中国命运的关键一招，也是决定实现'两个一百年'奋斗目标、实现中华民族伟大复兴的关键一招"①。积极推进改革开放是在中国特色社会主义伟大实践中得出的基本结论。新时期40多年的伟大实践，就是一部改革开放的历史；新时期40多年的伟大实践，就是一部中国特色社会主义不断丰富和发展的历史。伟大实践证明着中国特色社会主义道路、理论、制度的正确性，彰显着改革开放是发展中国特色社会主义、实现中华民族伟大复兴的必由之路。

（二）改革开放是不断推进中国特色社会主义的不竭动力

马克思主义经典作家运用唯物史观，从生产力和生产关系、经济基础和上层建筑的辩证关系方面，考察了人类社会的发展进程，揭示出整个人类社会发展的客观规律，揭示了社会主义社会发展的客观规律，指明了社会主义是一个需要不断发展、不断改革、不断完善的社会。生产力和生产关系、经济基础和上层建筑的矛盾运动是社会发展的根本动力。随着生产力的发展，原来由它所建立并同它相适应的生产关系，变得越来越不能适应，以至于不能继续保持其相对稳定的状态。在这种情况下，生产关系就不得不进行变革，以新的适合生产力发展状况的生产关系来代替旧有的生产关系。同样，在经济基础和上层建筑的交互作用中，直接受生产力所推动的经济基础是相对易变的，而上层建筑是比较稳定的，它往往落后于经济基础的变更。当生产关系变成阻碍生产力发展的桎梏、上层建筑不适应经济基础时，这就需要推进社会变革，以符合生产力、经济基础进一步发展的需要。历史唯物主义的这个基本原理告诉我们，改革是一场只有进行时没有完成时的伟大变革，发展永无止境，改革未有穷期，这是社会存在和发展的客观要求和必然趋势。

马克思、恩格斯指出，资本主义的发展已经把整个世界联结成为一个有机的整体，使各个国家不仅在经济上，而且在政治、文化等各个领域相互联系、相互作用、相互依存。通过大工业我们建立了世界市场，将全球各国人民彼此紧密地联系在了一起，彼此之间相互影响、相互作用。马克思、恩格

---

① 习近平.关于《中共中央关于全面深化改革若干重大问题的决定》的说明[N].人民日报，2013-11-15.

斯对世界市场、国际分工、对外贸易、国际货币和资本输出等一系列国际经济的具体理论与实践问题的精辟阐析,对于社会主义发展需要不断改革开放、加强与资本主义世界的联系、学习和借鉴人类所创造的共同文明成果,具有重要的指导意义。

列宁在总结社会主义正反两方面实践经验的基础上,对社会主义道路进行了有益的探索。他指出:"生气勃勃的创造性的社会主义是由人民群众自己创立的。"①"今后在发展生产力和文化方面,我们每前进一步和每提高一步都必定要同时改善和改造我们的苏维埃制度,而现在我们在经济文化方面水平还很低。我们有待于改造的东西很多。"②因此,社会主义社会需要变革,不变革就不能前进和发展。列宁还提出,在俄国建设社会主义,必须加强与资本主义的联系,借助资本主义发展社会主义,吸收资本主义社会创造的一切文明成果等一系列重要主张,这为经济文化相对落后的国家搞社会主义必须改革开放提供了思路。

从社会主义发展史角度看,我们清晰地看到,世界上的许多大党大国,有因为革故鼎新而迅速崛起、彪炳史册的,也有因为封闭僵化而最终走向穷途末路、亡党亡国的。自《共产党宣言》发表以来,科学社会主义走过了170多年的风雨历程。在这期间,社会主义既经历过凯歌行进的年代,也经历过发展受挫的岁月。是前进还是曲折,是成功还是挫折,从根本上说,关键在于是否毫不动摇地坚持改革开放。苏联赫鲁晓夫也曾进行过权力下放、扩大自主权的改革,但其所进行的改革是有限的、不成功的,后戈尔巴乔夫等也曾进行过某种程度的改革,却因指导思想错误,最终走向歧途;南斯拉夫第一个全面否定苏联模式,进行改革,其分权的市场经济体制虽有过分分散的不足,长期实践却证明了商品经济和市场调节并非与社会主义制度不相容;在南斯拉夫的影响下,其他东欧国家也出现改革的强烈呼声,但因为种种原因未能成功。中国以苏联为鉴戒,探索适合国情的建设道路备尝艰辛,之后

---

① 中共中央马克思恩格斯列宁斯大林著作编译局.列宁专题文集 论社会主义[M].北京:人民出版社,2009:399.
② 中共中央马克思恩格斯列宁斯大林著作编译局.列宁选集:第4卷[M].北京:人民出版社,1995:613.

逐步形成此种共识，做出了改革开放的战略决策。中国新时期的改革启动之后，社会主义才真正开始了全面改革，并不断取得胜利。

社会主义制度是首先在帝国主义最薄弱的环节取得突破、在经济文化都比较落后的国度建立起来的。社会主义基本制度确立之后，由于生产力不发达、经济文化都比较落后的国情，我们要从根本上打破限制生产力发展的体制性禁锢，建立更富生机、更加高效、更加公平的社会主义市场经济，促进生产力发展；我们要不断完善不适应生产力发展的生产关系和上层建筑的薄弱环节，建立起促进生产力发展的生产关系和上层建筑。要做到这一点，就必须改革。列宁说："我们初次从事新的事业，聪明才智从哪里来呢？我们这样试试，那样试试。我们曾随波逐流，因为那时区分不出正确的东西和不正确的东西，要做到能够区分是需要时间的。"[①] 列宁又说，为了建设社会主义，"我们准备……作几千次尝试，而且，我们在作了一千次尝试以后，准备去作一千零一次尝试。"[②] 事实证明，只有改革，才能进一步解放和发展生产力；只有改革，才能建立和发展马克思主义普遍真理与各国具体实际相结合的社会主义；只有改革，才能发展社会主义。因此，改革开放是社会主义发展的基本形式，反映了我国社会主义建设的内在动力和外部条件，同人类社会发展史上一切其他发展阶段一样，需要不断地发展和完善。新时期我国的改革开放已进入攻坚区和深水区。习近平总书记2013年在武汉召开的部分省市负责人座谈会上，征求对全面深化改革的意见和建议，听取大家发言后做了重要讲话，他明确提出，改革开放是我党在新的历史条件下带领人民群众进行的伟大革命，是当代中国发展进步的活力之源，是党带领人民赶上时代潮流的重要法宝，是大势所趋和人心所向，要以更大的政治勇气和智慧，适时深化重要领域改革，攻克体制机制上的顽疾，突破利益固化的藩篱，进一步解放和发展生产力，进一步激发社会活力。习近平的讲话指出了改革开放在当代中国发展中的历史地位和现实意义。无论从哪个角度讲，离开了改革开放理论，就不可能产生中国特色社会主义理论，它是中国特色社会主义理论中

[①] 中共中央马克思恩格斯列宁斯大林著作编译局.列宁选集：第4卷[M].北京：人民出版社，1995：125.
[②] 列宁全集：第34卷[M].北京：人民出版社，1985：379.

最具"特色"的支柱理论，是深刻揭示中国社会主义建设实践规律的重要理论，是马克思主义理论与中国现实实践科学"结合"的重大理论成果。改革不停顿，开放不止步，坚定信心，凝聚共识，不断推进重要领域和关键环节的改革。

（三）改革开放是不断推进马克思主义中国化的实践基础

我国改革开放之所以成功，是因为我们党在领导中国革命、建设、改革的长期实践中，把马克思主义基本原理同中国具体实际和时代特征相结合，不断推进马克思主义中国化，实现了两次历史性飞跃，使马克思主义更好地发挥指导作用，赋予当代中国马克思主义蓬勃生机。第一次飞跃找到了农村包围城市，最后夺取全国胜利的中国特色的革命道路，形成了毛泽东思想；第二次飞跃发生在十一届三中全会以后，中国共产党人开辟了中国特色社会主义道路，形成了中国特色社会主义理论体系。马克思主义中国化的两次飞跃，都是以解放思想为条件，在反对马克思主义教条化的斗争中实现的。改革开放以来，在实践中把马克思的普遍真理与我国革命和建设的具体实践相结合，形成了一个又一个独特的马克思主义中国化的新成果，形成了中国特色社会主义理论体系。中国特色社会主义理论体系是对马克思列宁主义和毛泽东思想的继承和发展，而马克思列宁主义、毛泽东思想的精髓是实事求是，因此，中国特色社会主义理论体系的精神实质也必然是实事求是。中国特色社会主义理论体系是中国共产党集体智慧的结晶，其内容贯通哲学、政治经济学、科学社会主义等学科，涵盖社会主义经济建设、政治建设、文化建设、社会建设和党的建设以及国防和军队现代化建设、祖国统一、国际战略和外交工作等各个领域，涉及改革发展稳定、内政外交国防、治党治国治军等各个方面，是思想深刻、内涵丰富、系统科学的理论体系。这个理论体系，在建设和发展中国特色社会主义的思想路线、根本任务、领导力量和依靠力量等问题上，形成了一系列具有独创性的重大理论观点，系统回答了中国这样一个人口大国在社会主义初级阶段如何实现共同富裕、实现现代化、发展社会主义的一系列重大问题。中国特色社会主义理论体系是我们党继往开来、与时俱进，团结带领全国各族人民坚持改革开放，实现中华民族伟大复兴的正确理论。

中国特色社会主义理论体系包括邓小平理论、"三个代表"重要思想、科学发展观和习近平新时代中国特色社会主义思想,它们既一脉相承,又与时俱进。"一脉相承"的"脉"主要体现在,一是从理论渊源来看,它们都坚持以马克思列宁主义、毛泽东思想为指导,没有丢"老祖宗";二是从理论品质来看,它们都具有马克思主义与时俱进的理论品格,坚持解放思想、实事求是、与时俱进;三是从方法论来看,它们都运用马克思主义的立场、观点、方法研究和解决中国建设与改革中的实际问题,坚持和发展马克思主义;四是从立论基础来看,它们都以社会主义初级阶段这一基本国情为根本出发点,把马克思主义原理与中国实际紧密结合起来;五是从奋斗目标来看,它们都坚持为建设和发展中国特色社会主义、实现中华民族伟大复兴而奋斗,承前启后,继往开来;六是从实践宗旨来看,它们都坚持把实现好、维护好、发展好最广大人民的根本利益作为全部理论的出发点和归宿。"与时俱进"的"进"主要体现在,它们都坚持从实际出发,注重探索和回答不同时期、不同阶段遇到的新矛盾、新问题,注重总结改革开放不同时期、不同阶段的新的实践和新的经验,就"什么是社会主义、怎样建设社会主义""建设什么样的党、怎样建设党""实现什么样的发展、怎样发展""新时代坚持和发展什么样的中国特色社会主义、怎样坚持和发展中国特色社会主义"等一系列关系到中国未来前途和命运的重大问题,做出了科学的回答,在理论创新和理论发展上,既层层递进,又做出了各自的独特贡献。

只有把中国特色社会主义与改革开放紧密结合起来,二者才能同时具有蓬勃的生机和活力,要坚持以中国特色社会主义理论体系为指导,不断推进改革开放,在新时代必须深入贯彻落实习近平总书记系列重要讲话精神,以马克思主义中国化的最新理论成果指导新的实践。

在实现中华民族伟大复兴的进程中,中国特色社会主义道路是实现途径,中国特色社会主义理论体系是行动指南,中国特色社会主义制度是根本保障,三者统一于中国特色社会主义伟大实践,这是党领导人民在建设社会主义长期实践中形成的最鲜明特色。① 因此，我们要坚定不移地推进改革开放，以改革开放强大的动力推进马克思主义中国化。

三、促进改革发展与保持社会稳定有机统一

没有改革开放，就没有中国的今天，也就没有中国的明天。当前，国内外环境都在发生广泛而深刻的变化，我国发展面临一系列突出的问题、困难、矛盾和挑战，为了破解和解决这些问题，我们"除了深化改革开放，别无他途"。改革是一项具有全面性、动态性等特征的系统工程，为推进改革开放，实现经济社会稳定和全面持续发展，必须准确把握、正确处理改革、发展、稳定在社会主义现代化建设中的重要关系。

社会主义市场经济体制初步建立以后，人们更加强调发展的重要性和必要性，更加鲜明地提出了"发展才是硬道理"的论断。在改革开放的进程中，改革进而开放是不可忽视的，但是发展和稳定同样重要，我们要坚持以改革促发展，在稳定的社会环境中深化改革、促进发展。邓小平反复强调，经济建设是一切工作的中心，改革是发展的动力，发展是改革的目的，稳定是改革和发展的前提。只有在稳定的社会环境中坚持改革经济体制和其他各个领域的体制，我们才能实现经济社会的健康发展；只有坚持发展，才能有效应对和解决中国面临的一系列问题和难题。

在党的十四届五中全会上，江泽民把改革、发展、稳定的关系列在社会主义现代化建设中需要正确处理的十二个重大关系之首。党的十五大报告强调，在社会主义初级阶段，准确处理改革、发展、稳定之间的关系，维护稳定的政治环境和社会秩序对改革和发展具有重要意义。当改革进入攻坚阶段，发展处于重要时期，维持稳定就十分重要。只有坚持从实际出发，有效解决人民内部矛盾；只有厘清改革、发展、稳定的关系，以全面深化改革的新蓝图、新愿景和新目标来指导改革进程，我们才能保护好、发挥好、引导好人民群众的改革积极性，才能使中国特色社会主义改革发展事业行稳致远。

---

① 胡锦涛.坚定不移沿着中国特色社会主义道路前进，为全面建成小康社会而奋斗[N].人民日报，2012–11–18.

（一）改革、发展与稳定的辩证关系

坚持以促进改革发展来保持社会稳定，首先要正确处理改革、发展、稳定三者的辩证关系，充分发挥三个环节强大的动力，推进经济社会的发展。

首先，改革是动力。改革是指打破现有的制度、政策和法律，不断地调整生产关系，使之可以推进社会生产力的发展。改革的本质就是解放和发展生产力，历史唯物主义的这个基本原理告诉我们，改革是一场只有进行时没有完成时的伟大变革，发展永无止境，改革未有穷期，这是社会存在和发展的客观要求和必然趋势。在社会主义现代化进程中，无论遇到多少困难险阻，我们必须坚持改革，坚持以改革促发展，如果没有改革，我们的社会只会变成一潭死水，永远停滞不前。

改革的重要性和必要性主要体现在：其一，改革是发展的动力，改革的根本目的和作用就是解决发展难题，不断推动社会进步。党的"一个中心，两个基本点"的基本路线，其中的中心就是经济建设，这就要求我们要积极调整社会生活中阻碍生产力发展的生产关系，不断激发社会活力。正是因为党和工作中心转移到经济建设上来，我们才能在20世纪末就基本解决了亿万人民群众的温饱问题。邓小平认为，建立社会主义经济体制是从根本上打破阻碍生产力发展的禁锢，这不仅仅是促进生产力，更是解放生产力。其二，改革是稳定的动力。虽然我们只有在稳定的环境中才能深化改革、促进发展，但是我们只有通过不断改革，才能真正实现社会稳定。如果一个社会拒绝同外部展开信息和能量交换，就会造成经济滞后、信息闭塞、文化腐朽等一系列不良后果，影响自身发展，最终与世界脱节、脱轨；但是一种制度，如果能做到主动进行自身调节和完善，推陈出新，就能够实现持续健康发展。因此，我们坚持从现实实际出发，不断用新的活力成分引导社会去破除陈旧的、不合理制度的禁锢，让所有能创造社会财富的积极因子活跃起来，才能真正实现社会的健康发展，真正让人民群众过上幸福、稳定、安康的美好生活，这便是全面深化改革对于稳定的重要作用。

其次，稳定是前提。稳定是改革、发展的重要前提和基础条件。这主要体现在：其一，发展需要稳定。这是我们在经历"大跃进""人民公社"等一系列运动得出的宝贵经验，在那段时间里，我们国家的发展水平飘忽不定、对前途和命运一片迷茫。正是因为当时没有正确认识自身情况，没有坚持客观的物质发展规律，没有制定与现实情况相符合的发展战略，才会走了一系列的弯路和错路。实践告诉我们，只有坚持稳中求进的工作基调，坚持正确认识自身的实际情况，坚持创造一个相对安稳的社会环境，我们才能健康持续地发展。其二，改革需要稳定。改革是由问题倒逼而产生，又在不断解决问题中得以深化。40多年来，我们党用改革的办法解决了党和国家事业发展中的一系列问题。新时期，旧的问题解决了，新的问题又会产生，因而改革既不可能一蹴而就，也不可能一劳永逸。面对长期深化改革的必然要求，面对不断解决新问题的必然情况，我们必须在稳定的环境中发展解决新问题，巩固已经取得的成果，"中国的问题，压倒一切的是需要稳定"[①]。

最后，发展是目的。在改革、发展、稳定之间的关系中，发展占据着最重要、最关键的地位，无论是改革还是稳定，最终都要回归于"发展"这一关键上。全面深化改革其实就是通过实践，使我国社会从经济文化较落后的国家转变为社会主义现代化强国，这本质上就是发展的过程。其一，改革的最终目的是想要促进发展。中国的改革是在社会主义原则下的改革，是在共产党领导下的改革，并且是以社会主义制度的自我更新和自我发展为直接内容，实现这一内容的过程就是发展的过程。稳定也是为了发展。稳定是一个相对而言的概念，只有不断解决在发展过程中遇到的新问题，不断解决社会矛盾和人民内部矛盾，才能为发展创造一个相对稳定的社会环境，只有在稳定的社会环境中，我们才能以更昂扬的斗志和更大的魄力实现更好的发展。因此，稳定是为了更好地发展，是发展阶段"质"的上升所必须具备的过程。其二，发展才是硬道理。这里的"硬"，是指发展是最重要的工作任务。只有坚持将发展作为一切工作的中心，才能深化改革、实现社会稳定。只有当人民群众的生活水平提高，社会生活各方面快速发展，我们才有信心实现中国梦，才有信心坚持社会主义理论、道路和制度，才能实现社会主义现代化强国的目标。

---

① 中共中央马克思恩格斯列宁斯大林著作编译局.列宁选集：第3卷［M］.北京：人民出版社，1993：284.

（二）在实践中正确处理改革、发展与稳定的关系

当前，我国正处于决胜全面建成小康社会的重要阶段，这个重要阶段也是改革的攻坚区和深水区，因此，如何顺利实现战略目标，如何更好地全面深化改革，都需要回归于正确处理改革、发展、稳定的辩证关系之中。厘清改革、发展、稳定之间的关系，为全面深化改革提供一个良好的局面，有利于提高我国生产力水平，推动我国经济社会全面发展，促进社会各领域的进步和发展，实现中华民族伟大复兴的中国梦。

党的十八届三中全会以来，党中央坚持问题导向，坚持在不断地解决问题中深化改革、促进改革，这是我们党坚持从经济发展进入新常态这个实际镜框出发做出的重要抉择。当前，除了投资下滑、内需不振、外需萎靡等原因外，深层次的原因使我国进入了结构调整的阵痛期，经济发展的内生动力不足。原先推动经济快速增长的投资驱动、资源驱动、内生因素渐渐消失，而以新的市场驱动、创新驱动推动经济增长的内生动力还未完全激发出来。在这种情况下，我们必须坚持推进改革，坚持扩大市场，充分发挥改革和市场的动力和活力，促进经济健康平稳发展。

促进发展必须要深化改革，改革的本质是解放和发展生产力。改革，重点在于清除阻碍生产力发展的障碍。当前，我国的经济体制还存在很多不完善的地方，需要进一步深化，健全社会主义市场经济体制、形成完善的开放的经济体系仍是一项艰巨的任务，这就要求我们要大胆探索、勇于实践，以无私无畏的勇气、开山劈林的毅力围绕改革的难点不断深入推进改革进程。40多年的改革历程证明，只有实现改革开放，我们才能最大限度地满足人民的精神文化需要，才能为社会主义发展注入生机和活力，才能实现经济、政治、文化、社会、生态的发展，才能实现社会主义的前进。

稳定是相对的、动态的。改革，就是为了打破旧稳定，实现质的飞跃后的新稳定。改革需要一个稳定的环境，稳定的环境为改革提供重要的前提条件；实现稳定也离不开改革，只有坚持改革，我们才能不断地解决新问题和新矛盾，为人民的安居乐业创造稳定的社会环境。离开了稳定的政治环境，我们的改革就无法健康进行。当国家陷入风雨飘摇之境，无法给人民提供安

定的生活环境时，再优秀的改革计划或方案也无法进行。因此，只有保持稳定的政治环境，我们才能为改革计划或方案的顺利实施提供物质前提；只有保持政策的稳定性，坚决拒绝朝令夕改，才能保证改革事业的顺利进行。因此，我们必须坚持四项基本原则，坚持专心建设四个现代化，坚持贯彻落实正确的经济体制改革的方针和政策，才能真正地发挥改革的生机与活力。同时，我们不能为了害怕影响稳定而放缓改革的步伐。我们必须认识到，只有坚定不移地推进改革，我们才能提高人民的生活水平，才能构造一个和谐稳定的社会环境。除此之外，改革也不能操之过急，我们要充分考虑社会的可承受能力，这样才能最大限度深化改革，用改革的成果促进社会稳定。

坚持发展中求稳与稳中求发展相结合。邓小平针对20世纪中后期的国内局势指出，稳定是压倒一切的。显然，只有创造一个和平稳定的环境，我们才能更好地推进社会主义现代化建设。发展是目的，稳定是前提。这就要求我们牢牢把握发展机遇，抓住机遇加快发展，坚持经济建设这个中心不动摇。实践证明，只有坚持发展，我们才能克服实际中遇到的挫折和困难；只有坚持发展，我们才能消灭剥削、消除两极分化和实现共同富裕，为最终实现共产主义打下扎实的物质基础；只有坚持发展，我们才能满足社会各方面的利益，才能维护社会稳定。但是，发展也不是盲目地发展，不能忽视客观情况和客观规律。发展，不仅重在关注增长速度，避免经济的大起大落，更要注意增长的质量和效益，在发展的过程中把握经济发展趋势，保持社会供需大致平衡。只有让人民看到稳定的好处，看到现行政策和制度的好处，我们才能真正赢得"民心"，才能让民心真正地稳定下来。因此，在发展中求稳定才能实现真正的发展。在发展中求稳定，就要保证经济稳定协调发展，既不能保持平缓的经济发展速度，也不能保持大起大落的经济运行态势，只有实现又好又快地发展，我们才能实现国富民强，才能真正以发展促稳定，以稳定促发展。

稳定是改革和发展的根本保证。我国正处于也将长期处于社会主义初级阶段，这就要求我们正确处理改革、发展、稳定三者之间的关系，坚持在稳定的政治环境和社会秩序中深化改革、促进发展。离开了稳定，我们的改革和发展就失去了前提条件，就无法真正地得以落实，就无法实现国富民强。

同时，改革和发展也是稳定的物质基础，没有改革和发展带来的胜利果实，人民就无法看到切实的利益好处，就无法真正地相信我们的党。举例来说，政府实行西部大开发战略，就是为了实现东中西部发展平衡，从而稳定全国大局；我们坚持共同富裕，就是为了促进整个国家的稳定发展，从而为社会主义现代化事业发展提供保证。因此，我们必须清楚地认识构建社会主义和谐社会与改革、发展、稳定的关系，协调各方的矛盾和利益冲突，实现经济、政治、文化、社会和生态协调发展，带领人民不断地艰苦奋斗、自力更生，从而实现建设社会主义和谐社会的目标。

新时代的改革、稳定、发展统一于全面深化改革中。面对多元多变的新环境，面对经济转型的关键时期，全面深化改革的任务更加艰巨和困难。面对现存的风险和挑战，如果无法坚持全面深化改革，我们在之前索取的成果很有可能尽数消失。因此，我们要在改革的整个过程中贯穿改革、发展、稳定三个关键节点，要在保持相对稳定的前提下，科学合理地调整和布局利益预期和利益增量，要以从大局考虑并兼顾各方利益为原则来规划和倡导改革方案，同时尽力减少改革会产生的困难和阻碍，把握好改革力度、发展速度和社会可承受程度之间的关系，以先易后难、层层递进、由外围到核心、从增量向存量的方式推行改革。全面深化改革是一项复杂的工作，必须加强顶层设计和整体谋划，加强各项关联性、系统性、可行性研究，要使各项改革措施在政策取向上相互配合、在实施过程中相互促进、在实际成效上相得益彰。

四、新时代全面深化改革的科学内涵

全面深化改革是党在新的时代条件下带领全国各族人民进行的新的伟大革命。中国人民的面貌、社会主义中国的面貌、中国共产党的面貌能发生如此深刻的变化，我国能在国际社会赢得举足轻重的地位，靠的就是坚持不懈地推进改革开放。全面深化改革是发展中国特色社会主义的不竭动力。

（一）新时代全面深化改革的基本内容

全面深化改革，是新时代坚持和发展中国特色社会主义的基本方略之一。在《中共中央关于全面深化改革若干重大问题的决定》中，明确规定了"全面深化改革"的科学内涵：全面深化改革的总目标是完善和发展中国特色社会主义制度，推进国家治理体系和治理能力现代化。

一般说来，国家治理体系和治理能力是一个国家制度建设和制度执行力的集中体现，国家治理能力则是指运用制度体系管理国家和社会各方面事务的能力，两者之间是相辅相成、密不可分的。实践证明，我们的国家治理体系和治理能力总体上是适应我国基本国情和经济社会发展要求的，但国家治理体系和治理能力现代化需要进一步推进的原因在于：需要从一元单向治理向多元交互共治的局面转变，"一方面，治理不再是政府一家唱独角戏，而是将政府的'他治'、市场主体的'自治'、社会组织的'互治'结合起来，形成政府、市场与社会协同共治的'善治'模式。另一方面，治理也不再是政府自上而下的单向教练，而是国家、社会与市场各归其位、各尽其责，双向共治的良性互动"①。

推进国家治理体系和治理能力现代化，就是要使国家治理体系制度化、规范化、程序化和科学化，使国家治理者善于运用科学思维、民主思维和法治思维等，善于依靠法律制度来治理国家，从而把中国特色社会主义的制度优势转化为治理国家的效能。

为此，我们必须坚持社会主义市场经济改革方向，强化市场在资源配置中的决定性作用，不断增强改革的系统性、整体性、协同性；要坚持走中国特色社会主义法治道路，坚持党的领导、人民当家作主和依法治国的有机统一，坚持法治国家、法治政府、法治社会一体建设，使国家治理、政府治理、社会治理等各个领域法治化；要坚决冲破思想观念束缚，破除利益固化藩篱，以勇于自我革命的政治自觉推进改革，努力开拓中国特色社会主义事业更加广阔的前景。

---

① 王逸吟.迈向现代治理体系[N].光明日报，2013-12-17.

1. 全面深化改革的总目标是完善和发展中国特色社会主义制度，推进国家治理体系和治理能力现代化

全面深化改革总目标的这两句话是一个整体，前后顺序不能颠倒，也不能缺少其中一句，否则意思将表达不完整、不全面。这项工程十分巨大，必须全面系统地进行改革，才能在国家治理体系和治理能力现代化上生成总体效应并取得总体效果。

改革有利于完善和发展中国特色社会主义制度。全面深化改革，重点在于积极调整和发展社会主义制度，探索符合社会主义本质的体制机制。坚持全面深化改革，在政治上要求完善中国特色社会主义制度，这就要求不断提高党的领导水平和执政水平，加强党的建设。面对复杂多变的世界形势和国内形势，为了提高我们党领导团结全国各族人民抵御风险、应对挑战的能力，我们必须坚持深化改革，不断提高党的执政能力，从而确保我们党可以充分发挥作为全国人民的主心骨的力量。只有从政治、经济、文化、社会、生态等各个领域坚实深化改革，对现存实际问题进行解决，将道路、理论、制度贯穿到全面深化改革中去，中国特色社会主义事业才能开创新局面。

推进国家治理体系和治理能力现代化。新时代的改革，并不是仅仅针对一两个领域，也不是领导人为获得政绩进行纸上谈兵的把戏，而是立足于现实形势任务发生的变化，从国家治理体系和治理能力的总体角度出发的实打实的全方位的各个领域改革。习近平指出："国家治理体系和治理能力是一个国家制度和制度执行能力的集中体现。国家治理体系是在党领导下管理国家的制度体系，包括经济、政治、文化、社会、生态文明和党的建设等各领域体制机制、法律法规安排，也就是一整套紧密相连、相互协调的国家制度。"[1]目前，我国的社会主义制度仍处于自我完善的重要阶段，这就要求我们要以科学高效的方法调整治理体系，使之适应当代社会的发展，构建体系化的治理结构，健全和增强国家治理体系和治理能力。国家发展、社会与人民稳定的制度体系也尚欠完备，要实现这一任务，就需要全面深化改革，要统筹各个领域，顾及国家大局，考虑广大人民群众的根本利益。

---

[1] 中共中央文献研究室.习近平关于全面深化改革论述摘编[M].北京：中央文献出版社，2014：24.

2. 坚持改革的社会主义方向

社会主义是一个需要不断发展、不断改革、不断完善的社会，这要求我们在改革的进程中要坚持正确的社会主义方向。近年来，改革在社会各个领域逐步进行，这一决策或被人质疑，或被人拥护，甚至还有人提出改革要转向所谓的资产阶级"民主化"，要向西方制度模式的方向转变，这其实是对我国社会主义改革的一种大肆曲解。邓小平在论述资本主义和社会主义民主的不同时曾指出，资产阶级的民主是垄断资本的民主，而我国实行的人民代表大会制度是共产党领导下的人民民主制度。实践证明，只要社会主义国家改革能始终坚持正确方向，社会主义制度和事业的前途就一片光明。所以，无论是改革开放初始阶段，还是全面深化改革阶段，都必须坚定自身立场不动摇。习近平总书记立足于世情、国情、党情和民情的变化，强调中国要坚持走和平发展道路，要增强战略思维和战略定力。习近平指出，全面深化改革是为了完善和发展中国特色社会主义制度，要始终坚定制度自信，要去除体制机制的弊端，预防落入"中等收入陷阱"和"西化分化陷阱"。在改革开放的过程中，难免会出现许多困难与曲折，难免会面临着国内外环境、思想观念和利益诉求分外复杂的局面，这就要求我们党和国家领导人明确政治定位，认清改革实质，把握改革方向，坚定政治定力和战略定力。习近平指出，要实行社会主义方向的"改革开放"，首先要谨慎清醒地对待西方问题，我们要改革的不是制度，而是制度中不完善的地方，要避免社会主义制度的改弦易张，改革开放的重点在于促进社会主义制度自我完善和发展。中国的发展历程充分表明，站在新的历史起点上，只有长时期地坚持改革开放，才能实现更好更快地发展。改革是中国的第二次革命，是党在新的历史条件下的新尝试。面对综合国力竞争愈加激烈、国际形势愈加复杂的发展环境，面对不断变化的社会主义建设的国内环境，把握新机遇、迎接新挑战、实现新发展是我们在新的环境下破解发展难题最根本的要求，这就使我国必须从根本上坚持改革的社会主义方向，实行全面深化改革，最终实现中华民族伟大复兴的中国梦。

3. 汇聚推进改革开放的强大力量

马克思主义是广大劳动者、人民群众的学说。群众路线是马克思主义的基本观点,以人民为中心、坚持人民主体地位是马克思主义的内在要求。马克思、恩格斯在批判鲍威尔、施蒂纳等人唯心的历史动力论和个人创造历史的错误观点中,揭示出人民主体的科学内涵及其实现途径,创立了人民主体观。历史唯物主义的基本观点有两个:一是物质资料的生产是人类社会赖以生存和发展的基础;二是人民群众是历史的创造者,是推动社会变革的决定性力量。前者考察了人类社会的发展进程,揭示了人民群众在社会历史发展中的主体地位;后者揭示了人民群众是推动社会不断发展、不断改革、不断完善的根本动力。因此,在全面深化改革的进程中,我们必须充分重视人民的主体地位,紧紧依靠人民,充分发挥人民的创造活力。

党的十八大以来,党高度重视人民群众的重要地位,坚持以推进社会公平正义、增加人民福祉为着力点进行全面深化改革。这就要求我们首先在深化改革的进程中,充分考虑人民的接受程度,充分考虑人民的立场和利益诉求,坚持以人民的根本利益的实现为出发点和落脚点,正确处理好涉及人民利益关系、利益诉求的改革事项。这就需要我们坚持以人为本的改革观,着眼于从群众利益谋划角度出发,厘清改革思路、制定改革举措,通过制度创新、措施创新、政策改革等各种方式有效解决社会中不公平、不公正的问题,让更多的改革成果惠及广大人民。其次,坚持鼓励人民创新精神。历史和实践多次证明,人民群众是社会发展和变革的决定性力量。毛泽东提出,当人民自己掌握着中国命运时,中国会如太阳一般绽放万丈光芒,照耀东方大地。我国是走尊重实践、尊重创造,以智慧推进下一步改革的道路,改革开放40多年的历史,就是在中国特色社会主义理论体系的指引下,广大干部群众冲破条条框框和各种观念的束缚,积极探索经济社会发展的新路子、新办法,大胆改革、创新创业的实践奋斗史。因此,党中央应该坚持历史唯物主义的立场和观点,遵循社会发展的客观规律,领导和带领人民探索经济社会发展的新路子和新方法,最大限度调动社会各方面的积极性,极大地焕发社会发展活力。最后,在全面深化改革过程中,要坚持人民主体地位和党的领导统一。我国是人民当家作主的社会主义国家,党始终秉承着人民利益第一的信念。习近平强调:"只有全党思想和意志统一了,才能统一全国各族人民思想和意志，才能形成推进改革的强大合力。"① 可以看出，密切联系群众是我们党最大、最突出的政治优势。改革离不开广大人民群众的共同奋斗，但更离不开党的领导，离开了我们的执政党，改革就失去了方向和目标，党的领导为全面深化改革指明前进的道路与方向，脱离人民群众是我党执政后面临的最大风险，这就要求在全面深化改革过程中坚持人民的主体地位和党的领导统一。

4. 把握全面深化改革的科学方法

当前，国内外环境都在发生极为广泛而深刻的变化，我国发展面临一系列突出的问题和挑战。党的十八大以来，我国的发展环境、发展条件等都发生了新的变化，社会主要矛盾也发生了新的变化。随着改革开放的深入和外部环境的变化，各种深层次矛盾和问题必然不断呈现，各类风险和挑战必然不断增多，如科技创新能力不强，产业结构不合理，农业基础依然薄弱，资源环境约束加剧，制约科学发展的体制机制障碍较多，深化改革开放和转变经济发展方式任务艰巨，城乡差距和居民收入分配差距依然存在，社会矛盾明显增多，就业、教育、医疗、住房等与人民群众密切相关的民生问题依然有待解决，一些领域存在道德失范、诚信缺失现象，一些基层党组织软弱涣散，个别党员干部理想信念动摇、宗旨意识淡薄，反腐败斗争形势依然严峻，等等。这说明，中国的改革进程仍面临着较大的问题和难题，这就需要我们以更敢作敢为、攻坚克难的勇气不断推进改革的进程。

中国的全面深化改革进程，就其深度和广度来说，已经达到一个新的历史高度，为推动改革的进程，我们必须把握全面深化改革的科学方法，有序地、协调地推进改革深入发展。为此，我们必须坚持马克思主义哲学方法论，不断总结改革开放的经验教训，科学系统地掌握全面深化改革的内在规律，坚持用中国特色社会主义规律指导全面深化改革的具体进程。习近平提出，在全面深化改革的过程中，要坚持解放思想和实事求是相结合、整体推进和重点突破相结合、顶层设计和摸着石头过河相结合，同时，坚持改革力度、发展速度、社会可承受度的结合等科学方法，为我国全面深化改革提供

---

① 习近平. 习近平谈治国理政［M］. 北京：外文出版社，2014：90.

有力指导。在改革的过程中，我们要坚持稳中求进，坚持"胆子要大、步子要稳"，坚持改革开放精神贯彻到治党、治国、理政的各个环节，毫不动摇地坚持改革方向，提高改革决策的科学性，增强改革措施的协调性，既要有大胆探索、勇于开拓的勇气和毅力，也要有三思而后行的态度和行为，谨慎思考，科学决策，不能孤注一掷，也不可毕其功于一役。

（二）新时代全面深化改革的意义

伟大的时代需要伟大的理论，伟大的理论指导伟大的实践。马克思曾经指出"理论在一个国家的实现程度，总是决定于理论满足这个国家的需要程度"[1]。十一届三中全会拉开的改革大幕不仅开启了我国经济社会全面发展的新局面，也有力地推动了马克思主义理论在我国的发展。新时期全面深化改革要求我们要不断将实践中产生的新经验理论化、体系化，形成中国特色社会主义理论体系，并在实践中自觉运用。全面深化改革思想源于实践、用于实践，具有较强的理论意义和深刻的实践价值。

新时代全面深化改革思想继承和发扬了马克思主义理论成果，其原则与方向是受科学社会主义理论影响的，而科学社会主义的主要内容是资本主义势必灭亡，社会主义势必胜利。习近平始终强调我们的改革是在中国特色社会主义道路上不断前行的改革，它是有方向和原则的，改革的政治定位始终与马克思的"两个必然"科学论断紧紧联系在一起。由此，我们所始终坚持的科学社会主义，对中国特色社会主义道路、理论、制度自信是具有科学依据的。[2] 马克思的剩余价值学说认为剩余价值规律发生作用是有条件的，是劳动力私有化、雇佣劳动成为劳动力存在的主要方式。我国的全面深化改革虽然强调市场的决定性作用，但不是说承担全部作用，不能变成"彻底的、完全的市场化"，而是市场作为主体的同时，政府的参与也是不可或缺的，只有市场和政府同时发挥作用，才能确保全面深化改革的原则方向，保持政治定力，使改革真正地惠及全体人民。

---

[1] 中共中央马克思恩格斯列宁斯大林著作编译局.马克思恩格斯选集：第3卷[M].北京：人民出版社，1995：719.
[2] 李捷.论马克思主义对全面深化改革的指导意义[J].马克思主义研究，2014（06）：5-8.

新时代全面深化改革促成了马克思主义中国化的理论飞跃，使马克思主义中国化发展到一个新高度。马克思主义中国化就是运用马克思主义的立场和观点解决中国的问题，即在不同的时代条件下，研究社会主义运动的规律，解决实践中出现的现实问题，在这个过程中形成既一脉相承又与时俱进的马克思主义发展的不同阶段。① 自中国共产党诞生的100年来，实现了毛泽东思想和中国特色社会主义理论体系的两次飞跃。全面深化改革是立足于马克思基本观点，并结合当代中国实际而提出的，体现了马克思主义中国化的本质和内涵。习近平强调改革开放只有新的起点，没有终点，创造性地提出改革新目标。全面深化改革的总目标是完善和发展中国特色社会主义制度，推进国家治理体系和治理能力现代化，这个目标点出了我党对新的历史条件下如何通过全面深化改革解决新问题、新矛盾进行了深入思考，表明了我党的道路自信、制度自信和理论自信，将全面深化改革上升到国家制度层面，增强了马克思主义中国化的生命力和创造力。

新时代全面深化改革思想具有意义深远的实践价值。自从改革开放后，我党一直将马克思普遍原理同中国具体实际相结合，使中国道路长远且稳定、国际地位提升、人民生活水平不断提高。在中国改革的关键期，运筹帷幄，从制度创新、改革重点以及现代化三个维度做出了具体的部署，变革与实践不相协调的体制机制，强化党的执政能力，增强党的执政水平，使中国特色社会主义的制度日趋成熟。分清市场和政府的边界，使二者优势都得到有效发挥，保证形成新的增长点和驱动力。强调人民共享改革的成果，改革涉及利益的调整，当今中国处于小康社会全面建成的决胜阶段，但是这一阶段的问题逐渐凸显，要解决这些问题，就需要坚持以人民为中心，不断提升人民群众的获得感、幸福感。习近平指出，改革开放造就了中国的今天，也将成就中国的明天。党的十八大以来，党在实践和理论上的路线、方针、政策都围绕着"全面、深化"而进行，这必将推动改革向更深层次发展。我们要接过历史的接力棒，继续奋力前进，认清社会现实，用清醒的态度去评价，用全面深化改革去巩固已有的成果，并推动我国社会向纵深方向发展。

---

① 包心鉴.全面深化改革——决定当代中国前途和命运的关键抉择［J］.中国延安干部学院学报，2014，7（01）：32-47.

第六章 中国特色社会主义建设的具体内容

中国特色社会主义理论体系是马克思主义普遍原理与中国具体实践相结合的产物，其理论的根本特性是理论与实践的统一。中国特色社会主义理论体系的对象和目的就是不断推进中国特色社会主义建设的实践发展，因此，中国特色社会主义理论体系与中国特色社会主义建设是内在一致的。而中国特色社会主义建设具体展现在经济建设、政治建设、文化建设、社会建设、生态文明建设等方面。可见，中国特色社会主义经济、政治、文化、社会、生态文明等方面的建设理论是中国特色社会主义理论体系的有机组成部分。

一、中国特色社会主义经济建设论

改革开放以来，我们党坚持以经济建设为中心，大力推进理论和实践创新，提出了改革开放和一系列关于经济发展的重要论点，这些理论观点形成了中国特色社会主义经济理论。中国特色社会主义经济建设的根本任务是解放和发展生产力，为了完成这一任务，必须毫不动摇地坚持以公有制为主体、多种所有制经济共同发展的基本经济制度。不断深化经济体制改革，完善社会主义市场经济体制，转变经济发展方式，推动城乡发展一体化，推进以人为中心的新型城镇化建设。认识、适应和引领中国经济发展新常态，改善经济发展的持续性、稳定性、协调性，不断增强经济发展的整体质量。

（一）中国特色社会主义经济制度和体制

基本经济制度是我们国家开展各项经济活动的基础。改革开放以来，我国坚持以马克思主义为指导，立足于我国社会性质和现实发展状况，确立了以公有制为主体、多种所有制经济共同发展的基本经济制度。在2016年至2020年的第十三个五年规划期间，仍然坚持以公有制为主体、多种所有制经济共同发展的基本经济制度；与此同时，毫不动摇地巩固和发展公有制经济，同时毫不动摇地鼓励、支持、引导非公有制经济发展。

收入分配制度是有关国民收入如何在不同经济主体和个人之间进行分配的制度总和，是确认分配方式的指导。在社会主义初级阶段，我们所要坚持的收入分配制度是以按劳分配为主体、多种分配方式并存。只有坚持以按劳分配为主体，才能保证我国社会主义市场经济的发展方向，才是防止两极分化、最终实现共同富裕的重要保障。而只有多种分配方式并存，允许劳动、资本、技术、管理等生产要素按贡献参与分配，才符合多种所有制经济共同发展的客观要求，有利于调动各经济主体的积极性，从而推动经济发展和国民财富的增长。

社会主义市场经济体制，就是在社会主义公有制的基础上，在国家宏观调控下充分发挥市场在社会资源配置中的决定性作用，更好发挥政府作用的经济体制。邓小平认为，只有如何促进社会生产力的发展才是至关重要的，社会主义和市场经济并不冲突，二者之间不存在根本矛盾。我们党带领人民，在长期的探索过程中，在全国范围内逐步建立起社会主义市场经济体制。发展社会主义市场经济，需要坚持在社会主义现代化建设进程中实现公有制经济与非公有制经济共同发展。我国改革开放的实践充分证明，公有制经济与非公有制经济在社会主义市场经济发展过程中，是完全可以结合和统一起来的。实现这种结合和统一，关键在于保障社会主义和市场经济优势互补、相互促进。党的十八届三中全会以全面深化改革为主题，做出了《中共中央关于全面深化改革若干重大问题的决定》（以下简称《决定》），在《决定》中指出，经济体制改革的核心问题是处理好政府和市场的关系，使市场在资源配置中起决定性作用和更好发挥政府作用。这是一个重大的理论突破，是我国改革理论在新的历史条件下的重大发展。

当前，一方面，我国社会主义市场经济体制已经建立，市场化程度大幅提升，我们对市场规律的认识程度和驾驭能力不断提高，经济市场趋于稳定和健康，宏观调控体系更为健全，对这个问题从理论上做出新表述的主客观条件逐渐成熟。另一方面，我国的社会主义市场经济体制已基本建立，但在完善的过程中也出现了一些问题与矛盾，主要是市场秩序不规范，以不正当手段谋取经济利益的现象时有发生；生产要素市场发展滞后，要素闲置和有效需求得不到满足并存；市场规则不统一，地方保护、市场封锁、政府职能部门间相互扯皮的情况时常出现；市场竞争不充分，阻碍优胜劣汰和结构调整。为此，我们必须继续深化经济体制改革，使市场在资源配置中发挥决定性作用，坚持和完善基本经济制度，加快完善现代市场、宏观调控与开放型经济的体系，加快转变经济发展方式，加快建设创新型国家，促进更加高效、公平、可持续的经济发展。

在社会主义市场经济中，坚持以按劳分配为主体、多种分配方式并存的制度，这种制度充分体现了效率与公平相统一的原则。在不影响人们创造财富积极性的前提下，加强政府对收入分配差距的调节，不仅是政府的职责，而且是社会主义的本质要求。公平与效率是经济社会发展的两大基石。虽然在我国，由于种种原因，公平与效率还会出现矛盾，而且一定的收入差距还往往是追求效率的必要代价，但是，我们是社会主义国家，发展市场经济只是一种手段，最终目的是实现广大劳动者的根本利益。

（二）全面深化经济体制改革

经济体制改革是全面深化改革的重点，是社会主义经济制度和体制的自我完善，是符合生产力不断发展客观规律的要求。当前经济体制的改革主要包括市场与政府之间的关系、收入分配制度、财税体制等多个方面的改革与完善。

1. 使市场在资源配置中起决定性作用和更合理发挥政府作用

全面深化经济体制改革的核心问题是处理好市场与政府的关系，实际上就是要处理好资源配置中市场起决定性作用与政府起决定性作用的关系。

习近平曾提出，社会主义市场经济的发展，不仅需要市场，也需要政府，二者缺一不可，但市场和政府在社会主义市场经济中发挥的职能是不同的。要发挥市场在资源配置中的决定性作用，需要进一步深化经济体制改革，加快市场化进程，市场体系要健全完善，竞争机制要公平开放，价格规律要以市场为主体，从而逐步完善金融市场体系和机制。

但是，由于市场机制作用具有一定的自发性、盲目性，市场主体为获得自身利益最大化有可能与社会共同利益发生冲突，所以我们应该充分发挥政府的作用来弥补市场机制的失灵。政府不是市场的对立面，而是市场经济稳定运行和健康发展的必要条件，更好地发挥政府的作用，必须转变政府的职能。现在政府职能转变还不到位，需要在经济体制改革上做好"减法"和"加法"。做"减法"，就是要进一步下沉部分权力，减少对经济的干预，以此增加市场的活力。"转变政府职能需要放权，以发挥地方的积极性和主动性，但并不是说什么权都要下放，该下放的当然要下放，但该加强的也要加强，有些职能搞得太分散反而形不成合力。"① 所以，政府在经济体制改革上还要做好"加法"，不断完善政府的宏观调控和经济治理机制，要加强各类经济政策手段的协调与配合，不断增强宏观调控的战略性、前瞻性、针对性与协同性，以此加强市场监管的能力，维护市场秩序，解决市场外部性问题，以弥补市场这只"看不见的手"的失灵。

2. 推动收入分配体制改革

改革开放以来，收入分配差距扩大逐渐成为经济改革和社会发展过程中的重大问题，因此，推动收入分配体制改革，建立合理有序的收入分配格局，是全面深化经济体制改革的重要内容之一。

在国民收入的初次分配环节，要完善按劳分配和按要素分配的实施机制。一方面，要着重保护劳动所得，要努力实现劳动报酬增长与劳动生产率的同步提高，保证劳动报酬在初始分配中占据一定的合理比重，逐步完善工资正常增长机制、支付保障机制和最低工资增长机制，实施企业工资集体协商制度；另一方面，要健全资本、技术、知识、管理、专利等要素由市场决定的报酬机制，多渠道增加居民财产性收入。在国民收入的再分配环节，要综合运用税收、社会保障、转移支付等手段，规范收入分配秩序，完善收入分配管理机制和政策体系。因此，我们应加快构建个人收入和财产信息系统，保护合法收入，调节过高收入，规范隐性收入，取缔非法收入，不断提高低收

---

① 中共中央文献研究室. 习近平关于全面深化改革论述摘编[M]. 北京：中央文献出版社，2014：52.

入劳动者的收入,提高中等收入劳动者的比重,努力缩小城乡之间、区域之间与各行各业之间的收入分配差距,最终形成橄榄型分配格局。

3. 全面推进财税体制改革

财政是国家治理的基础和重要支柱,财税体制在治国安民中占据着基础性、制度性和保障性地位。随着形势的新变化,现行的财税体制已不能完全适应转变经济发展方式的需要,因此推进财税体制改革成为全面深化经济体制改革的重要内容之一。

财税体制改革的重点,一要完善预算管理制度,加强预算约束,规范政府行为,实现有效监督,加快建立健全规范和公开的现代预算制度;二要深化税收体制改革,优化税制结构,完善税收功能,稳定宏观税负,推进依法治税,建立有利于科学发展、社会公平、市场统一的税收制度体系;三要协调中央和地方的财政关系,建立事权和支出责任相适应的制度,在保持中央和地方收入格局大体稳定的前提下,进一步理顺中央和地方的收入划分,合理划分政府间事权和支出责任,促进权力和责任、办事和花钱统一。

(三)主动适应和引领经济发展新常态

我国经济发展进入新常态,这是党中央基于我国基本国情、科学分析国内外经济发展形式、针对我国经济发展阶段做出的一个重大战略判断。面对我国经济发展步入新常态的发展阶段,我们党必须以敢有作为的毅力和勇气,带领人民主动适应和引领经济发展的新常态。

转变发展方式,调整经济结构。在新常态阶段,实现由主要依靠增加物质资源消耗向主要依靠科技进步、劳动者素质提高和管理创新的转变对我国转变经济发展方式意义重大。加快推动转变,一要强化生产的需求导向,促进经济增长由以投资、出口为主转变为以消费、投资、出口协调拉动经济增长;二要积极发展第一、第三产业,促进经济增长由以第二产业带动转变为以依托第一、第二、第三产业协同发展带动经济增长;三要推动战略性新兴产业与先进制造业的健康发展,以科学技术的发展促进我国经济从工业化向新型工业化转变。

实施创新驱动发展战略。科技是国家强盛之基,创新是民族进步之魂。

创新驱动发展战略的实施是一项系统工程，需要从以下四个方面稳步推进：一要紧扣发展，牢牢把握科技创新的正确方向；二要强化激励，大力集聚各种类型的创新人才；三要深化改革，建立健全创新的体制机制；四要扩大开放，全方位加强国际合作。

强化经济金融风险防控。以有效的经济治理和宏观调控来防控经济金融风险，是适应和引领新常态的重要内容。逐步化解金融风险，必须建立健全各类风险防控的体制机制，标本兼治、对症下药。一是处理好增长和转变的关系，在保证中高速经济增长的前提下有步骤地推动产业结构调整，避免经济过度失速可能造成的失业及社会问题。二是改革和完善金融市场制度，强化金融市场服务于实体经济发展的功能，抑制金融投机和虚拟经济泡沫。三是建立和规范债务管理及风险预警机制，特别要控制和化解地方政府性债务风险。

促进城乡发展一体化。城乡经济发展的不协调，是我国经济社会发展中最突出和最现实的一大难题，也是全面建成小康社会、加快推进社会主义现代化必须得到有效解决的最困难、最艰巨的任务。要坚持中国特色农业现代化道路，加快推进中国特色农业现代化，转变农业发展方式，创新农业生产经营体制，促进增加农民的收入和新农村建设，使农村成为农民安居乐业的美丽家园。要推进以人为中心的新型城镇化，有序推进中国特色的城镇化，使之与农业现代化发展相协调，推进农业转移人口的市民化，提高城镇建设用地利用效率，建立多元可持续的资金保障机制，优化城镇化宏观布局和微观空间治理，提高城镇建设和管理水平。要加快完善城乡一体化发展的体制机制，关注农村发展，推动新型农村建设，提高农民生活水平，促进城乡公共资源平等分配，加快构建城镇化健康发展体制机制。

全面提升开放型经济水平。首先，必须继续推进对外贸易增长，加快转变外贸增长方式，优化对外贸易结构，促进国内产业结构的升级，促进我国经济核心竞争力的提升，从而创造出我们新的比较优势和竞争优势，实现中国经济与世界经济的互接互补，实现从贸易大国向贸易强国的转变。其次，必须深化"引进来"、加快"走出去"战略，大力引进国际先进技术、管理和人才，优化外商投资结构，进一步放宽外商投资准入的限制范围，促进各领域有序开放，统一内外资法律法规，维护稳定、透明、可预期的外资政策，积极主动地参与经济全球化，有效利用国外的可利用的、合乎需要的市场和资源，以此来弥补国内经济发展中资源和市场的不足，拓展国际市场空间，增强市场活力。最后，推进"一带一路"建设。"一带一路"倡议规划是基于经济全球化新形势下提出的发展规划，包括"丝绸之路经济带"和"21世纪海上丝绸之路"。在推进"一带一路"建设的过程中，要坚持共商、共建、共享三原则：共商，就是集思广益，兼顾相关各方的利益和关切，体现各方的智慧和创业；共建，就是各施所长、各尽所能，把各方优势和潜能充分发挥出来，持之以恒加以推进；共享，就是让建设成果更多更公平地惠及"一带一路"沿线的各国人民，打造更紧密的利益共同体和命运共同体。

二、中国特色社会主义民主政治论

当前，随着我国经济社会发展水平的不断提高，人民群众参政议政的积极性和主动性不断增强，因此，坚持正确的政治方向，保证人民当家作主，扩大社会主义民主，建设社会主义法治国家，是我们在新时代坚持中国特色社会主义政治发展的客观要求。

（一）人民民主是社会主义的本质和生命

人民民主是社会主义的生命，也是中国革命、建设和改革的主要目标和重要条件。"没有民主，就不可能有社会主义。"[1]中国共产党从诞生之日起，就矢志不渝地以实现人民民主、保障人民民主权益为己任；中华人民共和国从成立之日起，就坚定不移地以人民民主为根本政治特征，确立了人民民主专政的国家制度。民主作为一种国家形态和国家制度，在不同时代和不同国家具有不同的内容和形式。在我国实现和发展人民民主的历史进程中，中国共产党在借鉴世界各国民主政治建设的经验的基础上，从中国实际出发，走出了一条中国特色社会主义政治发展道路。

---

[1] 中共中央马克思恩格斯列宁斯大林著作编译局.列宁全集：第1卷[M].北京：人民出版社，1985：168.

1. 坚持党的领导、人民当家作主和依法治国的有机统一

现今，建设以人民当家作主为本质和核心的民主政治，一方面，必须要坚定不移地坚持共产党的领导，这是人民当家作主的根本保证。实现人民当家作主是中国共产党矢志不渝的奋斗目标。习近平在党的十九大报告中指出，社会主义政治发展的必然要求就是坚持党的领导、人民当家作主和依法治国的有机统一，这表明了党的领导和人民当家作主之间的关系。只有坚持党的领导，才能坚持中国民主发展的社会主义方向，才能实现符合客观规律、符合人民的愿望和诉求的社会发展，才能让人民当家作主和依法治国具有可靠的保障。另一方面，必须要坚持依法治国的基本方略，实现民主的制度化、法律化，这是人民当家作主的可靠支持和制度保障。中华人民共和国成立以来，我们在民主政治建设进程中，不断积累正反两方面的经验和教训，事实证明，实现人民当家作主，关键在于制度和法制建设。

2. 坚持和完善社会主义的各项政治制度

中华人民共和国成立以来，我们在民主政治建设方面的经验教训表明，只有不断完善民主制度、丰富民主形式、拓宽民主渠道，坚持和完善社会主义基本政治制度，才能真正保障和落实人民当家作主的权利和地位。中国特色社会主义政治制度，符合中国国情，具有历史渊源和现实基础，适应社会主义民主发展的规律性要求，必须矢志不渝地坚持。新时代，社会经济的发展水平和人民政治参与积极性不断提高，需要不断完善这些基本政治制度，以保证人民当家作主真正落实到国家的政治和社会生活之中。

（二）全面依法治国

社会主义民主和法治是有机统一的，全面依法治国是中国特色社会主义的本质要求和重要保障，它关系着我们党执政兴国、关系着人民幸福安康、关系着党和国家长治久安，它的总目标是建设中国特色社会主义法制体系，建设社会主义法治国家。

1. 全面依法治国是社会主义民主政治的基本要求

全面依法治国、建设社会主义法治国家，是中国特色社会主义民主政治的基本要求，是党和政府管理国家和社会事务的基本方略。

依法治国是实现人民当家作主的根本保证。自从1949年中华人民共和国成立以来，我们党和国家在建设社会主义民主政治方面取得了巨大成就，但也存在着较大的弊病。加强法治建设，使民主制度化、法律化，是人民当家作主的根本保证。没有法制的保障，社会主义民主不可能得到充分的实现和健康的发展，那种"不要社会主义法制的民主，不要党的领导的民主，不要纪律和秩序的民主，决不是社会主义民主"①。

依法治国是社会文明和谐、国家长治久安的标志和保障。保障社会公平正义、促进社会和谐是发展中国特色社会主义的重大任务。实现社会的文明和谐、国家的长治久安，不能靠人治而必须要靠法治。依法治国既是社会文明和谐的基本标志，又是国家长治久安的重要保障。社会文明的程度在很大程度上是根据法律在国家和社会生活中的地位和作用来判别的，而依法治国则是现代国家的基本治理形式，也是现代文明的主要内容。法治代表文明，法治实现和谐，法治带来稳定，法制促进发展。因此，必须加快社会主义法治国家建设，依靠法治协调利益关系、解决社会矛盾、保障公平正义、加强社会管理、维护国家安全、促进社会和谐，实现全社会文明水准的不断提高。

2. 全面依法治国是国家治理的一场深刻革命

依法治国涉及经济、政治、文化、社会等各个领域和立法、司法、行政、监督、宣传教育等各个环节，关乎全体人民的切身利益，需要巩固前提、抓好关键、夯实基础。

坚持科学立法、民主立法，完善中国特色社会主义法律体系，这是全面依法治国的根本前提。社会主义国家的立法权属于人民，以宪法为核心的法律体系以实现人民当家作主，保障公民经济、政治、文化、社会等多种权利为根本宗旨，各项法律必须体现人民的意志、代表最广大人民群众的根本利益，尊重和保护人权。立法工作要坚持走群众路线，切忌闭门造车和少数人说了算，要围绕党和国家的工作大局，从社会的客观需要出发，突出重点，不断推进。

依法执政、依法行政、依法办事、公正司法，这是全面依法治国的关键。

---

① 邓小平. 邓小平文选：第2卷［M］. 北京：人民出版社，1994：359.

首先，中国共产党要依法执政，提高执法守法意识，严格按照宪法、法律办事，各级党组织和党员要自觉地在宪法和法律范围内活动。任何组织或者个人都必须尊重宪法法律权威，在宪法法律允许的范围内，依法行使权力或履行义务，坚决拒绝出现超越宪法法律的特权和行为。其次，各级政府要依法行政，建设法治政府，确保权力正确行使。针对某些行政机关有法不依、执法不严、违法不究、法制观念淡薄、服务意识缺乏等消极现象，应该不断改革现行的行政管理体制。大力推进执法公开，提高行政工作的透明度，加大人民群众的监督力度，使各级政府严格按照法定权限和程序行使职权、履行职责，不断提高行政执法水平。最后，司法机关要公正司法，提高执法水平，维护社会公平正义。深入促进公正司法，应该着力优化司法职权配置，健全司法权力分工负责、相互配合、相互制约的制度安排。要加强政法机关队伍建设，做到以事实为根据，以法律为准绳，严格、公正、文明执法。

加强法制宣传，提高公民意识，弘扬法治精神，这是全面依法治国的基础性工程。只有人民真心支持和信仰法律，人民才会自觉维护法律权威，人民权益受法律保护，法律权威要靠人民维护。在我国这样一个有着人治传统、缺乏现代公民意识和法治观念的国家，公民意识和法治精神的宣传、培育对于实现社会转型、建设社会主义法治国家而言，有着极为重大的作用。提高全社会的公民意识，其主要内容就是树立社会主义民主法治、自由平等、公平正义的理念。要充分利用报刊、广播、电视、互联网等多种传媒，通过党校、行政学院、干部学院等教育培训基地，在家庭、学校、社会各方面，加强公民意识和法治精神的教育、培养和研究工作，切实增强全社会的公民意识和法治观念，不断推进依法治国、建设社会主义法治国家的历史进程。

（三）积极稳妥推进政治体制改革

中国特色社会主义事业之所以取得举世瞩目的成就，一条基本的经验，就是要坚定不移地发扬社会主义民主。改革开放以来，在发展有秩序的民主构想下，我们党一直积极稳妥地推进政治体制改革和社会主义民主政治建设。正是在民主的保障下，中国的经济实现了腾飞，中国的发展取得了历史性的巨大成就。为此，基于过去的历史经验和教训，基于中国特色社会主义发展布局，基于全面深化改革的发展要求，我们必须积极稳妥地推进政治体制改革。

政治体制是一国政治制度得以运行和发挥作用的体制安排，其中包含了政治制度运行的组织体系、功能结构、工作机制和程序安排。政治体制改革强调的是通过优化运行机制和实用功能，不断增强国家政治制度管理国家、治理社会、保护人民的能力，这是国家政治制度的自我完善和发展，并不是从根本上改变政治制度。

1. 积极稳妥推进政治体制改革，是适应经济社会发展不断深化的需要

改革开放以来，中国经济社会的发展发生了巨大变化。从农村到城市，从沿海到沿江沿边，从东部到西部，中国社会开展了历史上前所未有的大改革大开放，这种大改革大开放成功实现了从高度集中的计划经济体制，转向蓬勃发展的社会主义市场经济体制的历史转变，实现了从封闭半封闭的发展局面到全面扩大开放的历史性过渡。唯物史观告诉我们，经济和政治是辩证统一的。在一定条件下，政治或超前于经济发展或滞后于经济发展，但在总体上，政治必须适应经济发展的客观需要。只有积极稳妥地推进政治体制改革，才能增强党和国家的活力；只有发挥社会主义政治制度的优点和特性，才能不断激发并提高人民群众的参与性和主动性，促进经济发展和社会全面进步。

2. 积极稳妥推进政治体制改革，是适应人民群众政治参与积极性逐渐提高的需要

随着社会主义市场经济体制的建立健全与社会主义民主政治的不断发展，广大人民群众的政治参与积极性普遍提高。人民政治参与积极性的不断提高，对现行政治体制提出了许多亟待解决的重大课题：如何改变人民群众在政治参与的结构、规模等方面的不平衡性，实现在选举、决策、管理、监督等各层次、各领域的全方位参与，切实保障人民群众依法享有的各种权利；如何应对社会利益格局分化的现实以及由此带来的社会纷争，广泛吸纳不同意见和建议，最大限度代表民意、整合利益、引领社会，提高公民政治参与的有效性，扩大党执政的社会基础；如何加快制度和法律建设，从各个领域、各个层次扩大公民的有序政治参与，实现政治参与的有序化，防止社会失序。

为了解决这些课题,适应人民政治参与积极性不断提高的客观要求,必须对政治制度、体制机制不适应、不完善的部分进行改革,使基本政治制度更加巩固。

3. 积极稳妥推进政治体制改革,必须遵循我们党所确立的基本原则和方针

一是要坚持中国共产党的执政地位,发挥党总揽全局、协调各方的领导核心作用,保证党领导人民有效治国理政;二是要坚持以人民为中心,国家的一切权力属于人民,充分保证公民在各个层次、各个领域都可以有序参与政治生活;三是要坚持依法治国方略,确保国家各种工作法治化和规范化,尊重公民的合法地位,保障公民的合法权益;四是坚持社会主义政治制度的优点和特性,不断促进社会主义政治制度化、规范化和程序化,为国家长期稳定提供政治与法律制度的有力保障。

改革开放以来,我国在政治体制改革中虽然取得了一定的成果,但是面对新的国内外发展环境,我们的政治体制改革仍是一个长期的、艰巨的任务。新时期,积极稳妥地推进政治体制改革的主要任务是:坚持和确保人民可以通过合理合法渠道行使国家权力,推动人民代表大会制度与时俱进,健全立法起草、论证、协调、审议机制,完善"一府两院"是由人民代表大会产生、对人民代表大会负责、受人民代表大会监督的制度,健全人大讨论并决定重大事项制度,完善代表联系群众制度,充分发挥人民代表大会制度的根本政治制度;健全社会主义协商民主制度,在事关经济社会发展的重大问题上、在涉及人民群众切身利益的实际问题中,充分发挥协商的重要作用,坚持在决策之前实行全社会广泛协商;完善基层民主制度,健全基层选举、议事、公开、述职、问责等机制,推动群众在城乡社区治理、基层公共事务和公益事业中依法自我管理、服务、教育和监督;深化行政体制改革,深入推进政企、政资、政事分开,建立职能科学、结构优化、廉洁高效、人民满意的服务型政府;建立健全权力运行制约和监督体系,把权力严严实实地关进制度的笼子,严防"牛栏关猫",使权力运行守边界、有约束、受监督;巩固和发展最广泛的爱国统一战线,正确处理政党与政党之间、民族与民族之间、宗教与宗教之间、海内外同胞之间的关系等,促进社会稳定团结,鼓励各阶层人士积极投身于中国特色社会主义建设。

三、中国特色社会主义先进文化论

加强中国特色社会主义先进文化建设，是坚持中国先进文化前进方向的必然要求，是建设社会主义和谐文化的目的使然，是完善中国特色社会主义事业总体布局的本质要求。在新的历史起点上，要牢牢把握社会主义先进文化的前进方向，推行社会主义核心价值观，传承和弘扬中华优秀传统文化，提高国家文化软实力，实现文化大发展大繁荣。

（一）发展社会主义先进文化的战略意义

我们党历来重视先进文化在社会发展进程中的重要作用，强调先进文化建设的战略意义。我们必须从社会主义事业繁荣发展、中华民族伟大复兴以及人的自由全面发展的高度，深刻把握建设精神文明、发展先进文化的战略意义。

1. 先进文化是中华民族文化自信的灵魂

习近平在党的十九大报告中指出，中华优秀传统文化是中国特色社会主义文化之源，熔铸于党领导人民所创造的革命文化和社会主义先进文化，植根于中国特色社会主义伟大实践。这段话不仅昭示了伟大的中国特色社会主义文化的内容构成，而且向世人展示了我国人民群众的文化自信。文化自信的灵魂之所以是社会主义先进文化，主要在于它彰显了中华民族的文化理念自信、文化动因自信和文化胸怀自信。

社会主义先进文化以广大人民为价值立场，通过宣传教育、对话交往、文化实践等多种形式，引导人们广泛树立社会主义核心价值观，共同践行中国梦，从而赢得了文化自信和价值认同。文化自信的核心在于文化的创新，先进文化之所以比别的文化先进，就在于它具备核心的原始创新的能力，在创新中彰显我们的民族特色，在创新中凸显中国风格和中国气派，从而显示了文化自信的力量。社会主义先进文化是一种开放包容的文化，它与各种文化多元共存、交流互鉴，取长避短，和谐共处。我们在学习借鉴外族文化时，既谦虚谨慎又始终保持文化主体意识；在向外传播中国文化时，要充分尊重外族文化的差异性和民族性，以宽广的胸怀与不同的文化和谐共生，从而展现了中华文化繁荣的局面。

2. 发展先进文化是中华民族伟大复兴的重要内容

文化是一个国家、一个民族的灵魂，是民族生存和发展的重要力量。在人类社会文明进程中，每一次跃进和升华都伴随着文化的历史性进步。先进文化的繁荣发展是中华民族伟大复兴重要的组成部分。面对当今世界各种思想文化相互激荡的大潮，面对国家发展和人民生活改善对文化发展的要求，面对社会文化生活多样活跃的姿势，先进文化为中华民族伟大复兴提供思想保证。在中国历史上，天下兴亡、匹夫有责的爱国精神，"民为贵，社稷次之，君为轻"的民本理念，和而不同的和合思想，革故鼎新的创新精神，惩恶扬善、恪守正义的社会美德等，对中华民族的发展、进步、稳定和统一发挥了极为关键的作用，他们是实现中华民族伟大复兴的强大动力。

实现中华民族伟大复兴对国民的素质和能力提出了更高的要求，加强精神文明建设，大力发展教育科学文化事业，提高人的素质，先进文化为中华民族伟大复兴提供智力支撑。

3. 先进文化建设是丰富人民精神生活的迫切需要

党的十九大报告提出，中国特色社会主义进入新时代，我国社会主要矛盾已经转化为人民日益增长的美好生活需要和不平衡不充分的发展之间的矛盾。社会主义文化建设的根本目的就是要不断满足人民群众日益增长的精神文化需求。改革开放以来，人民群众的生活质量和精神面貌发生了新的变化，一方面，社会主义核心价值体系深入人心，良好思想道德风尚进一步弘扬，全民族的科学文化素质得到提高；另一方面，也出现了信仰、信心、信念危机，一部分人出现了精神迷茫和痛苦、认识混乱和偏差、心理焦虑和失落、行为盲目和无序等消极现象，人民群众的精神文化需求在内容、结构、形式、层次等方面也发生了新的变化。新时代，人民群众对文化权益的实现和保障意识更加强烈，建立健全公共文化服务体系的愿望更加迫切，精神文化消费的层次愈趋丰富，对文化产品内容的要求不断提高，对文化产品表现形式的要求越来越多样，多方面、多层次、多样性的文化需求对先进文化建设提出了新的更高的要求。因此，建设先进文化是丰富人民精神生活的迫切需要，是满足人民群众美好生活需要的现实实践。

（二）培育和践行社会主义核心价值观

社会主义核心价值观，是社会主义核心价值体系的高度凝练和集中表达，是社会主义核心价值体系的内核，深刻反映其根本性质和基本特征。社会主义核心价值观的基本内容是"富强、民主、文明、和谐、自由、平等、公正、法治、爱国、敬业、诚信、友善"，这凝练的24个字代表了社会主义核心价值观在国家、社会和公民三个层面维护国家长治久安、引领社会和谐进步和促进个人全面发展的目标要求，这既体现了社会主义的本质要求，也汲取了中华优秀传统文化的营养，借鉴了他国文明的精华，反映了社会主义先进文化的发展要求，是集本来、外来、未来于一体的中国精神和价值。

1. 巩固马克思主义在意识形态领域的指导地位

能否抓好意识形态工作，直接关系到党的前途命运、国家长治久安和民族凝聚力和向心力。因此，我们必须高度重视意识形态工作的重要性，坚持始终把意识形态工作领导权和话语权牢牢把握在手中，不断巩固马克思主义在意识形态领域的指导地位，坚定不移地用崇高的信仰、科学的主义、坚定的信念解决关于中国特色社会主义信念的问题，用科学理论武装头脑，加强理想信念教育，坚持把全面系统地掌握马克思主义作为我们党和人民的看家本领，在社会的各个方面、各个领域加强中国特色社会主义宣传教育，坚持以中国特色社会主义的伟大旗帜引领全国各族人民共同团结奋斗。坚持解放思想、实事求是、与时俱进、求真务实，不断进行理论创新、文化创新、制度创新，不断地总结和完善党领导人在创造"中国奇迹"中的成功经验和教训，并将其形成具体的理论，不断推进马克思主义中国化的具体化、时代化、大众化，用发展着的马克思主义指导新的实践。

2. 使社会主义核心价值观内化于心、外化于行

社会主义核心价值观是一种价值理念，是一种指导思想，我们每个人都应该将其巩固在我们的脑海之中，成为我们的精神追求。只有每个人脑海里都有了关于社会主义核心价值观的"深刻印记"，我们才能不断地去发扬、去落实、去巩固。思想是行动的先导，行动是思想的根本目的。因此，社会主义核心价值观不应该仅仅内化于心，更重要的是外化于行。只有充分发挥模

范榜样作用和领导干部的带头作用,用他们的行为方式去带动周围的群众,只有将社会主义核心价值观的内容和要求逐渐渗透到各所学校的日常教育教学中,才能真正使社会主义核心价值观的种子在人民群众、在青少年的心中生根发芽,才能发挥社会主义核心价值观最大的精神力量。我们可以通过多种文化形式,形象生动地表现出社会主义核心价值观,发挥精神文化产品的潜移默化作用;可以在社会各个领域开展理想信念教育,坚持进行中国特色社会主义和中国梦宣传教育,要积极引导各种各样的社会思潮,从而坚定人们的道路自信、理论自信、制度自信和文化自信。只有坚持要把社会主义核心价值观与人们日常生活紧密联系起来,坚持用核心价值观的要求健全各行业的规章制度和行为准则,才能让社会主义核心价值观成为人民群众日常工作生活的基本准则。

(三)传承和弘扬中华优秀传统文化

中华优秀传统文化是中华民族的精神命脉,为了提升国家软实力,把我国建设成为社会主义文化强国,实现中华民族伟大复兴,必须要继承和发扬中华优秀传统文化,不断推陈出新,促进中华优秀传统文化创造性转化和创新性发展。

1. 中华优秀传统文化具有重要的历史意义和时代价值

中华优秀传统文化来源于中华民族的历史实践,在历史实践中形成的独特的精华成为推动中华民族不断发展的强大动力,促进中华文明在发展历程中延续数千年而未中断,促进中华民族形成团结统一的政治局面,促进中华儿女以强大的中华民族精神维护民族独立,抵抗外来入侵,为推动社会发展进步不懈奋斗。中华优秀传统文化,包含了丰富的不断发展的哲学思想、人文精神和道德理念等,这些文化为党带领人民认识世界和改造世界、治国理政和道德建设提供了有益启示。

2. 中国共产党始终是中华优秀传统文化忠实的继承者和弘扬者

中华优秀传统文化,是中华民族最深刻、最具有活力的基因。在长期革命、建设和改革的时期,党带领人民形成了"红船精神""井冈山精神""延安精神""西柏坡精神"等一系列独特的、传统的精神,坚持把马克思主义基本原理同中国具体实践相结合,不断地指导中国的社会主义实践。事实证明,无论是过去、现在还是将来,只有在中国共产党的带领下,我们才能科学地对待传统文化,吸收其中精华并剔除糟粕;才能不断延续过去的民族文化血脉,并不断向前进取与展望未来,最终以强大的精神动力开拓辉煌的事业。

3. 不断推动中华优秀传统文化创造性转化、创新性发展

建设先进文化要做到继承和发展有机统一,经过时代的发展,之前传承下来的传统文化中难免存在一些与中国特色社会主义不相适应协调的内容,这使得中华优秀传统文化需进行创造性转化、创新性发展,需使中华优秀传统文化与先进文化相互融合,共同服务于以文化人、以文育人的时代任务。要以科学的态度对待中华优秀传统文化,要把弘扬优秀传统文化与发展先进文化有机结合起来。全面地整理中华优秀传统文化资源,不断加深对解释中华优秀传统文化的思想精华和时代价值的分析,系统地理顺中华优秀传统文化的历史渊源、发展脉络和基本走向,讲清中华优秀传统文化的独特创造、价值理念、鲜明特色,增强我国的文化自信。要大力宣传中华优秀传统文化,将中国优秀传统文化以大众更加喜闻乐见的形式进行弘扬,及时占领网络等现代媒体阵地,对当前网络及校园中流传的一些肆意否定中国优秀传统文化、否认中华民族五千年文明史、否认中华民族的民族英雄和民族精神的历史虚无主义思潮,我们应站在大教育视野下进行审视和批判,唱响主旋律,注入正能量。

(四)提升国家文化软实力

面对当今世界综合国力竞争的新态势和我国经济社会和文化发展的新特征,以习近平同志为核心的党中央更加重视"建设社会主义文化强国,增强国家文化软实力",反映了我们党高度的文化自觉和文化自信,明确了国家文化软实力的全局意义和发展路径。

1. 深化文化体制改革,夯实国家文化软实力的根基

习近平多次提出深化文化体制改革,增强国家文化软实力的新课题,要求我们坚持走中国特色社会主义先进文化发展道路,深化文化体制改革,弘扬社会主义先进文化,切实增强全民族文化创造活力,让一切文化的创造源

泉充分涌流，推动社会主义文化大发展大繁荣。政府部门应该严格遵照"政企分开"与"政事分开"的原则，厘清党政部门与其所属的文化企事业单位的关系，实现政府部门由"办文化"向"管文化"转化，规范传播秩序，健全坚持正确舆论导向的体制机制。要构建覆盖城乡的公共文化服务体系，保障人民基本的文化权益，构建公共文化服务体系协调机制，推动基本文化服务均等化，最大限度地满足群众文化需求。要加快文化产业发展，推动文化产业成为国民经济支柱性产业，坚持把社会效益放在首位，构建现代文化产业体系，形成以公有制为主体、多种所有制共同发展的文化产业格局，建立健全现代文化市场体系，完善文化市场准入和退出机制。要加强对文化产品的引导，树立为人民服务的文化理念，坚持社会主义文化方向，遵从文化多样性，在全社会激发文化创作的活力，提高文化产品质量。

2. 提高国家文化软实力，提升国际话语权

国家文化软实力直接影响着一个国家的综合国力。中国应该不断扩大对外开放，积极主动地向世界输出中国的价值观念，展示中华文化的独特内涵。事实证明，只有不断增强文化软实力，我们才能有效应对当代中国和当今世界的广泛而深刻的变革和变化，才能实现中华民族的伟大复兴。这要求加强对中国特色社会主义道路、理论体系、制度的提炼和阐释，丰富对外传播平台和载体，扩大对外开放，以积极主动的姿态进行国际交流，展示我国的高度文化自信。民族文化是一个民族区别于其他民族的独特标识，要努力展示中华文化的独特魅力，坚持政府主导、企业主体、市场运作、社会参与，健全人文交流机制，创新人文交流方式，通过运用大众传播、群体传播、人际传播等各种途径扩大对外文化交流，不断推进中华文化走向全世界。只有以理服人、以文服人、以德服人，才有利于塑造我国的国际形象，才能让我国形象在世界上愈加闪亮。

四、中国特色社会主义社会建设论

建设社会主义和谐社会是中国特色社会主义事业总体布局和全面建成小康社会全局的重大战略任务，是建设富强、民主、文明、和谐、美丽的社会主义现代化强国的内在要求，表明了我党对中国特色社会主义事业的深刻认识，具有重要的理论和实践意义。

（一）建设社会主义和谐社会的必要性

社会主义和谐社会建设与人民幸福安康息息相关。坚持改善民生，大力推进和谐社会建设符合人民意愿。加快推进社会主义和谐社会建设既是社会主义的本质要求，也与建设中国特色社会主义事业的成败有一定的关系。

1. 社会主义和谐社会建设是社会主义的本质要求

加快推进社会主义和谐社会建设是现代社会发展的必然要求，这既体现着人类社会发展的一般规律，也是社会主义本质的内在规定，是建设和发展中国特色社会主义的题中应有之义。

从马克思主义的观点来看，国家最初产生于社会，是从社会分化出来的管理机构，国家权力不过是作为统治阶级维护其统治地位的一种"特殊的公共权力"而存在，而且这种权力应该随着社会化进程的发展不断回归社会，在更高的社会发展水平上恢复其公共权力的本性。而在国家"合理"存在的时期，国家仍然要承担起社会管理的职能，"政治统治到处都是以执行某种社会职能为基础，而且政治统治只有在它执行了它的这种社会职能时才能持续下去"[①]。因此，加强对社会的管理，大力推进社会建设是国家的基本职能，是对执政党的执政要求。

解放和发展生产力，实现共同富裕，是社会主义的本质要求和基本原则，我们建设社会主义就是要在生产力不断提高的基础上，不断提高大众的生活质量和生活水平，满足大众对美好生活的向往，实现社会和谐和共同富裕。以改善民生为重点，加快推进社会主义和谐社会建设，是我们党在新的历史条件下牢牢把握社会主义本质特征的集中体现。

2. 社会主义和谐社会建设是社会主义建设事业的重要组成部分

我们党对中国特色社会主义建设事业总体布局的认识，是随着改革开放的推进而不断深化的。1986年《中共中央关于社会主义精神文明建设指导方

---

① 中共中央马克思恩格斯列宁斯大林著作编译局. 马克思恩格斯选集：第3卷 [M]. 北京：人民出版社，1995：523.

针的决议》指出，我国社会主义现代化建设的总体布局是"以经济建设为中心，坚定不移地进行经济体制改革，坚定不移地进行政治体制改革，坚定不移地加强精神文明建设……使这几个方面互相配合，互相促进"①。在党的十六大报告中，"社会更加和谐"和"经济更加发展、民生更加健全、科教更加进步、文化更加繁荣、人民生活更加殷实"一起被列为全面建设小康社会的目标。在党的十七大报告中，明确把"社会主义和谐社会"作为社会主义事业整体布局的组成部分，并专门列出"加快推进以改善民生为重点的社会建设"一章。习近平在党的十九大报告中提出"坚持在发展中保障和改善民生"，提升人民的幸福感和获得感，实现每个人自由而全面地发展，不断增进民生福祉。这一切都说明，中国特色社会主义和谐社会建设是中国特色社会主义建设事业不可或缺的重要组成部分。

3. 推进社会主义和谐社会建设是当代中国发展的现实需要

经过全党和全国各族人民的共同努力，我国社会主义建设事业取得了很大的进展，经济社会建设成就显著，人民生活水平有了很大的提高。但是必须看到，我国社会主义建设事业在总体和谐与进步的基础上，还存在着一些亟待解决的矛盾和问题。例如，城乡、区域经济发展不平衡；劳动就业、社会保障、收入分配、教育卫生、居民住房、安全生产等方面关系群众切身利益的问题还比较突出；社会管理体制机制不完善等问题与大力推进和谐社会建设的要求还不适应。这些问题如果不解决好，社会不和谐因素就会大大增加，必然严重影响社会主义建设事业的健康发展。

新时代，社会建设作为一项重大战略任务，繁重而艰巨。全党全国各族人民紧紧维护中国共产党的权威，坚持以习近平新时代中国特色社会主义思想为指导，统筹推进"五位一体"总体布局，协调推进"四个全面"战略布局，全力推进全面建成小康社会进程。我们要在党中央的领导下，勠力同心，攻坚克难，加强和谐社会建设，推进社会主义的整体发展，实现中华民族伟大复兴的中国梦。

---

① 中共中央文献研究室.十二大以来重要文献选编：下[M].北京：人民出版社，1998：1173-1174.

（二）推进社会主义和谐社会建设必须以改善民生为重点

社会建设作为社会主义建设事业总体布局中的一个重要组成部分，内涵丰富，涉及面广，是一项庞大而复杂的系统工程。党的十九大报告中提出："增进民生福祉是发展的根本目的。必须多谋民生之利、多解民生之忧……不断促进人的全面发展、全体人民共同富裕。"强调改善民生在推进社会主义和谐社会建设中的重要性。

1. 努力办好人民满意的教育

教育是民族振兴和社会进步的基石，中国未来发展归根到底靠人才，人才培养的基础在教育。全面贯彻党的教育方针，按照优先发展、育人为本、改革创新、促进公平、提高质量的要求，深化教育改革，推动教育事业科学发展；优化教育结构，促进教育公平，合理配置教育资源，统筹城乡义务教育资源均衡配置；推进考试招生制度改革，探索招生和考试相对分离机制，从根本上解决一考定终生的弊端；不断推动管办评分离，拓展省级政府教育统筹权和学校办学自主权；支持指引社会力量兴办学校；增强师德师风建设，提升教师业务水平，鼓励优秀人才终身从教。

2. 实现更高质量的就业

就业是民生之本。实施更加积极的就业政策，努力实现更高质量的就业，是建设和谐社会的重要目标和保证，也是党立党为公、执政为民性质的具体体现。实施就业优先战略和更加积极的就业政策，健全统一规范灵活的人力资源市场，为劳动者提供优质高效的就业服务；明确政府在实施促进就业战略中的职责，创立经济发展和扩大就业的联动机制，完善政府促进就业责任制度；改善促进就业的政策支持体系，建立政府激励创业、社会支持创业、劳动者勇于创业新机制；健全城乡统筹、区域统筹和群体统筹的就业机制，创新劳动关系协调机制，构建和谐劳动关系；健全政府扶助、社会参与的职业技能培训机制，强化公共就业服务，为劳动者免费提供就业政策法规咨询、职业指导和职业介绍等服务。

3. 不断增加人民收入

和谐社会的建设需要公正的收入分配制度。深化收入分配制度改革，规范收入分配秩序，提高城乡居民收入，建立科学合理、公平公正的收入分配体系，是当前社会建设的一个重要方面。不断提升居民收入在国民收入分配中的比例，增加劳动报酬在初始分配中的比重，越来越多的发展成果更加公平地由全体人民共享；完善工资决定和正常增长机制，健全最低工资和工资支付保障制度；改善由资本、知识、技术和管理等要素市场决定的报酬机制，多种方式增加居民财产性收入；健全以税收、社会保障、转移支付为主要手段的再分配调节机制，提高税收调节力度；规定收入分配秩序，健全收入分配调控机制和政策体系，保护合法收入，调节过高收入，清理隐性收入，取缔非法收入，增长低收入者的收入，逐步形成橄榄型分配格局。

4. 建立覆盖城乡的社会保障体系

社会保障是民生之福，民生之盾。社会保障体系在确保人民群众基本生活，维护基本权益，促进社会公正，建设和谐社会中发挥着极为重要的作用。进一步完善以城镇职工基本养老保险，城镇职工和居民基本医疗保险、失业保险、工伤保险和生育保险为主要内容的社会保险体系，并逐步提高统筹层次；针对我国具体国情，建立多元化、多层次的社会保障体系，在完善基本社会保险体系之外，要积极开展新型农村合作医疗制度建设，完善城乡居民最低生活保障制度；积极发挥商业保险的补充作用，大力发展与支持慈善公益活动，积极开展社会救助，实现城乡救助全覆盖；进一步明确政府社会保障责任，突出社会保障在促进社会公平中的作用，充分发挥政府调节收入分配、维护社会公平、提供均等公共服务的职能，要加大对社会保障的投入，不断提高政府财政支出中社会保障支出所占的比重。

5. 保障人民健康水平

健康是人全面发展的基础，是国民素质的体现，关系到千家万户的幸福。建立基本医疗卫生制度，人人享有基本卫生保健服务，提高人民群众健康水平，是人民生活质量改善的重要标志，是建设和谐社会的重要目标。要明确政府职能，强化政府责任，充分发挥政府的主导作用，认真制定卫生发展规划，大力调整财政支出结构，逐年加大政府卫生投入，建立稳定的经费保障机制；加强公共卫生服务体系建设，扩大国家基本公共卫生服务项目，建立覆盖城乡居民的基本卫生保障制度、覆盖城乡居民的不同形式的医疗保险制度、新型农村合作医疗制度和城乡医疗救助制度；完善以国家基本药物制度为基础的药品供应保障体系，确保药品质量和安全；完善公共卫生和医疗服务体系，加强公共卫生体系建设。

（三）推进社会治理创新

1. 改进社会治理方式

加速建立党委领导、政府问责、社会协同、公众参与、法治保障的社会治理机制，使政府治理、社会自我调节和居民自治之间产生良性互动，逐步推动系统治理。要强化党在社会治理中的领导作用，把党的领导贯穿于社会治理的全过程，同时，充分发挥服务型政党的作用，提高党引领社会、服务社会、治理社会的能力。要发挥政府主导作用，转变职能，克服包揽一切的现象，管好应该管的，放弃不该管的，真正担负起政府应尽的责任。要促进社会治理多元主体的联动，不断发展和完善社会组织，强化社会组织参与社会治理的责任。要鼓励人民群众参与，不断发扬人民群众自我治理和自我发展的作用，提升公众的自治能力。

依法治理是运用法治思维和法治方式化解社会矛盾，实现从管控规制向法治保障转变。要树立依法治理理念，在现代社会治理中坚持法治思维，形成人人学法、懂法、用法的良好社会环境。要建立和完善社会治理的法制法规，使政府、社会组织和公民的行为都有法可依，防止权力的滥用，维护公民权利和公共利益。要坚持严格执法，社会治理必须以法律法规为依据，严格执行有法可依、有法必依、执法必严、违法必究的原则，努力把社会各项治理纳入法制化轨道。

综合治理是实现社会治理手段由单一向多种、综合运用的转变。要强化道德约束，让人们的内心充满对道德的敬畏，自觉接受道德的约束。要规范社会行为，通过自律、互律、他律的方式，把政府、社会组织、公民个人的行为尽可能纳入社会的法律、法规和道德行为的规范之内。要协调利益关系，实现利益关系调整，由行政命令向协商对话方式转变。要用社会治理的方式解决社会问题，充分利用利益主体之间的沟通、对话、协商机制，对共同面临的社会问题、社会矛盾进行民主协商，以求同存异的原则加以解决，化解社会矛盾，促进社会和谐。

源头治理是实现治理环节从事后处置转向源头治理的科学管理方式。在社会治理中，要注意把维护当前利益与维护长远利益结合起来，在解决实际问题时，把重心从治标向治本转变，使社会治理的关口前移，尽可能地减少社会矛盾和社会冲突。要以网格化管理、社会化服务为方向，使网格化管理成为社会治理的重要方式，推进社会治理的科学化管理。要构建利益诉求平台，把矛盾化解在源头，有效化解利益冲突、平衡利益关系。总之，源头治理的目标就是要使社会不稳定因素消除在萌芽状态，达到科学管理社会的目的。

2. 激发社会组织活力

激发社会组织活力，核心是要处理好政府与社会组织的关系，在政府职能转变上实现新突破。政府要勇于放权，凡是社会组织能够办理和提供的社会事务和社会服务，尽可能以适当方式交由社会组织承担，促进社会组织明确权责、依法自治、发挥作用。

从社会组织的发展来看，无论是发展规模，还是发展的成熟度，同我国社会治理发展需要都有一定的距离。我国社会组织因资源匮乏，在社会治理中难以发挥应有的功能。同时我国社会组织缺乏有效的法律法规支撑，在社会治理中的定位不准、目标不明，导致行为失范现象时有出现。因此，要真正激发社会组织活力，就需要加强和改革社会组织管理，按照国家治理体系和治理能力现代化的要求，加快社会组织立法，引导社会组织依法开展活动，使社会组织成为权责明确、依法自治的现代社会组织体。

3. 强化社会治理中的法治建设

法治是社会治理的核心内容，是创新社会治理体制的重要前提和保障。法治使社会治理体制更具科学性和规范性，使社会治理活动更具合理性和有序性。政府、社会组织和公民在参与社会治理活动时，必须遵守法律，并在法律范围内行使权力、履行义务、承担责任，使社会治理在合法、合理和有序中进行。社会治理实践表明，随着社会治理的不断发展，社会治理的法律支撑愈显薄弱，社会治理中的立法远远落后于实践的发展。因此，要充分发挥法治在社会治理中的作用，促进社会治理走向法治化，就必须重视和加强社会治理中的立法建设。

4. 加强城乡社区基层社会治理

城乡社区是社会治理的重心，如何把资源、服务和管理放到基层，使基层有权有职有物之后更快更好地为大众提供精确有效的服务，是社会治理的重要任务。要提高乡村、社区治理能力，完善其服务体系，使社会治理落到实处，坚持乡村、社区党组织的领导，落实乡村、社区行政的责任，明确乡村、社区治理的多元主体，尽可能地整合社会组织等各种力量参与社会治理，最终才会实现社会治理的目的。合理配置城乡社区资源，促进公共服务均等化，发挥财政政策的调控、引导功能，使财政政策向民生政策倾斜，推动社会公共资源更多地向乡村、社区投入，促进公共服务均等化发展。要强化乡村、社区常态化治理，集中力量把人民群众反映强烈的事情办妥，建立正常反应和诉求机制，以社会需求和矛盾化解为导向，创新社会危机治理，协调利益关系，化解社会矛盾，切实为人民群众办实事、解难事。

五、中国特色社会主义生态文明论

绿水青山就是金山银山，建设生态文明是与人民的福祉和民族的未来息息相关的，是实现中华民族伟大复兴的重要战略任务。在坚持马克思主义生态文明思想的核心内容、批判地继承中外生态文明思想的合理部分、深入分析国内外生态文明建设实际经验的基础上，中国共产党在实践过程中逐渐提出并完善了中国特色社会主义生态文明建设理论。这一理论是符合中国特色社会主义事业发展要求的理论，同时也是中国特色社会主义理论体系不可缺少的组成部分。

（一）生态文明建设是建设中国特色社会主义的战略选择

党的十八大提出了中国特色社会主义"五位一体"总体布局，党中央把生态文明建设放在改革发展和现代化建设全局位置，坚持绿色发展理念，加强生态文明体制改革，逐渐形成生态文明建设和环境保护新局面。生态文明建设是我党根据中国现代化建设的实际，在总结人类文明发展进程中的经验教训的基础上而做出的一种正确的战略选择。

1. 生态文明建设是人类文明发展的必然趋势

人类文明迄今为止经过了三个时期：原始文明、农业文明与工业文明时期。在原始文明时期，人类的消费量基本可以忽略不计；到了农业文明时期，人类的发展对自然生态的负面作用还不是很大；进入工业文明时期，世界工业化的发展使人类征服自然的能力达到极致，一系列全球性生态危机说明当前的各项生产生活已经严重超出了地球的承受能力范围。早在20世纪上半叶，发生在英国、美国、日本等国的"八大公害事件"，已经暴露出了发达国家实现工业化所带来的人与自然关系的紧张和生态破坏。20世纪七八十年代，随着发达国家现代化的实现，一系列的全球性环境问题开始全面爆发。我国在现代化的发展进程中也已意识到，"人类的经济社会活动不可超越自然生态系统的承载阈值，超过了这个阈值就要遭受大自然的无情报复"[①]。党的十九大报告提出，坚持人与自然和谐共生，建设生态文明是中华民族永续发展的千年大计。

2. 建设生态文明是中国特色社会主义的应有之义

中国特色社会主义既要坚持科学社会主义的基本原则，又要立足于中国的现实国情，势必需要以生态文明的标准来进行建设。从科学社会主义的基本原则来看，社会主义的本质特征和核心价值在于创建一种以实现人的全面发展为宗旨，以真正满足属于人的功能和需求为主要内容的存在方式，中国特色社会主义坚持这样一种本质特征和核心价值，必然会通过建立人与自然之间的和谐联系，即创立生态文明作为建立这样一种生活方式的重要条件，这就决定了必须把建设生态文明作为一项重要的战略任务。中国人多地少，环境容量有限，生态环境十分脆弱。这样的基本国情使得我们不能走"先污染、后治理"的路子，必须重视生态文明，坚持绿色低碳的生产生活方式。

3. 生态文明建设是全面建成小康社会的需要

党的十八大以来，生态文明建设被提到了更高的重视程度，成为全面建成小康社会的重要环节。我国更加重视生态文明建设的重要性和必要性，积

---

① 黎祖交，缪宏，孔令首.姜春云 跨入生态文明新时代[J].绿色中国，2009（11）：20–27.

极主动推进生态文明建设。在这个过程中,绿色发展理念逐渐深入人心,人们坚持绿色发展的自觉性和主动性明显有所提高,有效改善了人们漠视生态环境保护的情况,生态文明建设颇有成效;逐步建立了生态文明制度体系,逐渐完善主体功能区制度,加速推进国家公园体制试点的工作进程;"节约资源"的理念和行为得到贯彻和落实,能源资源消耗强度明显下降;不断推进重大生态保护和修复工程,森林覆盖率不断提升;生态环境治理显著增强,环境状况获得改善;主动引导应对气候变化国际合作,努力成为全球生态文明建设的重要参与者、贡献者和引领者。生态文明直接影响着中华民族的永续发展,只有坚持走生产发展、生活富裕、生态良好的文明发展道路,才能不断延续中华民族的发展脉络。

(二)中国特色社会主义生态文明建设的理论内涵

中国特色社会主义生态文明建设理论,是我们党和国家领导人在继承和发扬马克思主义生态思想的基础上,在伟大的现实实践中逐渐形成的丰富的思想体系,是中国特色社会主义理论体系不可或缺的重要组成部分。

1. 绿水青山就是金山银山理念

习近平在湖州安吉调研时,提出了著名的两山理论,用金山银山和绿水青山的概念解释了经济发展与环境保护之间的关系,这一理论为我们建设生态文明、建设美丽中国提供了根本遵循。农产品、工业品、服务产品虽然在人类生活中是必不可少的,但生态产品同样是人类生活中不可或缺的资源,人们的生活渴望更新鲜的空气和更充足的各种能源。在之前,人们之所以忽视保护环境,忽视节约资源,没有及早提出"生态产品"这一概念,是因为大自然向我们无限量、免费不断地供应。正是因为无限量和免费,正是因为人类思维的狭隘性,所以在经济发展过程中,我们常常忽视生态代价,常常为了追求短暂的经济红利而盲目地浪费资源和污染环境,所以在今天,我们出现了能源紧张、资源短缺、生态退化、环境恶化、气候变化、灾害频发等一系列环境问题,造成清新的空气、清洁的水源、舒适的环境这些之前是免费的资源,在今天变得越来越稀缺。事实上,绿水青山就是我们发展的资源,就是我们在发展过程中需要的生态产品。

2. 绿色发展理念

实现绿色发展，关键就是要解决好人与自然和谐共生问题。坚持绿色发展，促进生态文明建设，一定要采用扎实的举措，不搞形式主义，坚持走绿色低碳循环发展之路，构建绿色发展方式和生活方式。改革开放40多年来，中国经济发展已经取得了显著的成就，但在经济发展的过程中也付出了巨大的代价。资源的过度使用以及污染物的排放，不仅影响了人民的生活质量，而且给我国发展带来了极大的隐患。因此，坚持走绿色发展道路，加速建立尊崇自然、绿色发展的生态体系，寻求更佳质量效益，形成资源节约、环境友好的生产生活方式，让青山常在、清水长流、空气清新成为人民群众生产生活的良好环境，为子孙后代留下可持续发展的、充满生机和活力的"绿色银行"。

3. 人与自然和谐共生理论

生态文明不仅是人类社会进步的巨大成果，也是人类文明发展的必然趋势。一部人类文明的发展史，就是一部人与自然的关系史，实现中华文明永续传承，必须要求尊重自然、保护生态。良好的生态环境是人类文明发展的前提和基础，违背自然、破坏生态，则不可避免地威胁人类文明的存续。实现人与自然和谐协调发展，最为根本的在于正确认识人与自然的关系。长期以来，在以"人是自然的主人和拥有者""人是万物的尺度"为核心的思想影响下，自然界仅仅被当作人类利用、改造、征服的对象，人与自然的关系日趋紧张。马克思主义认为，"我们对自然界的整个支配作用，就在于我们比其他一切生物强，能够认识和正确运用自然规律"[1]。在《自然辩证法》中，恩格斯曾指出，居民毁灭了森林从而得到了耕地，但这些耕地后来都变成了不毛之地，这些不毛之地就直接影响着可持续发展。生态与人类文明的关系体现了生态文明在人类文明形态中的历史方位，深刻揭示了人类文明发展规律。面对资源约束趋紧、环境污染严重、生态系统退化的现实情况，迫切要求我们重新审视人与自然的关系，要形成尊重自然、顺应自然、保护自然的生态文明理念，高度重视生态文明建设在中国特色社会主义建设中的重要位置，

---

[1] 马克思恩格斯文集：第9卷[M].北京：人民出版社，2009：560.

努力推动人与自然和谐协调发展。

4. 可持续发展理论

实现经济社会和生态的协调发展是可持续发展的实质,可持续发展重在"可持续",这要求我们坚决抵制急功近利、目光短浅的发展行为。可持续发展,"发展"强调的是关注经济社会的发展需要,"可持续"强调的是要关注以后子孙后代的发展需要,这就要求我们在遵守经济发展规律和自然发展规律的前提下,将经济社会效益的实现和生态环境效益的保护置于同样重要的地位。实施可持续发展战略,需要重新审视生态与生产力的关系,牢固树立保护生态环境就是保护生产力的理念。习近平提出,山水林田湖草是一个生命共同体,要根据生态系统的整体性、系统性和内在规律,统筹考虑自然生态各要素,实行整体保护、系统修复、综合治理。因此,我们要克服把保护生态与发展生产力对立起来的传统思维,形成政府主导、企业和社会各界参与、市场化运作、可持续的生态补偿机制,坚持以两山理论来规范和指引社会经济发展。

5. 资源节约型、环境友好型社会的理论

建设资源节约型、环境友好型社会,是对经济发展与资源环境关系的创造性回答,它要求在社会的生产、分配、流通、消费等各个过程中与在经济社会发展的各个方面中,通过合理利用各种资源来提高利用效率,以最少的消耗获取最大的产出,同时在经济社会发展中保护好生态环境,使经济社会发展与生态环境建设融为一体。目前,中国工业化、城镇化的快速发展加剧了资源短缺的矛盾,环境受到污染,生态安全受到影响。需要坚持节约优先、保护优先、自然恢复为主的方针,建立节约资源和保护环境的空间格局、产业结构、生产方式、生活方式,致力于建立望得见山、看得见水、记得住乡愁的美丽中国。必须加速转变经济发展方式,构建节约能源资源和保护生态环境的产业结构、增长方式和消费模式,坚决禁止掠夺自然、破坏自然的做法,增强国民经济整体素质和竞争力,提高生态文明水平。

(三)新时代生态文明建设的实现路径

党的十九大明确提出把我国建设成为富强、民主、文明、和谐、美丽的社会主义现代化强国的目标，在此后的实践过程中，我们也始终在为这一目标做出努力，切实加强社会主义生态文明建设，为建设美丽中国、实现中华民族永续发展而不断努力。

1. 实施严格的国土生态保护

国土是生态文明建设的空间载体，是我们赖以生存和发展的家园。我国辽阔的陆地国土和海洋国土，是中华民族繁衍生息和永续发展的家园。优化国土空间开发格局，不仅是生态文明建设的重要内容，也是推动区域协调发展的战略措施。

加快实施主体功能区战略。构建主体功能区，是改进国土空间开发格局和促进区域协调发展的重大举措，也是现在生态文明建设的紧要任务。首先，根据对全国陆地国土空间土地资源、水资源、环境容量、生态系统脆弱性、生态系统重要性、自然灾害危险性、人口集聚度以及经济发展水平和交通优势度等因素的综合评价，推进形成主体功能区，着力构建我国国土空间的"三大战略格局"。一是构建"两横三纵"为主体的城市化格局；二是构建"七区二十三带"为主体的农业发展格局；三是构建"两屏三带"为主体的生态安全格局。其次，积极实施主体功能区战略，要切实处理好政府与市场、区域的主体功能与其他功能、主体功能区与区域发展总体战略等一系列关系，强化主体功能定位。

加强海洋资源科学开发和生态环境保护。我国是海洋大国，在海洋有着广泛的战略利益。推进海洋生态文明建设，要继续坚持规划用海、集约用海、生态用海、科技用海和依法用海，积极实施《全国海洋主体功能区规划》，推动海洋经济发展和海洋环境保护的双赢。一是要通过整体性、长远性、战略性布局，建立健全海洋空间和资源规划体系，实行功能管制和规模控制双管齐下。二是处理好保障发展与保护资源的关系，优化用海布局，调整用海结构，加快转变海洋经济发展方式。三是树立敬畏海洋、保护海洋理念，把开发活动严格限制在海洋资源环境承载能力范围内，维持海洋生态平衡，实现海域使用生态效益与经济效益最大化。四是加强海洋科技创新，推动海洋关键技术转化应用，大力发展海洋战略性新兴产业。五是不断完善海域管理制度体系，严格执行海域管理法律法规和政策。

2. 转变发展方式

人与自然本就是相互依存、相互联系的整体，对自然界绝对不能只索取不投入、只利用不建设，保护自然环境就是保护人类，建设生态文明就是造福人类。促进资源得到高效循环的利用，使生态环境受到严格的保护，加快转变经济发展方式，建立节约资源和保护环境的空间格局、产业结构和生产方式，才能不断促进经济社会发展。

推进绿色发展。绿色发展奉行环境友好型的生产方式和生活方式，一方面，发展新的绿色化产业，形成科技含量高、资源消耗低、环境污染少的产业结构和生产方式，实现经济效益、生态效益、社会效益相统一，达到生态和经济两个系统的良性循环。另一方面，通过力戒奢侈浪费和不合理消费，用绿色来衡量自己的消费行为，节水、节电、节能，支持垃圾分类和可再利用资源回收，形成自然、环保、节俭、健康的生活方式。

推进低碳发展。低碳发展就是以低碳排放为特征的发展方式，主要是运用技术创新、制度创新、产业转型、新能源开发等多种方式，以减少煤炭、石油等能源消耗，不断降低温室气体排放，完成经济效益、社会效益和生态效益的有机统一。通过推动产业结构调整，加速构建节能减排降碳工程，加强节能低碳技术支撑，逐步加大财税政策扶持，推行市场化节能减排机制等各种方式，使低碳经济真正成为促进社会可持续发展的推进器。

推进循环发展。循环发展本质上是一种生态经济发展模式，它把经济系统纳入自然生态系统的物质循环过程中，使经济活动呈现为"资源—产品—再生资源"的反馈式流程，是对"资源—产品—废弃物"单向直线发展模式的根本变革。20世纪90年代之后，发展循环经济成为世界各国重要的发展战略，我国也开启了循环经济发展的新征程。由于发展阶段、科技文化发展水平、制度、体制等方面的差异，我国循环经济实践既要借鉴发达国家经验，又要从具体实际出发，制定切实可行的政策措施。

3. 实施重大生态修复工程

随着社会不断发展和人民生活水平逐渐提高，人民群众对干净的水源、新鲜的空气、安全的食品、舒适的环境等的需求愈加增大，生态环境在人民生活幸福指数中的地位一步步上升，环境问题越来越成为重要的民生问题。

习近平提出，环境是民生，青山是美丽，蓝天是幸福，生态环境质量已经成为影响人民生活幸福的重要指标。

治理大气污染，改善空气质量。只有持续推进大气污染治理，才能留住美丽蓝天。一要进一步优化产业结构和布局，调整能源结构。如加快清理产能严重过剩行业违规在建项目，大力推行清洁生产，推广清洁能源的生产和使用，推广煤炭清洁高效利用，加强对农业生产经营活动排放大气污染物的控制，倡导低碳、环保出行等。二要进一步加强法律法规、制度机制建设。如制定、修订重点行业排放标准和大气污染防治相关法律，开展大气污染防治专项督查，开展重点城市空气质量监督，推行激励与约束并举的节能减排新机制等。三要积极推进区域协调治理。重点要推动社会公众参与大气污染防治，树立全社会"同呼吸、共奋斗"的行为准则。四要进一步强化科技支撑。要鼓励和支持大气污染防治的科学技术研究，推动科技信息资源的开放共享，建立重污染天气监测预警体系，有效应对重污染天气。

治理水污染，保护水环境。治水是保住碧水的根本途径。要全面控制排放物，通过取缔不符合国家产业政策的生产项目，严格控制工业、农业等各领域污染。要推动经济结构转型升级，依法淘汰落后产能，依据水资源、水环境承载能力确定发展布局、结构和规模，加强工业水利用，促进再生水利用。要着力节约保护水资源。通过严格执行水资源管理制度，做好工业用水、农业用水、生活用水的总量控制。要强化科技支撑。加快研发重点行业废水深度处理、地下水污染修复等技术，推动技术成果共享与转化，提高污水处理和再生水利用水平。

治理水土流失，改善土壤质量。土地是人类生存发展的基本条件。加快水土流失的治理进程，要求在树立尊重自然、顺应自然、保护自然的生态文明理念前提下，以保护和合理利用水土资源为主线，以国家主体功能区规划为重要依据，建成与我国经济社会发展相适应的水土流失预防保护、综合治理和综合监管相结合的综合防治体系。综合防治土壤污染，要建立相应的法律制度和标准体系，让土壤污染治理做到有法可依；进一步开展土壤污染状况详查工作，建立长期有效的土壤质量检测网络和预警体系；加强对工矿企业的环境监管，切断土壤污染的源头，遏制土壤污染扩大的趋势；实施分类防治，开展土壤修复工程；健全资金投入机制，根据"谁污染、谁治理"的原则，健全生态补偿机制，探索土壤污染修复的市场化之路。

六、中国特色社会主义国际关系论

当今世界是开放的世界，中国的发展离不开世界，世界的发展也离不开中国。人类共居一个地球村，形成了你中有我、我中有你的命运共同体。习近平在党的十九大报告中提出，全世界各国人民应该共同构建人类命运共同体；在2018年博鳌亚洲论坛提出，中国开放的大门只会越开越大。人类命运共同体思想传达了一种和平互利、共同发展的愿望，表明了中国爱好和平、维护和平的决心。人类命运共同体思想对中国特色社会主义国际关系的理论创新，促进世界和平稳定发展等多方面具有重要意义。

（一）党的十八大以来习近平人类命运共同体思想的外交实践

党的十八大以来，人类命运共同体已然成为我国外交的热词，频繁出现在习近平总书记进行外交的各种场合。2012年12月5日，习近平在接待在华的外国专家时指出，国际社会将日益成为一个命运共同体。这是习近平第一次在公开场所提出这一思想。2013年3月24日，习近平在莫斯科国际关系学院发表演讲，第一次在外交场合论述了"人类命运共同体"思想，开始向世界传递对人类文明走向的中国判断。随后，习近平在就任国家主席首次出访的三个非洲国家——南非、刚果、坦桑尼亚时，三次强调命运共同体的重要性。后来，习近平在多个外交场合的讲话主题甚至是标题中讲到人类命运共同体，这是以习近平同志为核心的党中央基于当今世界发展大势而做出的准确把握，这是对整个人类命运的深刻思考。

（二）人类命运共同体思想的内涵

当今世界的主题仍旧是和平与发展，世界正在经历着一轮又一轮的革新，国际关系也正在进行系统整合，国与国之间的力量对比也开始发生变化，很多发展中国家迅速崛起，经济随之也开始快速发展，任何地区、任何国家再也不可能单独称霸世界，管理世界事务。习近平"人类命运共同体"这一重要思想，对于当今世界国与国之间关系的发展起着至关重要的作用，这一思想体系指明了新道路，也开拓了新前景，它是对霸权主义和强权政治的一种正面回应。要充分了解到国与国之间关系变化的复杂性，同时也要看到世界和平发展的前进道路不会改变。

树立"地球村"观念。全世界各国人民都生活在同一个"地球村"，应该牢固树立人类命运共同体意识。随着当今世界各个方面的迅速发展，比如经济和政治多极化、文化多样化等，世界也在朝着越来越息息相关的方向发展。"地球村"这一观念很明确地阐明了当今世界的特征，即互相依存和融洽相处。只有将"地球村"这一观念深深刻在脑海里，才能一起面对全球性挑战。

人类命运共同体的总方略。在政治方面，国与国之间要建立起平等对待、互帮互助的关系；在经济方面，国与国之间要寻求更加开放和包容并且共同获益的道路；在文化方面，国与国之间要建构和而不同和兼容并包的文化交往模式；在外交方面，国与国之间要营建公平正义、互惠互利的格局；在生态方面，国与国之间要构建尊重自然、绿色发展的体系。人类命运共同体思想旨在为世界的美好发展保驾护航，彰显了中国作为发展中大国对世界发展、国际和平、全球治理、人民幸福的科学认知和责任担当。

（三）习近平人类命运共同体思想蕴含的时代价值

国际格局随着全球一体化进程的加快发生了深刻的变化，这种变化对全球治理也提出了新要求和新挑战。当下强化国与国之间的合作，促进全球治理体系向更公正合理的方向发展已势不可挡。目前，全球治理体系主要是受西方发达国家主导而形成的，国际治理规则在经济、政治、安全等主要问题领域也是根据少数发达国家的意志而构建的，多数发展中国家广泛缺少国际话语权和影响力，处于弱势地位，合理利益诉求和发展机会得不到保障。

1. 为变革全球治理体系提供中国方案

中国提出构建人类命运共同体、实现共赢共享的伟大构想，这个构想适时抓住了因国际局势变化而产生的机遇，在国际舞台上以负责任的大国形象展现了中国智慧和力量，提出了正确义利观、国际交往观、新型安全观和全球合作观。这些观念超越了西方狭隘个人主义的人权观念，符合全世界人民对构建公正合理的全球治理体系的期盼，充分表明广大发展中国家谋幸福、求发展、享和平的意愿。人类命运共同体强调实现包容、互惠和可持续发展，以兼顾、维护、实现共同利益，建立更加平等均衡的伙伴关系作为治理目标，不仅给全球治理指明了方向，更为解决全球性问题提供了代表广大发展中国家利益的中国方案。

2. 为构建国际秩序新格局注入中国力量

国家无高低之分，只是地域大小不同而已；文明无优劣之分，只是民族特色之间存在差别。当今世界，各国之间的联系逐渐加深，人类生活在同一个地球村和同一个时空里，各国越来越成为一个命运共同体。要坚持辩证地认识世界的多样性和统一性关系，在尊重其他国家主权平等和领土完整的基础之上，以更加开放包容的态度对待各国之间在政治、经济、文化等各个领域的交流合作，尊重不同国家所选择的具有自身民族特色的发展道路，才能在不同语言、种族或文化背景之下真正地实现共建共享、互利共赢。习近平在第70届联合国大会一般性辩论中提出，中国会坚持做国际秩序的维护者，一直走合作发展的道路，拥护以联合国宪章宗旨和原则为核心的国际秩序和国际体系。这几句话强调要继承发扬联合国宪章宗旨和原则，构建以合作共赢为核心的新型国际关系，打造人类命运共同体。人类命运共同体理念，以利益交融、相互依存、休戚与共为依据，以和平发展与合作共赢为支柱，创造性地提出了一系列具有中国特色、中国风格、中国气派的理论观点，这些理论观点融入了和谐共生、和而不同的东方智慧，是中国用实际行动对建立公正合理的国际关系新秩序做出的又一重大贡献。

3. 为推动世界和平与繁荣实践贡献中国智慧

党的十九大报告向世界宣告中国特色社会主义进入新时代，同时中国的发展也站到了一个新的历史起点。习近平在党的十九大报告中提出，要"坚持和平发展道路，推动构建人类命运共同体"[①]。目前世界处于大发展大变革时期，和平发展、民主自由、公平正义已经成为全人类共同的价值追求，而

---

① 习近平. 决胜全面建成小康社会 夺取新时代中国特色社会主义伟大胜利——在中国共产党第十九次全国代表大会上的报告 [N]. 人民日报，2017-10-27.

霸权主义、恐怖主义、强权政治却成为阻碍世界和平的绊脚石。面对当前越来越多的全球安全风险危机，以合作共赢为核心的人类命运共同体理念是推进世界实现和平与发展的重要良方。我党在探索改革开放的道路上，坚持将实现人类社会的共同进步作为自己的担当与使命，勇于承担国际责任与义务，致力于维护世界和平。面对朝鲜半岛、阿富汗、叙利亚、伊拉克等问题，中国着眼于推动各方通过对话谈判去解决问题，为地区和平与稳定做出建设性努力；"一带一路"、亚洲基础设施投资银行、金砖国家新开发银行等区域经济合作机制成为国际金融合作的新型载体，给更多的发展中国家提供机会参与到贸易经济合作中来，让各国人民享受到世界经济增长带来的红利。中国通过各种方式构建了开放、多元、共赢的合作平台，在促进世界和平与发展中发挥了榜样作用，为世界和平与繁荣增添了新动力。

第七章 中国特色社会主义政党建设理论

中国特色社会主义进入新时代。为不断推进中国特色社会主义建设，中国共产党勇于自我革命、从严治党管党，充分发挥中国共产党在"四个伟大"总体布局中的决定性作用，努力将自身建设成为始终走在时代前列、人民衷心拥护、勇于自我革命、经得起各种风浪考验、朝气蓬勃的马克思主义执政党，这不仅是我们党领导人民进行伟大社会革命的客观要求，也是我们不断提升党的建设质量的现实需要。

一、中国特色社会主义的领导核心

中国共产党是中国工人阶级的先锋队，同时也是中国人民和中华民族的先锋队，是中国特色社会主义事业的领导核心。历史和实践证明，只有在中国共产党的领导下，我们才能建设成为人民当家作主的社会主义国家。中国共产党的领导地位是在长期领导中国人民进行革命、建设和改革的现实实践中逐渐形成的，是历史和人民的选择。

（一）党的领导是历史和人民的选择

争取民族独立、人民解放，接着实现国家富强、共同富裕，这一直是中华民族自近代以来面临的历史性任务。这两大历史任务是中国最广大人民群众根本利益的具体体现，只有带领中华儿女寻找到解决这两大历史任务的途径的阶级和政党，才能得到中国人民的真心拥护和爱戴。然而，"中国太难改变了，即使搬动一张桌子，改装一个火炉，几乎也要血；而且即使有了血，也未必一定能搬动，能改装。"①因此，从太平天国农民革命到抗击西方列强的义和团运动；从封建地主阶级自救的洋务运动到资产阶级的维新变法和民主革命运动——辛亥革命，最终都没有改变中国半殖民地半封建的社会性质。

自从有了中国共产党，中国革命的面目就焕然一新了。②中国共产党自诞生以来，就坚定地站在中国最广大人民利益的立场上，始终甘愿为最广大人民群众谋福祉，把实现最广大人民群众的利益要求作为自己的根本纲领。中国共产党领导中国人民经历了将近百年的风雨历程，彻底扭转了中国人民和中华民族的命运，使中华民族站起来、富起来并强起来。人民不仅是历史的创造者，也是社会变革的决定性力量，中国共产党100年的光辉历程表明，其领导地位的确立来源于人民，又对人民负责。党的十九大报告指出："中国共产党人的初心和使命，就是为中国人民谋幸福，为中华民族谋复兴。"③正是因为我们党始终牢记初心和使命，中国共产党人才能不断地汲取奋斗动力。100年来，在关系中华民族命运和前途的每一个关键时期，都是中国共产党把握历史大势，顺应时代潮流，带领并依靠人民，不断开创革命、建设和改革的宏伟新局面。中国共产党成立时，中国处在半殖民地半封建社会，人民处于被剥削被压迫地位，迫切需要站起来，成为国家和社会的主人；1949年，我们实现了民族独立和人民解放，但在经济上一穷二白，人民迫切需要吃饱穿暖富起来；进入21世纪，在建设小康社会的道路上，人民对物质和文化生活有了更高的需求，富起来的人民还盼望强起来。每一个历史阶段的人民期盼，都是共产党人的奋斗目标。中国共产党始终以人民的需要为中心工作，带领人民一路走来，将人民摆在至高无上的地位，继续推进为人民造福事业。

中国共产党是一个先进的社会主义政党，其独特的内在品质决定了她有能力、有资格成为中国最高的政治领导力量，并且担负起建设中国特色社会主义事业的领导核心作用。在这个过程中，中国共产党充分发挥着总揽全局、协调各方的领导作用，取得了举世瞩目的伟大成就。

---

① 鲁迅.鲁迅全集：第1卷［M］.北京：人民出版社，1998：49-51.
② 毛泽东.毛泽东选集：第4卷［M］.北京：人民出版社，1991：1357.
③ 习近平.决胜全面建成小康社会夺取新时代中国特色社会主义伟大胜利——在中国共产党第十九次全国代表大会上的报告［N］.人民日报，2017-10-27.

在思想信仰上，我们党坚持将马克思主义作为行动指南，坚持运用历史唯物主义，用系统、具体、历史的方法详细分析中国社会运动及其发展规律，在中国革命、建设、改革的进程中，坚持真理，总结经验教训，修正错误，丰富和发展马克思主义，保证党的理论路线顺应时代发展和我国社会主义发展进步的要求，时刻站在时代的高度，时刻走在时代的前列。

在理想信念上，实现共产主义始终是中国共产党的远大理想和崇高追求。为实现这一理想信念，中国共产党以强烈的历史使命感和高度的责任担当投身到建设中国特色社会主义事业进程之中，为实现崇高的理想而矢志不渝、坚持奋斗。

在组织上，中国共产党具有先进的组织优势。中国共产党有9000多万党员，这个组织囊括了数量众多的优秀积极分子和先进人才，成为独特的组织资源和强大的组织优势。中国共产党是一个纪律严明的党，坚持依规治党与以德治党相结合，把纪律和规矩挺在前面，保证了党的团结一致、集中统一。

在作风上，党在革命、建设、改革的长期的摸索和探索中逐渐形成了理论联系实际、密切联系群众、批评和自我批评的优良传统作风。在不同的历史时期，始终强调作风建设，着力解决党自身存在的突出问题，努力实现作风建设的规范化、制度化和常态化，不断增强我们党自我净化、自我完善、自我革新、自我提高的能力。

中国特色社会主义是中国人民不断探索做出的历史性选择，是党领导人民付出巨大代价取得的根本成就。历史和现实向世人证明，坚持中国共产党的领导，是历史和人民的选择，是当代中国取得发展成果的成功经验。进入新时代，我们更要对党的领导这个最大优势有深刻认识，始终坚持党的领导，充分发挥其优势，为实现中华民族伟大复兴的中国梦继续奋斗！

（二）党的领导是中国特色社会主义最本质的特征和最大优势

习近平总书记在党的十九大报告中明确指出："中国特色社会主义最本质的特征是中国共产党的领导，中国特色社会主义制度的最大优势是中国共产党的领导，党是最高政治领导力量。"①这一科学论断把党的领导与社会制度联系起来，把党的领导升华到社会制度层面，不仅标志着对中国特色社会主义的本质认识提升到了新的高度，而且立足于社会主义本质特征，深化认识了中国共产党与中国特色社会主义的内在联系。

1. 中国共产党是中国特色社会主义事业的开创者和引领者

研究中国历史我们可以看出，中国特色社会主义不是无中生有的，也不是一蹴而就的，而是经历了艰辛的探索，并最终坚持发展下来的。1840年鸦片战争以来，为了获得民族独立和人民解放，无数仁人志士浴血奋战，探索救国救民的道路，但都以失败告终。中国共产党成立后，紧紧依靠人民，独立自主走自己的路，经过28年的艰苦奋斗和浴血奋战，建立了人民当家作主的中华人民共和国，为中国特色社会主义事业发展提供了可靠的政治基础。社会主义确立初期，由于缺乏经验，中国很多方面都照搬苏联模式，虽然对于恢复和发展国民经济起到了一定的作用，但是也带来了不少问题，中国共产党人结合中国的现实国情开始探索社会主义建设道路，渐渐摆脱了苏联模式的桎梏，建立起具有"中国特色"的社会主义，这是我们党坚持具体问题具体分析，推进马克思主义中国化的独特理论成果。国家政权巩固后，又通过"一化三改"，确立了社会主义基本制度，形成并发展了相对完整的工业体系和国民经济体系，为中国特色社会主义建设事业奠定了物质基础。在探索、创立、发展和完善中国特色社会主义理论体系进程中，中国共产党始终发挥领导核心的作用，带领中国人民稳步干好中国特色社会主义事业。

党的十八大报告指出，在社会主义建设中，我们党取得了独特的理论成果和辉煌的业绩，这为中国特色社会主义事业的发展提供了充足的理论准备和坚实的物质基础。探索社会主义建设的道路并不是一帆风顺的，由于多方面原因，导致社会主义建设的探索遭受到重大挫折，中国共产党人开始冷静思考，总结经验，在党的十一届三中全会上，做出了把党和国家工作重心转移到社会主义现代化建设上来的重大决策，成功开辟了建设中国特色社会主义的新征程。改革开放40多年来，中国共产党人坚定信念、吸取经验，总结

---

① 习近平.决胜全面建成小康社会夺取新时代中国特色社会主义伟大胜利——在中国共产党第十九次全国代表大会上的报告[N].人民日报，2017-10-27.

教训，逐渐形成并发展了中国特色社会主义理论体系。党的十八大以来，面的新的世情、国情和党情，以习近平同志为核心的党中央不断推进全面深化改革，进行现代化建设，不断地丰富和发展中国特色社会主义理论体系，形成了新时代引领全党全国各族人民实现中国梦的奋斗指南——习近平新时代中国特色社会主义思想。

历史和现实充分证明：中国共产党的领导是推动中国特色社会主义事业不断发展的政治保证，我们应该坚持和完善党的领导，从而确保中国特色社会主义事业朝着正确的方向发展。

2. 党的领导是中国特色社会主义事业取得胜利的根本保证

马克思和恩格斯指出，共产主义必须通过无产阶级革命运动来实现，而无产阶级革命必须由无产阶级政党领导。无产阶级只有建立代表自己阶级利益的先进政党，才能实现阶级解放和人类解放的历史任务。历史和实践证明，我们伟大的中国共产党就是可以带领中华儿女实现这个历史任务的先进政党。

中国共产党 100 年的奋斗历程表明，只有坚持中国共产党的领导核心，才能不断推进中国特色社会主义事业的发展，才能坚持追赶世界先进水平，重新自立于世界民族之林。只有我们党坚持正确的领导方向，才能实现中华民族的伟大复兴，才能不断取得中国特色社会主义事业的胜利。党的十一届三中全会以来，党中央坚持解放思想，实事求是，不断解放和发展生产力，认真吸取其他国家社会主义建设的经验教训，总结自身发展的历史经验，积极探索适合中国国情的发展道路，在深入推进改革开放的社会主义现代化事业进程中取得了辉煌的成就，经济实力显著增强，人民生活水平不断提高，综合国力和国际影响力不断提升……在社会主义现代化建设过程中，党带领人民开辟了中国特色社会主义道路，形成了中国特色社会主义理论体系，确立了中国特色社会主义制度，这也是我们党和人民备加珍惜、长期坚持、不断发展的三大成就。中国共产党运用正确的世界观和方法论，正确把握历史发展规律，依靠人民智慧，加强治国理政的顶层规划，使中华民族伟大复兴的中国梦正一步一步由理想变为现实。

3. 党的领导是中国特色社会主义事业发展的核心力量

近代以来，国家富强、民族振兴、人民幸福始终是中华民族实现伟大复兴的目标。中国共产党自诞生之日起，始终把实现中华民族伟大复兴作为理想不懈追求。在不同的历史阶段，这个目标也被赋予时代内涵，现阶段，全面建成小康社会，实现共同富裕，是我们党的具体奋斗目标。新形势下，以习近平同志为核心的党中央顺应时代发展大势，响应改革开放的实践要求，团结带领全党全国各族人民勠力同心、埋头苦干，坚持"创新、协调、绿色、开放、共享"新发展理念，坚持以人民为中心的发展思想，统筹推进"五位一体"总体布局，协调推进"四个全面"战略布局，以坚定的意志、坚定的行动不断推进中国特色社会主义事业发展。

总之，回顾我们党在中国革命、建设和改革的现实实践，可以得出一个重要结论：办好中国的事情，关键在中国共产党。历史证明，无论是过去还是将来，中国共产党始终是我们最坚强的领导核心和最可靠的同盟伙伴，只有在伟大的中国共产党的领导下，我们才有信心、有能力抵御重大风险、应对各种挫折挑战；只有坚持党的正确领导方向，我们党和人民才能在发展中国特色社会主义事业中立于不败之地；只有紧紧依靠我们这个同盟伙伴，我们才有信心、有能力继续推进中国特色社会主义事业。

二、加强党的执政能力建设和先进性建设

习近平指出："必须紧密围绕党的基本路线，坚持党要管党、全面从严治党，加强党的长期执政能力建设、先进性和纯洁性建设。"[①]党的十九大通过的党章修正案明确提出，加强党的长期执政能力建设，既是对我们党长期执政实践的科学总结和深刻阐述，也是新时代加强党的领导、推进党的建设、完善党内监督的基本要求和具体目标。

（一）加强党的执政能力建设

党的执政能力一般指以执政党为主体、以国家权力系统为客体的执政党执掌国家政权的能力。习近平强调，全面从严治党永远在路上。长期执政经

---

① 习近平.决胜全面建成小康社会夺取新时代中国特色社会主义伟大胜利——在中国共产党第十九次全国代表大会上的报告［N］.人民日报，2017-10-27.

验告诉我们,党所面临的执政环境和影响党的先进性和纯洁性的因素是复杂多变的,党内仍然存在思想、组织、作风等问题,这始终会弱化党的执政能力,影响党的执政地位。因此,我们应当立足现实、着眼长远、抓住重点、整体推进,不断加强党的执政能力建设。

不断加强党的执政能力建设,既是时代的要求,也是人民的要求。只有大力加强党的执政能力建设,我们才能毫不畏惧地迎接机遇与挑战并存的国内外形势,才能加快决胜全面建成小康的战略步伐,才能实现中华民族伟大复兴的中国梦。中华人民共和国成立至今,在长期的执政过程中,虽然我们积累了宝贵的经验,执政能力和执政水平不断提高,执政地位愈发稳固,但是挫折和挑战也是不可避免的,思想、组织、作风等问题严重制约着党的执政能力的提高。因此,加强党的执政能力建设,必须在党的执政理念、执政基础、执政方略、执政体制、执政方式、执政资源和执政环境等方面进行努力,加强党的制度创新,以严苛的力度和态度克服党内存在的政治、思想、组织、作风等问题,坚持全面从严治党,努力把我们党建设成学习型、服务型、创新型的马克思主义执政党。

一个党的执政地位不是与生俱来的,更不是一劳永逸的。从全世界各个政党的发展来看,登上执政舞台已属不易,要想长期执政更不容易。这就要求我们坚定不移地全面从严治党,不断提高党性修养,不断提升领导和服务水平,不算增强执政本领,这样我们伟大的马克思主义执政党才能健全提高党的执政能力,才能站在时代前列、立于历史潮头、引领未来方向,才能担当崇高使命、实现伟大梦想。

(二)加强党的先进性和纯洁性建设

先进性和纯洁性是我们党的本质属性,加强党的先进性和纯洁性建设也是党的建设的永恒课题,是一项长期而又常新的重大战略任务。习近平明确提出:"加强党的建设,就是要同一切弱化先进性、损害纯洁性的问题作斗争,祛病疗伤,激浊扬清。"[①]只有牢牢把握先进性和纯洁性建设这条主线,我

---

① 习近平.论中国共产党历史[M].北京:中央文献出版社,2021:133

们才能不断加强党的建设,才能增强党的执政能力建设,才能巩固党的执政地位。

其一,坚持思想教育,提高党员党性修养。思想是行动的先导,思想教育引导是切实保障党的先进性和纯洁性的重要前提,"只有以先进理论为指南的党,才能实现先进战士的作用。"[1]这就要求我们用先进的理论武装全党,教育人民,而这里的先进理论指的就是马克思主义。因此,加强党的思想建设,要求我们坚持马克思主义中国化,宣传和弘扬其最新理论成果,把好人民思想和行动上的"总开关",用科学的思想、科学的理论、科学的方法引导人民群众成为中国特色社会主义事业坚定的信仰者和忠诚的行动者;要求我们坚持在党的基层组织中开展形势政策教育、爱国主义教育、职业道德教育等各种主题教育,充分发挥基层组织的战斗堡垒作用,提高党员党性修养,加强党员党性锻炼,切实解决党员干部中不作为、慢作为、假作为、乱作为等问题,树立正确的政绩观,在具体的现实行动中践行为人民服务的根本宗旨。

其二,坚持群众观点和群众路线,巩固党的阶级基础。中国共产党最大的政治优势就是密切联系群众,最大的问题就是脱离群众,中国共产党是人民的政党,代表最广大人民的利益诉求,是为最广大人民谋求利益的,这就要求我们始终与人民群众保持血肉联系,在具体的行动中坚持群众路线和群众观点。只有坚持以群众的满意度作为我们党各项工作、各项事业的根本标准,主动解决工作不热情、不主动、不到位,工作推诿扯皮、效率低下等问题,以真抓实干的劲头服务群众、造福百姓,才能让群众观点和群众路线在党员干部的具体行动中落到实处,才能不断增强党的阶级基础和群众基础,才能在发扬人民公仆的风采中永葆党的先进性和纯洁性。

其三,提高领导骨干素质,建立党员干部领导体制。"上安下顺,弊绝风清",领导干部是党组织中最先进的领导力量,因此,要切实提高领导骨干素质,加强领导干部队伍建设,充分发挥领导干部的率先垂范的模范榜样作用,坚持正确的用人导向,坚持在实践中培养、考察、锻炼党员干部,努力培养信念坚定、为民服务、勤政务实、敢于担当、清正廉洁的好干部,推动领导

---

[1] 中共中央马克思恩格斯列宁斯大林著作编译局.列宁选集:第1卷[M].北京:人民出版社,1995:242.

干部率先垂范,打造一支永葆先进性和纯洁性的干部队伍。

其四,抓好党的基层组织建设,夯实党的组织基础。抓基层、打基础是我们党长期加强先进性和纯洁性的战略任务,这就要求我们要充分发挥党的基层组织的战斗堡垒作用,抓好基层、打牢基础,不断提高基层党建水平,加大基层党组织整顿力度,培养一支高素质的、发挥作用的党员干部队伍,发挥党员的模范作用,激发党组织的生机活力,力争实现中央提出的基层组织建设"五个提升"的工作目标。

其五,坚持党要管党,从严治党的方针,完善党内制度机制建设。制度,是保证党的先进性和纯洁性的根本保证。加强制度建设,就是在制度层面规范基层党建工作的规范有序开展,提高制度执行力,要求我们学习并贯彻党章,充分发扬党内民主,保障党员的权利和地位,真正实现党务公开。各级党组织要紧密结合实际,在贯彻群众路线,为人民服务的实际行动中,汲取提炼各个单位、部门、地区特色的良好经验和良好做法,将党的组织活力转化为科学发展的动力,建立一套内容完备、程序合理、科学有效的基层党建工作制度。

党的执政能力建设和党的先进性和纯洁性建设是紧密联系、相互促进的,永葆先进性和纯洁性是加强执政能力建设的基础和前提,执政能力的不断提高是永葆先进性和纯洁性建设的具体保证和现实要求,共同统一于党的建设新的伟大工程和中国特色社会主义伟大事业之中。

三、加强党的建设的时代内涵

一个政党的进步性不仅体现在其所依托和代表的阶级阶层及其和最广大人民群众的关系的先进性之中,同时也被其所从事的事业的进步与否所规定。如果一个政党所从事的事业是进步的事业,是符合社会历史发展要求的事业,那么这个政党是一个进步的政党;反之,如果一个政党所从事的事业是反动的事业,是违背社会历史进步方向的事业,那么这个政党是一个反动的政党。历史表明,任何政党的兴衰存亡,归根结底取决于它在推动历史前进中所起到的作用,取决于人民群众对这种作用的认可程度。共产党的历史使命是要推翻资产阶级和一切剥削阶级的反动统治,实现社会主义和共产主义。从社会发展史的角度看,共产党所从事的事业是推进和实现人类解放的事业,是符合社会历史进步要求的事业,是进步的事业。因此,共产党是一个进步的党,不断保持和拓展其所从事的事业的进步性,不断使其的事业兴旺发达,既是党的建设的内在要求,也是保持共产党的先进性的必然内容。因此,执政党的建设和其所领导的事业是有机统一的,这是马克思主义党建理论的根本要求,也是被历史和实践反复证明的客观事实。离开党所从事的事业,空搞党的建设,党的建设便会陷入形式主义和教条主义的误区,国际共运史和中共党史中的"左"倾错误有力地说明了这一点;相反,只顾党所从事的事业,忽视甚至搁置党自身的思想、组织、作风和制度建设,党的领导就会削弱,党的事业往往会因失去归依和方向而陷入停顿甚至倒退,我国革命、建设和改革的实践不乏这方面的教训。

中国共产党的实践经验表明,党的建设,是党的事业前进的重要保证;党的事业,是党的建设的基础和条件,必须把二者紧密结合起来,党的事业发展到哪里,党建工作就要加强到哪里,把党的建设的一般要求与经济社会发展的特殊性结合起来,把党的建设工作与现代化建设事业统一起来,把党的建设与党在各个时期所遇到的问题结合起来。

全面从严治党,"全面"是基础,就是管全党、治全党,这里包括9000多万党员和450多万个党组织。"严"是关键,就是真管真严、敢管敢严、长管长严。坚持"严"字当头,对党员、干部要严格教育、严格管理、严格监督,严明纪律、严惩腐败,严肃治理党内的各种歪风邪气,重点抓好领导干部这个"关键少数"。"治"是要害,就是各个党支部敢于肩负主体责任,敢于制止党内歪风邪气,敢于攻克顽瘴痼疾。

(一)加强党的政治建设

党的十九大首次把党的政治建设纳入党的建设总体布局,并明确提出"把党的政治建设摆在首位""以党的政治建设为统领",这充分显示出政治建设在党的建设中的统领作用和"牛鼻子"的主导性地位,实现了党的建设理论的创新和发展。

旗帜鲜明讲政治,是我们党作为马克思主义执政党最独特的优势和最根本的要求,这要求我们党必须直言自己的政治主张。党的政治问题,任何时候都是根本性的大问题,直接影响我们的思想建设、组织建设、作风建设和纪律建设。加强党的政治建设,必须以坚决做到"两个维护"为首要任务,坚定政治方向和政治信仰,牢固共产主义远大理想和中国特色社会主义共同理想,用党的科学理论武装全党、教育人民;要以党章党规规范党员干部的活动,严格执行各种政治制度和规定,增强党内政治生活的政治性、时代性、原则性和战斗性;要加强党的政治文化熏陶,营造良好的政治生态,厚植良好的政治生态土壤,使每位党员永葆廉洁;不断提高党员干部的政治觉悟和政治能力,坚定党员的理想信念,提高党性修养,加强党性锻炼。

(二)加强党的思想建设

思想建党是我们党光辉历程中形成的优良传统和政治优势,思想建党作为党的建设的根本,关乎全面从严治党"常态化"的实现。回顾党的建设历程,我们不难发现这样一个事实:在近百年的奋斗历程中,正是因为中国共产党重视思想建党,我们党才能久经磨难仍奋勇向前,历经挫折而凤凰涅槃。思想是行动的前提,全面从严治党必须切实加强党的思想建设,用先进的思想理论武装全党。

加强党的思想建设,首先应该加强理想信念教育。习近平曾形象地将理想信念比作共产党人精神上的"钙",一旦"缺钙",就会造成政治上的变质、经济上的贪婪、生活上的腐化,这不但要求我们要加强理念学习,提高全党的马克思主义素养,还要加强党性教育,引导党员干部树立正确的权力观、事业观,提高党性觉悟。其次,还应该坚持正确的理论指导和理论武装,坚持用科学的理论武装全党。当下,我们应该坚持用习近平新时代中国特色社会主义思想作为推进社会主义现代化进程的行动指南和思想武器。最后,还应该在思想建设中坚持以人民为中心发展思想,使为党和人民的事业无私奉献的高尚觉悟潜移默化地存在于党员干部的具体行动之中,真正将心中有党、心怀人民落实到具体的行动之中。

历史的车轮在不断前进,时代的潮流在不断发展,党的思想建设也应该紧随时代发展步伐，与时俱进、开拓创新。深入推进党的思想建设，用先进的科学理论武装全党，让我们党以科学的水平、先进的能力团结和带领中国人民不断开拓社会主义现代化事业。

（三）加强党的组织建设

打铁还需自身硬，坚持中国共产党在中国特色社会主义事业中的领导地位，必然要求我们把党建好和建强。党的全部工作和战斗力都来自党组织，新形势下基层党组织的能力直接影响到全党的凝聚力、战斗力、影响力。因此，加强党的组织建设，是新时代党的建设面临的重大任务。

加强党的组织建设，首先应该健全党的组织体系，增强组织力量，提高组织的组织力。这要求我们选好基层党组织的领导班子，调整优化队伍结构，推进党的组织设置创新，健全组织各项制度，实现组织体系规范化和常态化，不断激发党的基层组织的活力。同时，还应该规范发展党员，严格按照程序发展党员队伍，从源头上抓好党员的质量，坚持以德为先。党员是党的肌体细胞，党员的先进性直接决定了党组织的先进性，这就要求我们严格落实"三严三实"要求，培养坚定信念、服务于人民、勤于政务、敢于担当、清正廉洁的好干部，全面优化党员队伍。

只有加强党的基层组织建设，才能形成优秀干部队伍不断涌现的生动局面，才能顺利开展党的各项工作和各项事业，才能为我们建设社会主义现代化国家输入一批又一批的新鲜血液。

（四）加强党的作风建设

习近平指出："党的作风是党的形象，是观察党群干群关系、人心向背的晴雨表。"① 党的作风直接影响党的权威和党的形象，直接影响人民群众对党的用户程度，只有保持良好的工作作风，党和人民才能风雨同舟、患难与共。作为我们党面临的一项重大而紧迫的任务，加强作风建设一刻也不能停顿，不容半点懈怠。

作风建设的核心是保持党同人民群众的血肉联系，是以人民为中心价值

---

① 习近平.在庆祝中国共产党成立95周年大会上的讲话［M］.北京：人民出版社，2016：23.

取向对党自身提出的政治和道德要求。如果我们不重视作风建设,任由不良风气在党内发展下去,"就会像一座无形的墙把我们党和人民群众隔开,我们党就会失去根基、失去血脉、失去力量。"①因此,加强党的作风建设,首先应该与人民群众保持密切联系,坚持立党为公、执政为民。新时代,新气象,新作为,这就需要站在新的历史起点,再部署,再出发,继续发挥钉钉子精神,一锤接着一锤敲,重点根治违背我们党和人民宗旨的顽固"四风";其次,坚持将作风建设融入制度建设之中,从机制体制上严防不正之风的产生,实现作风建设的制度化、规范化和常态化;最后,坚持在遵循"扩大信息技术在作风建设中的应用范围""通过信息技术推动党员干部作风建设精细化""构建作风考评信息系统""以信息技术提升公众参与度"这四条路径中全面推进党的作风建设,以信息化的技术和手段赋予作风建设新的方式和途径。

加强党的作风建设,要有踏石留印、抓铁有痕的劲头,也要有绳锯木断、铁杵成针的毅力,只有全党全民共同奋斗,才能形成纯洁的作风,才能以优良的党风政风带动形成风清气正的社风民风。

(五)加强党的制度建设

党的领导是中国特色社会主义制度的最大优势,制度建设是新时代全面从严治党的根本。习近平强调,长期坚持、不断深化全面从严治党"要坚持思想建党和制度治党相统一","把制度建设贯穿到党的各项建设之中"。②党的制度建设直接关系到国家的前途命运,十八大以来,党中党领导集体高度重视党的制度建设,坚持思想建党和制度治党相结合,在全面从严治党的过程中坚持依规治党,使全面从严治党迈上了新台阶、新阶段。

中国共产党是一个有着450多万个党组织、9000多万名党员的世界第一大党,要管理好这样一个庞大的组织并时刻保持她的先进性和纯洁性,没有完善的制度作支撑是无法想象的。因此,党中央制定了"制度治党"的战略部署,以制度化形式提高党的内部治理能力、改进领导方式和执政方式而提

---

① 习近平.习近平谈治国理政[M].北京:外文出版社,2014:387.
② 习近平.全面贯彻落实党的十九大精神,以永远在路上的执着把从严治党引向深入[N].人民日报,2018-1-12.

出的新的政党发展理念,并在基于政党发展客观规律,统摄全面从严治党总体格局、体现国家治理现代化基本要求的整体进程中全面深化制度治党的要求。加强党的制度建设,首先应该完善制度,细化原则。规章制度不在多,而在于精和务实管用,这要求我们不仅要完善党内规章制度,增强制度的系统性,形成内容科学、程序严密、配套完备、运行有效的严密体系,还要分化和细化具体的制度,形成详细的实施细则,增强制度的可操作性和针对性。其次,还应该加强思想教育力度,实现制度建党和思想建党过程的融会贯通,加强党纪党规的宣传教育,提高党员干部的制度意识,形成学好制度、遵守制度、用好制度的良好风气。最后,还应该完善党内法规制度的执行保障机制,建立科学严密的权力运行制约机制、监督机制和惩处机制,真正实现将权力关进笼子里,增强党内法规制度的规范性、回应性和可行性。

制度的笼子必须越扎越紧密、越用越给力,因此,我们要不断加强党的制度建设,提高管党治党的制度化水平,才能不断提高党的执政能力,为我们党实现国家治理体系和治理能力现代化提供制度保障。

(六)加强反腐倡廉建设

反腐倡廉建设是新时代加强党的建设的重中之重,直接关系着我们党和国家的生死存亡。腐败问题是我们老百姓最痛恨的社会现象,直接危害党的肌体和健康,损害人民群众对党的信赖和维护。坚持为政勤廉、秉公用权,才能取信于民,赢得人心。只有加强对权力的制约和监督,真正做到把权力关进制度的笼子里,形成不敢腐的惩戒机制、不能腐的防范机制、不易腐的保障机制、不想腐的行为规范,才能换得海晏河清、朗朗乾坤。

反腐倡廉建设是一项长期性、复杂性、艰巨性的战略任务,反腐倡廉建设永远在路上,加强反腐倡廉建设,首先应该必须坚持以零容忍态度惩治腐败,以坚决的态度重拳反腐,坚持"老虎""苍蝇"一起打,以猛药去疴的决心和以刮骨疗毒的勇气坚持反腐败斗争永远在路上。其次,应该要建立健全惩治和预防腐败体系,这也是反腐败国家战略和顶层设计,要把这项重大政治任务贯穿到改革发展稳定的各项工作中,坚持标本兼治;再次,应该要加强反腐倡廉教育,抓好思想理论建设、抓好党性教育和党性修养,要坚持惩治绝不放手,严格依纪依法查处各类腐败案件,坚持任何人任何事在党纪国法面前都没有法外之地;最后,应该要构建落实反腐倡廉监督网,加强党对反腐败工作的统一领导,全方位、多层次、多领域地监督所有公职人员。

只有以坚定的信念、坚强的意志、坚决的行动推进反腐败斗争,坚持标本兼治,深刻认识到反腐倡廉的重要性和紧迫性,构建干部清正、政府清廉、政治清明的党内生态,才能夺取反腐败斗争的胜利,真正实现党和国家的长治久安。

四、严肃党内政治生活

中国共产党历来重视党内政治生活建设,自1921年建党以来,始终坚持把加强和规范党内政治生活放在党的建设的重要位置。严格的党内生活,是我们党的优良传统和政治优势,是加强党员干部党性锻炼的有效途径,也是保证党的团结统一、增强党的生机活力的重要措施,"从严治党必须从党内政治生活严起。"①

(一)党内政治生活内涵

从党员角度来定义党内政治生活。学界有的认为党内政治生活是指中国共产党党员参与党内组织生活、处理各种党内关系的行为的总和②。

从党内关系角度来定位党内政治生活。学界有的认为党内政治生活是基于党的生存和发展的需要,以各级党组织为载体,保障党员充分行使权利,在遵从党内法规的原则上,所开展的各项党内政治活动的总和,其实质是对党内关系的科学配置与规范调适,其主要内容均可从党内关系的角度做出理解③。

综合各位学者的研究成果,其实党内政治生活的本质就是要处理和协调党内的各种关系,以期达成共识,凝聚力量,壮大和发展政党,实现政党的

---

① 习近平.在党的群众路线教育实践活动总结大会上的讲话[N].人民日报,2014-10-09.
② 崔建周.构建党内政治生活正常化支持保障体系的思考[J].马克思主义研究,2015(04):40-47.
③ 邹庆国.论严肃党内政治生活的体系建构[J].理论探索,2016(06):10-17.

政治纲领和政治目标。

（二）加强和规范党内政治生活的路径

中国共产党百年的艰辛和曲折发展的进程，不仅是一部党的建设的探索史，也是党内政治生活建设史。这段发展历程，对于继续推进党的建设伟大工程来说，在这其中科学总结的经验教训和理论成果，是一笔宝贵的财富，对于新时代下加强和规范党内政治生活具有重要的现实意义。严肃党内政治生活是一篇大文章，只有"进行时"，没有"完成时"，更没有"终点站"，需要把这一党的建设基础工程抓紧、抓实、抓细。

加强理论武装，深刻领会并能正确运用马克思主义理论。习近平指出："认真学习马克思主义理论，这是我们做好一切工作的看家本领，也是领导干部必须普遍掌握的工作制胜的看家本领。"[①]同时，在学习理论的过程中，应该注重与实践的结合，"纸上得来终觉浅，绝知此事要躬行。"只有充分抓住新时代带来的新机遇，发现新时代出现的新问题，明确未来我们国家的一个主要任务是要解决发展不平衡不充分的问题、满足人民日益增长的对美好生活的需要；还要充分认识到我国国际地位和国际声誉的提高，明确自己肩负的大国责任，并敢于担当，不忘初心、牢记使命。

强化政治意识。结合我国发展实际，认真领会社会主要矛盾的变化，深刻领会了党的理论、基本路线和基本方略的正确性，只有亲眼看到改革开放的伟大成绩，才会有这些自信，也才会增强贯彻基本路线的自觉性。任何一个政党，都要有鲜明的政治纪律要求，都要有严明的政治规矩。这要求我们要牢固树立"四个意识"，在思想上、政治上、行动上与党中央保持高度一致，严守政治纪律的要求；要解决党内政治生活中存在的"三不"现象，增强党内政治生活的政治性、原则性、战斗性，反对庸俗化、随意化、平淡化倾向，坚持讲认真的态度，切实贯彻"三严三实"等党内要求。

严格执行民主集中制，坚持批评和自我批评相结合。认真执行党的民主集中制，是严肃党内生活的根本要求，这就需要我们"着力解决发扬民主不

---

① 习近平.习近平谈治国理政：第1卷[M].北京：外文出版社，2018：404

够、正确集中不够、开展批评不够、严肃纪律不够等问题"。因此，坚持和完善民主集中制，是严格党内政治生活的根本保证。能否认真有效地践行民主集中制，是衡量和检验党的各级组织党的生活正常化的重要标志①。同时，批评和自我批评也是严肃和规范党内政治生活的有力武器之一。批评和自我批评是我们党的优良传统和作风，要用好这个利器，坚持党的事业至上、人民利益至上，敢于坚持原则，不当老好人、不怕得罪人。既敢于自我揭短亮丑，又真诚帮助同志修正错误，让自己放下包袱、轻装上阵，让被批评者内省改过、成长进步，形成团结和谐的党内同志关系，切实解决党内政治生活庸俗化的问题。

严格党的组织生活。习近平总书记指出："党的组织生活是党内政治生活的重要内容和载体，是党组织对党员进行教育管理监督的重要形式。"② 离开党的组织生活或者组织生活不健全，党内政治生活就失去了正常开展的基础，党内政治生活也不可能健康运行③。党的组织生活以领导干部为重点，最后要以责任担当为落脚点。敢于担当，是中国共产党性质宗旨的必然要求，是领导干部职责所系、使命所在。敢于担当还是检验每一个领导干部身上是否真正体现了共产党人先进性和纯洁性的重要方面，是党的好干部的重要标准。领导干部只有树立了牢固的责任意识，知其责、践其责、担其责，才是尽职尽责，忠于职守，全心全意为人民谋利益。同时，要抓好"三会一课"、民主生活会、领导干部双重组织生活、民主评议党员等制度，都要按照规定抓好落实，切实解决党内政治生活不经常的问题。

继承党内政治生活的光荣传统。在中国革命、建设、改革的奋斗历程中，中国共产党坚持继承光荣传统、发扬优良作风，这是我们党和人民事业取得成功的重要保障。习近平总书记指出，我们"要坚持和发扬实事求是、理论联系实际、密切联系群众、开展批评和自我批评、坚持民主集中制等优良传统，下大气力解决好影响严肃认真开展党内政治生活的各种问题，提高党内

---

① 刘汉峰.严格党内政治生活［J］.中国特色社会主义研究，2016（01）：105-111.
② 习近平在党的十八届六中全会第二次全体会议上的讲话［EB/OL］.人民网，2017-01-03.
③ 何旗.教训·经验·启迪：党内政治生活的历史考察与反思［J］.广西社会科学，2016（01）：11-16.

政治生活的政治性、原则性、战斗性,使党内政治生活真正起到教育改造提高党员、干部的作用"①。但是,在继承和发扬党内政治生活的光荣传统的同时,还要坚持理论创新,习近平总书记指出,党内生活"一定要创新,不创新,那形式也巩固不住"。这表明:严格党内生活,并不是把党内生活搞得死板,而是要坚持继承优良传统与创新方式方法结合起来。随着时代的变化,党内政治生活的内容与载体也在发生相应变化。只有契合时代发展主题,适应经济社会发展和现代民主政治发展需要,不断丰富和创新党内政治生活的内容与载体,才能彰显党内政治生活的时代特色,实现党内政治生活的健康有序发展。

总之,只有严肃党内政治生活,才能增强党的先进性和纯洁性,才能深入推进全面从严治党纵深发展。这就需要我们坚持"党要管党必须从党内政治生活管起,从严治党必须从党内政治生活严起"②。在今后相当长的时期内,加强和规范党内政治生活仍将是中国共产党自身建设的一项重大课题,我们应该坚决反对党内政治生活庸俗化,增强党内政治生活的政治性、原则性、战斗性,不断提高党内政治生活质量和水平。

五、新时代全面加强党的建设

新时代,必须要有新气象和新作为。站在新的历史起点上,推进全面从严治党向纵深发展必须与新时代的节奏合拍。新时代全面加强党的建设,是立足于我国发展的新定位和新使命的战略目标,是学习和贯彻习近平新时代中国特色社会主义思想的必然选择,是在加强党的建设进程中产生的新问题的现实需要。

(一)新时代全面加强党的建设的重要性

新时代中国共产党的历史使命,是继续推进实现中华民族伟大复兴的中国梦。经过中国革命、建设和改革的长期奋斗,我们已经积累了实现中国梦

---

① 习近平.在党的群众路线教育实践活动总结大会上的讲话[N].人民日报,2014-10-09.
② 关于新形势下党内政治生活的若干准则[EB/OL].共产党员网,2016-11-02.

的基础和条件，已经集聚了勠力同心、坚定不移地实现中国梦的中国力量。站在新的历史起点上，站在"两个一百年"的历史交汇期，我们党更是应该牢记使命，保持清醒头脑，继续发扬筚路蓝缕、以启山林的奋斗精神，继续保持空谈误国、实干兴邦的警醒，凝心聚力地为实现中国梦继续奋斗。

1. 新时代中国共产党的伟大使命

历史在前进，时代在发展。我们党也要紧跟时代步伐，不断与时俱进，成为伟大事业的主心骨和领导者。中华民族的伟大复兴，不是轻轻松松、敲锣打鼓就能轻而易举完成的，我们党必须在进行伟大斗争、建设伟大工程、推进伟大事业中实现伟大梦想。

实现伟大梦想，我们党必须领导人民进行伟大斗争。社会矛盾是社会前进的动力，有矛盾必然会有斗争。为完成伟大梦想，我们党必须保持高度的政治警惕，提高政治敏锐性，时刻为斗争保持高度自觉，时刻做好准备团结带领人民群众抵御重大风险、应对重大挑战；必须正确看待社会主义制度和党的领导地位，坚决反对一切否定党的领导、歪曲社会主义制度、丑化中国特色社会主义的言行举止；必须坚定地以人民立场为根本立场，尊重人民的权益和地位，敢于同损害人民利益、脱离群众的行为积极斗争；必须坚持以破釜沉舟的毅力破除一切顽瘴痼疾，旗帜鲜明地反对并阻止任何分裂祖国、影响社会和谐稳定的恶劣行径，以强烈的斗争意识、藐视困难的勇气、高超的斗争本领不断夺取伟大斗争的胜利。

实现伟大梦想，我们党必须不断推进党的建设这一伟大工程。历史已经用事实表明，脱离或背离中国共产党的领导，中华民族的伟大复兴只能停留在幻想之中。一直以来，我们党用事实证明，办好中国事情，关键在党。打铁还需自身硬，我们要不断推进党的建设这项伟大工程，才能成为时代先锋、民族脊梁，才能经受得起各种考验，才能充分发挥党在中国特色社会主义事业中的领导作用。因此，我们必须坚持不懈地推进全面从严治党，以刮骨疗伤的勇气、坚忍不拔的韧劲消除一切损害党的先进性和纯洁性的因素，强健党组织的"肌体"，不断通过自我革命提高党的创造力、凝聚力、战斗力，在增强党的政治领导力、思想引领力、群众组织力、社会号召力进程中永葆党的长盛不衰、充满生机活力。

实现伟大梦想，我们党必须团结带领人民推进中国特色社会主义伟大事业。中国特色社会主义是党和人民百年奋斗探索的必然选择，是党和人民百年奋斗、创造、积累的根本成就，是改革开放以来党的理论研究与实践探索的主题。因此，实现伟大梦想，必须矢志不渝地建设中国特色社会主义事业。站在新的历史起点上，继续推进伟大事业建设，必须全面贯彻党的基本理论、基本路线、基本方略，准确把握我国社会主要矛盾的变化，统筹推进"五位一体"总体布局，协调推进"四个全面"战略布局，在坚持和发展中国特色社会主义中充分满足人民在经济、政治、文化、社会、生态等方面日益增长的需要，建设富强、民主、文明、和谐、美丽的中国。

2. 坚持党对一切工作的领导

"党政军民学，东西南北中，党是领导一切的。"① 这是由党的性质和地位决定的，是改革开放取得重大成果的关键，是继续推进伟大事业的根本保证。坚持党对一切工作的领导，主要强调的是政治领导，这意味着在经济社会发展的各项工作中都要体现党的领导地位。

坚持党对一切工作的领导，是历史经验的深刻总结。历史实践证明，中华民族之所以能在革命、建设、改革的进程中取得突破性进展和伟大胜利，其根本原因都在于坚定不移地坚持党的领导。在大革命时期，由于早期革命领导人未能充分重视革命领导权的地位，导致中国革命走过了曲折的历程。毛泽东同志深刻总结经验教训，创造性地提出了"枪杆子里出政权"，通过著名的"三湾改编"，从政治上、组织上保证了党对军队的绝对领导，奠定了政治建军的基础，从而有力推进了中国革命事业的发展。中华人民共和国成立以来，特别是改革开放以来，在中国共产党的领导下我们准确把握世界和时代发展大势，带领中国人民在经济、政治、文化、社会、生态领域都取得了辉煌成就。历史和现实充分证明，只有坚持党的全面领导，我们才能建立起人民当家作主的社会主义国家，才能实现从站起来到富起来、强起来的历史飞跃。

坚持党对一切工作的领导，是新时代推进中国特色社会主义事业的根本

---

① 习近平代表第十八届中央委员会向党的十九大作报告［EB/OL］.新华网，2017-10-18.

保证。"坚持党对一切工作的领导"之所以被列为新时代坚持和发展中国特色社会主义的基本方略的第一条，这是充分肯定党的领导重要作用的体现，这不仅是中国特色社会主义最本质的特征，也是中国特色社会主义制度的最大优势来源。因此，充分发挥社会主义制度的优越性，需要我们坚持和完善党的领导，确保各个领域、各项工作自觉接受党的领导。目前，我国正处于全面建成小康社会的决胜阶段，前景虽然光明，但形势依然严峻。面对我国主要矛盾的转化，面对社会发展的结构、动力和目标的变化，面对交锋更加激烈的社会思潮，面对夺取中国特色社会主义伟大胜利的宏伟蓝图，我们更是应该坚持在党的领导下继续推进中国特色社会主义事业，在经济、政治、文化、社会、生态五个领域充分体现并落实党的领导地位。

站在新的历史起点上，坚持党对一切工作的领导也有了新的要求，我们要继续推进和继续坚持党对一切工作的领导。党的十九大报告指出，坚持党对一切工作的领导，必须增强政治意识、大局意识、核心意识、看齐意识，自觉维护党中央权威和集中统一领导，自觉在思想上、政治上、行动上同党中央保持高度一致，完善坚持党的领导的体制机制，坚持稳中求进工作总基调，统筹推进"五位一体"总体布局，协调推进"四个全面"战略布局，提高党把方向、谋大局、定政策、促改革的能力和定力，确保党始终总揽全局、协调各方。

只有增强政治意识，提高政治定位，坚定政治自觉，我们才能坚定正确的政治方向，站稳政治立场，坚定走中国特色社会主义道路；才能树立正确的世界观、人生观、价值观，以坚定的理想信仰汇聚精神力量，统一思想行动；才能以严格的纪律规矩确保全党统一意志、统一行动。只有增强大局意识，我们才能提升观全局谋大势；才能自觉服从大局，自觉以集体利益、整体利益和长期利益为我们干实事的标准和要求；才能坚决服从并深刻贯彻实施党中央部署，在具体的十年中推进中国特色社会主义事业。只有增强核心意识，我们才能在具体的行动上保持对党的绝对忠诚，做到思想上充分信赖、政治上坚决维护、组织上自觉服从；才能深刻认同以习近平同志为核心的党中央，自觉维护党中央权威和集中统一领导；才能坚决响应党中央号召，以党的意志、党的旗帜为行动指南。只有增强看齐意识，才能在新时代党的全面领导中形成强大的向心力和凝聚力,推进中国特色社会主义事业发展;才能真正做到思想上、行动上同步看齐,在"五位一体"总体布局和"四个全面"战略布局中贯彻落实党的理论路线和方针政策。

党的领导地位要求充分发挥总揽全局、协调各方的作用。"事在四方,要在中央。"中国共产党是最高的政治力量,我们应该在"五位一体"总体布局和"四个全面"战略布局中不断增强把方向、谋大局、定政策、促改革的能力和定力,在中国特色社会主义事业发展的各个领域、各个方面突出党的领导地位;应该在坚持党的领导地位的同时,充分发挥党的基层组织的战斗堡垒作用,推进党的基层组织更好地服务改革、服务人民、服务社会;应该不断提高各项本领,为建设能力政治过硬、能力高强的马克思主义执政党而努力。

党的领导地位要去充分发挥党的民主集中制原则。民主集中制,是民主基础上的集中和集中指导下的民主相结合的制度。一方面,充分发扬民主要求我们党的重大决策,在遵守法律程序的同时,要广泛听取群众的意见和建议,了解民情,集中民智,做到科学决策、民主决策、依法决策。另一方面,坚持正确的集中要求,各地方各部门都坚决贯彻执行党中央集中民智后做出的决定,充分保障各地方和人民群众的积极性和创造性,既要禁止自行其是、各自为政,又要禁止有令不行、有禁不止,坚决不允许搞上有政策、下有对策那一套。

(二)新时代全面加强党的建设的意义

新时代全面加强党的建设理论,是中国化马克思主义党建理论的丰富和发展,是新时代我们党的建设的目标要求,是我们关于执政党建设规律的科学认识。

新时代全面加强党的建设的理论丰富和发展了中国化马克思主义的党建理论。十八大以来,关于全面加强党的建设思想,丰富和发展了中国化马克思主义的党建理论。党的建设是中国共产党领导中国革命、建设和改革的制胜法宝,是新形势下党在长期探索进程中形成的经验总结,在党的建设这个伟大工程中形成的新观点和新论断进一步丰富和发展了中国化的马克思主义的党建理论。

新时代全面加强党的建设思想为新时代党建工作提供理论指导。十八大以来，在以习近平同志为核心的党中央领导下，我们的党建工作取得了一些成就，但是"四大危险"和"四大考验"依然存在，党的腐败之风和不正之风依然侵蚀着中国共产党形象。党的建设是一个长期的、艰巨的任务，全面从严治党也始终在路上。思想是行动的先导，在不同的历史时期，结合新时代的特征，我们要赋予党的建设思想以新的内容，并为新时代党建工作指明方向和要求。

新时代全面加强党的建设思想深化了对执政党建设规律的认识。十八大以来，以习近平同志为核心的党中央贯彻落实全面从严治党思想，坚持以党的作风建设为切入点、从严治党为重点、高压反腐为依托、严明党纪为手段，在党的建设各个方面贯彻落实党要管党、从严治党的各项要求。将"全面从严党"作为"四个全面"战略布局的重要组成部分，不仅是推进社会主义事业深入发展的现实需要，也是我们党关于执政党建设规律的深入认识。

总之，新时代全面加强党的建设思想，展现了以习近平同志为核心的党中央的高度政治自信，极大地丰富了中国化的马克思主义党建理论，为新时代我们党继续推进政治建设、思想建设、组织建设、作风建设、制度建设、反腐倡廉建设提供了指导方向。中国共产党以中华民族的伟大复兴为己任，这要求我们党要勇于进行自我革命，增强党的执政能力和先进性、纯洁性，更好地发挥在新时代坚持中国特色社会主义的领导核心作用。

新时代全面加强党的建设思想不仅具有重要的理论意义，更具有重要的现实意义。只有全面从严治党，才能增强党的先进性和纯洁性，从而巩固党的执政地位，才能确保如期完成全面建成小康社会的目标，才能坚定地推进全面深化改革。

新时代全面加强党的建设是有利于巩固党的执政地位。党的十八大以来，以习近平同志为核心的党中央坚持将"全面从严治党"纳入"四个全面"战略布局，以刮骨疗伤的勇气正风肃纪，解决了党内长期存在的顽症痼疾，以具体的实际行动赢得了人民群众的衷心拥护和爱戴。新时代全面加强党的建设，是我们党保持先进性、纯洁性的必然要求，是我们在中国特色社会主义的伟大实践中巩固党的执政地位的迫切需要。

新时代全面加强党的建设有利于全面建成小康社会和现代化建设。中国特色社会主义进入新时代，面对决胜全面建成小康社会的战略任务，面对继续推进社会主义现代化事业进程，我们必须充分提高党的执政能力，保持党的先进性和纯洁性，在具体的实际行动和整体布局中谋划党的建设的各项决策、展开党的建设的各个举措，从而为全面建成小康社会和现代化建设事业提供有力的组织保障和人才支撑。

新时代全面加强党的建设有利于全面深化改革。目前，中国的改革已经进入深水区和攻坚期，为继续改革那些难啃的硬骨头，我们需要进一步明确改革方向、改革思路、改革策略，这就要求我们在新时代全面加强党的建设。全面深化改革任务艰巨，这对党的执政能力也提出了新的要求。因此，在新时代，我们要全面加强党的建设，不断提高党的领导能力，保证发挥党在改革进程中的正确引导作用，始终坚持社会主义方向，既不走改封闭僵化的老路，也不走改旗易帜的邪路，稳步推进全面深化改革进程。

新时代全面加强党的建设有利于全面依法治国。党的建设和法治建设是密不可分、相辅相成的。在这个全面依法治国的庞大系统工程中，需要我们党充分发挥执政党作用，统一部署、统筹推进、整体谋划、督促落实。总之，新时代全面加强党的建设思想和实践，是我们党始终成为中华民族和中国人民值得信赖的主心骨的重要保障，更是我们党始终成为领导中国人民实现民族复兴的时代先锋和民族脊梁的必然要求。

结束语　21世纪中国马克思主义

习近平新时代中国特色社会主义思想是马克思主义中国化的最新理论成果，是21世纪马克思主义、当代中国马克思主义，是全党全国人民为实现中华民族伟大复兴而奋斗的思想指导和行动指南。

一、建设有中国特色的社会主义

1956年，随着我国社会主义三大改造即农业、工业、资本主义工商业的改造完成，标志着我国成功建立社会主义制度。虽然中国的社会主义改造和建设沿袭了苏联模式，但是在改造方式上也体现出了自己鲜明的特点。在中国这样一个人口众多而又有自身特殊矛盾的国家，如何建设和发展社会主义是一个历史难题，毛泽东对这一问题做了开创性的回答。在《论十大关系》中，明确提出了要以苏联经验为鉴戒、调动一切积极因素为社会主义事业服务的基本方针，在《关于正确处理人民内部矛盾的问题》中，指出社会主义社会的基本矛盾是生产关系和生产力之间、上层建筑和经济基础之间的矛盾；新的生产关系下保护和发展生产力已经变成我们的根本任务；严格区分和正确处理两类不同性质的矛盾，团结全国各族人民发展我们的经济和文化，建设社会主义强大国家的战略思想。① 此外，许多关于社会主义建设的新观点、新内容是由毛泽东提出的，涵盖了政治、经济、文化、国防、外交等各个领域和各个方面，虽然在社会主义建设的过程中，各领导人存在着某些不同的看法，甚至在建设中出现了一些挫折和错误，但恰恰是因为遇到了这样的挫

---

① 聂运麟.中国特色社会主义理论体系研究[M].北京：人民出版社，2011：2.

折，才促使人们去思考和认识我国发展的弊病和出路，所以，不论是成功还是挫折，这些开拓性的探索都为中国特色社会主义科学命题的提出和中国特色社会主义理论体系的形成奠定了坚实的基础。

"文革"以后，经过两年多的拨乱反正和对真理标准问题的讨论，党和国家的工作也走上了正常轨道。十一届三中全会召开之后，我们调整了战略，党和国家工作重心发生转移，使社会主义的发展导向发生了重大转折，改革的实践也首先在安徽、四川等地兴起，响应邓小平的号召，"现在搞建设，也要适合中国情况，走出一条中国式的现代化道路"[①]，这句话开拓了思路，为我们提供了客观依据，使中国共产党成功且正确地认识社会主义，"有中国特色的社会主义"的概念已能看到雏形。1981年，邓小平在会见一位香港客人时说："世界上的社会主义有很多种，中国要走中国特色的社会主义道路。"[②]1982年，邓小平在党的十二大上的开幕词中指出："把马克思主义的普遍真理同我国的具体实际结合起来，走自己的道路，建设有中国特色的社会主义，这就是我们总结长期历史经验得出的基本结论。"[③]这是邓小平第一次明确提出"建设有中国特色的社会主义"这一命题，成为中国特色社会主义事业的开创者。十二大确定了我国经济及社会发展的战略目标、重点和步骤，由此制定了一整套具体的路线、方针、政策，这是中国特色社会主义理论的具体展开。随后，它被确立为党的十二大的指导思想，为新时期改革开放和社会主义建设指明了方向。

二、中国特色社会主义理论体系

在继续探索中国特色社会主义道路的进程中，必须以中国特色社会主义理论体系为指南，始终坚持解放思想、实事求是，站在时代的高度，树立宽广的眼界，在中央精神和地方实际中找到契合点，从实际出发，研究新情况，开拓新思路，创造性地开展工作，因地制宜地推进科学发展。只有这样，才

---

① 邓小平.邓小平文选：第2卷［M］.北京：中华书局，1994：163.
② 郑克卿，常志.中国特色社会主义理论体系发展史［M］.北京：中国社会科学出版社，2010：2.
③ 邓小平.邓小平文选：第3卷［M］.北京：中华书局，1993：3.

能全面推进中国特色社会主义事业沿着正确的方向继续前进。

党的十二大以后,邓小平在不同场合中反复强调,我们的各项工作都要围绕着建设中国特色社会主义这个中心,坚持将马克思主义与中国实际相结合,建设"切合中国实际的有中国特色的社会主义"[①]。但是,邓小平认为"什么是社会主义,怎样建设社会主义"是长期困扰着我们党和人民的重要问题,我们并不是认识得很清楚,所以他反复论证此问题,并在党的十三大上对关于社会主义的观点做了概括,这是对党从十一届三中全会以来,把社会主义再认识过程中所形成的各种思想、方法和理论观点做了重新整理、系统概括,其中主要的一条是比较系统地论述了社会主义初级阶段的理论。初级阶段理论对于改革开放具有很大的理论贡献,一是对中国的国情有个清醒认识,这不仅给以发展生产力为中心内容的改革开放提供了理论铺垫,而且也是防止中国社会的主要危险——"左"倾思潮的根本,因为"左"的根脉在于重"字句""本本"而轻实际,轻中国国情。正是在对国情清醒认识的基础上,十三大明确概括了党的"一个中心、两个基本点"的基本路线,明确提出了"生产力标准"是我们考虑一切问题的出发点和检验一切工作成败的根本标准,进而初步回答了中国社会主义建设的任务、条件、动力、布局等基本理论问题,初步建构了中国特色社会主义理论体系。

1992年的南方谈话,邓小平回答了很多让人们琢磨不透、解决不了的问题,并且从具体的现实实践出发,阐明了许多著名的新思想、新观点、新论断,为中国特色社会主义发展提出新的理论、命题,使其不断巩固和发展。同年在党的十四大会议上,提出用"邓小平建设有中国特色的社会主义理论"来武装全党;概述了邓小平理论产生的时代背景、实践基础、历史条件和发展过程,科学概括了其基本内容和体系结构,认为邓小平理论是马克思列宁主义基本原理与当代中国实际和时代特征相结合的产物,是中国共产党和中国人民最可贵的精神财富。

在党的十四大召开之后,在先进理论的指导下,我国政治、经济、文化事业不断发展,我国各项建设进入了新的发展阶段。1997年召开的党的十五

---

① 邓小平.邓小平文选:第2卷[M].北京:中华书局,1993:63.

大正式提出了邓小平理论。党的十五大高度肯定这一科学理论的精神实质、历史地位和指导意义，进一步强调必须从社会主义初级阶段出发来探索社会主义的发展道路，系统揭示了中国特色社会主义经济、政治、文化的基本纲领，阐明了社会主义初级阶段的所有制的基本结构等一系列重大问题，并将其确定为全党的指导思想，明确提出在新的实践、新的发展中要高举邓小平理论这一伟大旗帜。

在科学理论的指导下，中国的社会主义现代化建设，取得了比以往更大的成就。时代发展的潮流和社会进步的要求呼唤新的理论和方针政策，我们新一代党中央领导人站在历史发展和时代要求的高度，从最高层面上安排党建工作，跟随时代发展，提出了"三个代表"重要思想。江泽民在广州主持召开党建工作座谈会时指出了其具体内涵，就是我们党"代表着中国先进生产力的发展要求，代表着中国先进文化的前进方向，代表着中国最广大人民的根本利益"[①]。"三个代表"重要思想，在邓小平理论的基础上进一步回答了什么是社会主义、怎样建设社会主义的问题，创造性地回答了建设什么样的党、怎样建设党的问题，集中起来就是深化了对中国特色社会主义的认识。2002年召开的党的十六大详细说明了"三个代表"重要思想的指导意义和具体要求，并将其同马克思列宁主义、毛泽东思想、邓小平理论一道确立为党必须长期坚持的指导思想，进一步丰富了中国特色社会主义理论体系的内容。

党的十六大以来，我们紧随时代发展潮流，牢抓人民的利益和诉求，围绕"建设中国特色社会主义"这个主题，以胡锦涛为总书记的党中央提出了科学发展观作为我们社会主义现代化建设的指导思想，是党的发展理论的重大创新，是我们党在我国发展问题上的经验集成和思想结晶，是中国特色社会主义理论体系内容的新发展。2007年，党的十七大对科学发展观的各项内容做了全面系统地阐述，并将科学发展观确立为发展中国特色社会主义必须坚持和贯彻的重大战略思想，并明确提出了"中国特色社会主义理论体系"这一重要概念，指出我们的改革开放之所以能取得进步，最根本的原因就是"开辟了中国特色社会主义道路，形成了中国特色社会主义理论体系。高举中

---

① 中共中央文献研究室.十五大以来重要文献选编：中［M］.北京：人民出版社，2011：1139.

国特色社会主义伟大旗帜，最根本的就是要坚持这条道路和这个理论体系"①。

十七大以后，中央着眼于解决新问题、新矛盾，要求我们深入认识科学发展观，坚持以人为本、科学发展、社会和谐，不断发展中国特色社会主义。2012年，在党的十八大报告中，我们重申科学发展观的重要性，明确提出"科学发展观同马克思列宁主义、毛泽东思想、邓小平理论、'三个代表'重要思想一道，是党必须长期坚持的指导思想"。这一科学表述，把党的十一届三中全会以来我们党的理论创新成果整合为了一个完整的理论体系，对党的全局工作具有方向性意义。

从党的十八大召开至今，国外和国内的发展日新月异，我国也出现了新的变化，各项工作欣欣向荣，以习近平同志为核心的党中央坚持以马列主义、毛泽东思想、邓小平理论、"三个代表"重要思想、科学发展观为指导，紧跟时代发展步伐，紧随新的实践要求，提出了很多有利于推动各国友好发展和促进人类共同进步的新理念、新倡议、新方案，如人类命运共同体、"一带一路"倡议等，这些方案和理念引起了世界人民的一致共鸣。党的十九大报告把十八大以来以习近平同志为核心的党中央在艰辛探索中形成的理论成果，概括为"习近平新时代中国特色社会主义思想"。这是我们党第一次提出这个概念，并将这一思想确立为我们党必须长期坚持的指导思想，实现了党的指导思想的又一次与时俱进。

以习近平同志为核心的党中央以"坚持和发展中国特色社会主义"为主题，紧紧把握治国理政、治党治军这条主线，以高度的战略眼光谋划国内国际大局，以坚定的胸怀气魄治党治国治军，以适中的稳定力度推进改革进程，以新的视野深化认识共产党执政规律、社会主义建设规律、人类社会发展规律，提出富有创造力的、适合我国发展的新理念、新思想、新战略，推动中国特色社会主义迈入了新时代，开创了中华民族伟大复兴的新纪元。

三、习近平新时代中国特色社会主义思想

十九大报告指出，习近平新时代中国特色社会主义思想，是对马克思列

---

① 中共中央文献研究室.十七大以来重要文献选编：上［M］.北京：中央文献出版社，2009：8-9.

宁主义、毛泽东思想、邓小平理论、"三个代表"重要思想、科学发展观的继承和发展，是马克思主义中国化的最新成果，是党和人民实践经验和集体智慧的结晶，是中国特色社会主义理论体系的重要组成部分，是全党全国人民为实现中华民族伟大复兴而奋斗的行动指南。

这一科学的指导思想，是马克思主义与中国特色社会主义伟大实践相结合的光辉典范，它从理论和实践结合上系统回答了新时代坚持和发展中国特色社会主义的总目标、总任务、总体布局、战略布局等基本问题，不仅充分展现马克思主义中国化的新境界、新高度，还成功开辟了中国特色社会主义事业发展的新局面、新路径。

（一）习近平新时代中国特色社会主义思想的形成

党的十八大以来，以习近平同志为核心的党中央，深刻把握我国发展的现实情况和时代发展的要求，坚持解放思想、实事求是、与时俱进、求真务实，系统回答新时代坚持和发展什么样的中国特色社会主义、怎样坚持和发展中国特色社会主义等重大问题，形成了习近平新时代中国特色社会主义思想。

2017年10月18日，习近平总书记在十九大上第一次提出"习近平新时代中国特色社会主义思想"。2017年10月24日，党的第十九次全国代表大会通过了《中国共产党章程（修正案）》的决议，将习近平新时代中国特色社会主义思想写入党章。这一重大战略思想，用八个"明确"清晰阐明，用十四项基本方略进行具体谋划，吸引着无数想要通过中国的成功实践，来探寻人类未来发展的目光，是马克思主义中国化的最新成果，其围绕主题提出了一系列创造性的新理念、新思想、新战略，涵盖经济、政治、文化、社会、生态文明建设和党的建设等多个领域，涉及改革发展稳定、内政外交国防等各个方面，是一个系统完整、逻辑严密的科学理论体系。

习近平新时代中国特色社会主义思想，是在马克思主义和马克思主义中国化理论成果指导下诞生的重大科学思想。马克思主义哲学是我们认识世界、改造世界的根本方法，中国共产党自成立之日起，就把马克思主义作为自己的指导思想。这是我们做好一切工作的思想基础，也是领导干部做好一切工作的本领。因此，必须要把坚持和发展马克思主义作为一项长远的战略任务落到实处。在马克思列宁主义的指导下，毛泽东思想解决了一个以农村人口为多数、以农业为社会基础的国家，怎样开展社会主义革命的问题。邓小平理论主要回答怎样建设中国社会主义的问题，指出改革开放是中国特色社会主义接续发展的不竭动力。党的十八大之后，以习近平同志为核心的党中央揆时度势、揆情度理，一方面，继承马克思主义、列宁主义关于社会主义、共产主义发展方向和基本特点的解析，继承毛泽东思想和邓小平理论中社会主义和改革开放的论述，坚定不移地深化改革、扩大开放，继续发展社会主义，为最终实现人类大同的共产主义而奋斗；另一方面，在改革开放的总体战略和顶层设计、各个领域中重大改革问题的深化、走共同富裕道路、"四个自信"、人类命运共同体等方面，进行新的摸索、探索和实践。因此，这一科学的思想是马克思主义中国化的最新成果，是符合中国未来发展要求的最新成果。

习近平新时代中国特色社会主义思想，是紧随世情、国情、党情、民情新变化诞生的科学思想。十八大以来，世情、国情、党情、民情发生了变化，我国社会主要矛盾也发生了变化，在新的历史起点上，我们必须重新思考新时代提出的新的重大课题——新时代坚持和发展什么样的中国特色社会主义、怎样坚持和发展中国特色社会主义。为了努力解答时代课题，为新的实践提供理论支撑，我们党和国家领导人必须从改革发展的实践中挖掘新材料、发现新问题、提出新观点、构建新理论，最终形成了习近平新时代中国特色社会主义思想。

（二）习近平新时代中国特色社会主义思想的主要内容

党的十九大报告，将习近平新时代中国特色社会主义思想的核心理论内容概括为"八个明确"。表现为：明确坚持和发展中国特色社会主义，总任务是实现社会主义现代化和中华民族伟大复兴，在全面建成小康社会的基础上，分两步走在21世纪中叶建成富强民主文明和谐美丽的社会主义现代化强国；明确新时代我国社会主要矛盾是人民日益增长的美好生活需要和不平衡不充分的发展之间的矛盾，必须坚持以人民为中心的发展思想，不断促进人的全面发展、全体人民共同富裕；明确中国特色社会主义事业总体布局是"五位一体"、战略布局是"四个全面"，强调坚定道路自信、理论自信、制度自信、文化自信；明确全面深化改革总目标是完善和发展中国特色社会主义制度、推进国家治理体系和治理能力现代化；明确全面推进依法治国总目标是建设中国特色社会主义法治体系、建设社会主义法治国家；明确党在新时代的强军目标是建设一支听党指挥、能打胜仗、作风优良的人民军队，把人民军队建设成为世界一流军队；明确中国特色大国外交要推动构建新型国际关系，推动构建人类命运共同体；明确中国特色社会主义最本质的特征是中国共产党领导，中国特色社会主义制度的最大优势是中国共产党领导，党是最高政治领导力量，提出新时代党的建设总要求，突出政治建设在党的建设中的重要地位。

习近平新时代中国特色社会主义思想揭示了我国社会的主要矛盾是人民日益增长的美好生活需要和不平衡不充分的发展之间的矛盾。新时期，人民美好生活需要日益广泛，不仅对物质文化生活提出了更高要求，而且在民主、法治、公平、正义、安全、环境等方面的要求日益增长，而发展不平衡不充分的问题，已经成为满足人民日益增长的美好生活需要的主要制约因素。因此，我们要在继续推动发展的基础上，着力解决好发展不平衡不充分问题，大力提升发展质量和效益，坚持以人民为中心的发展思想，不断满足人民日益增长的美好生活需要，促进人的全面发展、全体人民共同富裕。

习近平新时代中国特色社会主义思想阐明了中国特色社会主义事业总体布局是"五位一体"、战略布局是"四个全面"，持续推进中国特色社会主义经济建设、政治建设、文化建设、社会建设和生态文明建设的整体发展，坚定道路自信、理论自信、制度自信、文化自信。我国社会主要矛盾的变化，没有改变我国社会主义所处的历史阶段，我国仍处于并将长期处于社会主义初级阶段的基本国情没有变，我国是世界上最大的发展中国家的国际地位没有变。因此，我们必须坚持党的基本路线，以经济建设为中心，坚持四项基本原则，不断推进我国社会主义现代化建设事业。

习近平新时代中国特色社会主义思想阐明了新时期中国特色社会主义的总任务是实现社会主义现代化和中华民族伟大复兴。从十九大到二十大，是

"两个一百年"奋斗目标的历史交汇期，我们既要全面建成小康社会、实现第一个百年奋斗目标，又要乘势而上开启全面建设社会主义现代化国家新征程，向第二个百年奋斗目标进军，到2020年全面建成小康社会，实现第一个百年奋斗目标，到2035年基本实现社会主义现代化，到21世纪中叶建成富强民主文明和谐美丽的社会主义现代化强国。全面深化改革总目标是完善和发展中国特色社会主义制度、推进国家治理体系和治理能力现代化；全面推进依法治国总目标是建设中国特色社会主义法治体系、建设社会主义法治国家；新时代的强军目标是建设一支听党指挥、能打胜仗、作风优良的人民军队，把人民军队建设成为世界一流军队；中国特色大国外交目标是推动构建新型国际关系，推动构建人类命运共同体。它不仅是中华民族"强起来"的宏伟蓝图，也为世界和平发展提供了中国智慧和中国方案。

习近平新时代中国特色社会主义思想创造性地提出了坚持和发展中国特色社会主义的基本方略。即坚持党对一切工作的领导，坚持以人民为中心，全面深化改革，坚持新发展理念，坚持人民当家作主，坚持全面依法治国，坚持社会主义核心价值体系，坚持在发展中保障和改善民生，坚持人与自然和谐共生，坚持总体国家安全观，坚持党对人民军队的绝对领导，坚持"一国两制"和推进祖国统一，坚持推动构建人类命运共同体，坚持全面从严治党。中国特色社会主义的基本方略是习近平新时代中国特色社会主义思想的具体体现，它与党的基本理论、基本路线一道，是新时代全党、全国人民的行动纲领，是中国特色社会主义事业不断发展的行动指南。

习近平新时代中国特色社会主义思想阐明了中国特色社会主义最本质的特征是中国共产党领导，中国特色社会主义制度的最大优势是中国共产党领导，党是最高政治领导力量，建设伟大工程是进行伟大斗争、推进伟大事业、实现伟大梦想的决定性力量。十九大报告通篇贯穿"坚持党对一切工作的领导""坚持全面从严治党""坚定不移全面从严治党，不断提高党的执政能力和领导水平"的思想，提出了新时代党的建设总要求，全面推进党的政治建设、组织建设、纪律建设、作风建设、廉政建设，把党内监督同国家机关监督、民主监督、司法监督、群众监督、舆论监督紧密结合起来，突出政治建设在党的建设中的重要地位。习近平新时代中国特色社会主义思想是中国共产党人的精神支柱和政治灵魂，是保持党的团结统一、推进中国特色社会主义各项事业发展的共同思想基础，必须用习近平新时代中国特色社会主义思想武装全党、感召全民。

习近平新时代中国特色社会主义思想不仅在理论上系统回答了新时代坚持和发展什么样的中国特色社会主义、怎样坚持和发展中国特色社会主义的问题，明确了新时代坚持和发展中国特色社会主义的总目标、总任务、总体布局、战略布局和发展方向、发展方式、发展动力、战略步骤、外部条件、政治保证等基本问题，而且在新的实践基础上对经济、政治、法治、科技、文化、教育、民生、民族、宗教、社会、生态文明、国家安全、国防和军队、"一国两制"和祖国统一、统一战线、外交、党的建设等各方面做出了理论回答和实践分析。党的十九大报告明确概括了中国特色社会主义的基本方略，具体表现为"14个坚持"：坚持党对一切工作的领导，坚持以人民为中心，坚持全面深化改革，坚持新发展理念，坚持人民当家作主，坚持全面依法治国，坚持社会主义核心价值体系，坚持在发展中保障和改善民生，坚持人与自然和谐共生，坚持总体国家安全观，坚持党对人民军队的绝对领导，坚持"一国两制"和推进祖国统一，坚持推动构建人类命运共同体，坚持全面从严治党。这是对我们有效应对重大挑战、抵御重大风险、克服重大阻力、解决重大矛盾的政策指导，是对我们在新的实践下对经济、政治、法治、科技、文化、教育、民生、民族、宗教、社会、生态文明、国家安全、国防和军队、"一国两制"和祖国统一、统一战线、外交、党的建设等各方面的新的要求做出的理论分析，对我国社会的发展有重大的指导意义。

全面从严治党上。十八大以来，习近平特别重视党内风清气正政治生态的建设，不断规范党员干部的行为，从而全面加强党的领导和党的建设。推动全党增强政治意识、大局意识、核心意识，贯彻实施党的群众路线教育实践活动，认真学习各种专题教育，推进学习教育常态化、制度化，出台中央八项规定、六项禁令，以零容忍态度严惩贪污腐败，严厉整治党内"四风"问题，坚持以无禁区、全覆盖、零容忍的态度完成反腐任务，坚持"打虎""拍蝇""猎狐"同步进行，形成不敢腐、不能腐、不想腐的长效机制。

经济建设上。十八大以来，我们党坚定不移地贯彻新发展理念，坚持转变和改善经济发展方式,大力推进农村现代化,推动优化经济发展结构,实现了城镇化率年均提高1.2%,8000多万农业人口转变为城镇居民,进一步增强城乡协调发展。同时,我国开放型经济新体制逐步健全,我国成为世界第二大经济体,对外贸易、对外投资、外汇储备稳居世界前列,对世界经济增长贡献率超过30%,实现了发展质量和发展效益的不断提升。

全面深化改革上。十八大以来,我们党坚持逢山开路,遇水架桥,坚定不移地将改革进行到底。今天的改革,涉及的利益错综复杂、环环相扣,我们需要抓住重要领域和关键领域,坚持推动整体发展,抓主要矛盾突破,不断稳步发展,确保改革系统性、协同性前进,敢于啃"难啃的硬骨头",保证各项举措相互配合、相互促进,最终取得理想效果。今天的改革,不仅仅是为了应付挑战,更重要的是把握机遇,长久发展,努力塑造一个更有实力引领新时代的中国。

法制建设上。十八大以来,我们党中央坚持将"全面依法治国"纳入"四个全面"战略布局,坚持党的领导、人民当家作主、依法治国有机统一,坚持依法治理、依法执政、依法行政共同推进,坚持科学立法、严格执法、公正司法、全民守法格局构建,不断维护法律权威、提高全社会法治思维、加强法治队伍建设。

文化建设上。十八大召开以后,我们党始终坚持马克思主义在意识形态领域的指导地位,党在意识形态方面的领导不断加强,广泛弘扬社会主义核心价值观和社会主义核心价值体系,促使实现中华民族伟大复兴的中国梦成为全党全国人民的共识。同时,大力推动现代文化市场体系和文化产业体系发展,通过一系列的举措,努力提高文化产业发展的质量和效益,推动文化产业成为国民经济支柱性产业;加快现代公共文化服务体系建设,加快公共文化建设的步伐,不断提高公共文化服务水平;努力实现文艺方面"百花齐放",同时加快走出去的步伐,坚持用中国故事吸引世界眼光,大幅度提高了我们国家的文化软实力和文化自信。

社会建设上。十八大以来,我们党坚持贯彻习近平以人民为中心的发展思想,坚持为民织造民生福祉的保障网,贯彻落实惠民政策和措施,注重提升人民的获得感、幸福感、安全感。在我们党和国家的努力奋斗下,截至到2020年底，在以习近平同志为核心的党中央坚强领导下，我国现行标准下9899万农村贫困人口全部脱贫。中国共产党创造了人类减贫史上的奇迹，锻造形成了"上下同心、尽锐出战、精准务实、开拓创新、攻坚克难、不负人民"的伟大脱贫攻坚精神，在新的起点上接续奋斗，做好巩固拓展脱贫攻坚成果同乡村振兴有效衔接。同时，在教育事业方面，我们致力于加强中西部教育和农村教育，实现教育事业全面发展；在就业方面，我们国家出台一系列配套措施保障和改善就业形势，致力于解决就业问题、下岗失业人员再就业问题、城镇困难人员就业问题。除此之外，我国基本建立覆盖城乡居民的社会保障体系，关注人们的身体健康和生活发展，不断构建完善的社会治理体系，实现人民群众对美好生活的向往和追求。

生态文明建设上。十八大以来，我们党坚持将"生态文明建设"纳入"五位一体"总体布局，下大力气发展生态文明建设，努力构建美丽的社会主义现代化国家。这几年，习近平的"绿水青山就是金山银山"理念深入人心，我们国家以空前严格的治理力度加大环境污染治理，改善和提高了我国的生态环境质量，绿色发展成效显著。同时，加大了生态文明制度体系建设和顶层设计建设，以严格规范的法律制度文件推进生态文明建设，提高了生态文明治理能力，生态环境治理状况明显加强。生态危机不仅仅是中国的危机，更是一场全球的危机，我们还积极参与并引导应对气候变化的国际合作，坚持为全球生态文明建设贡献力量。

军队建设上。十八大以来，我们党一直以实现中国梦、强军梦为目标，坚持以习近平强军思想为强军事业提供根本指南。在习近平同志的坚强领导下，人民军队坚持服从党的绝对领导，不断整顿思想作风、用人机制、组织纪律，坚决反对腐败，使人民军队政治生态风清气正、焕然一新。同时，加强国防和军队改革，不断增强军队组织形态现代化水平，聚焦能打仗、打胜仗，大抓练兵备战和军事能力建设，加强国防和军队现代化建设，挥洒汗血书写强军事业新篇章。

港澳台工作上。十八大以来，我们党坚持贯彻"一国两制"基本方针，坚定一个中国原则和"九二共识"，妥善处理和应对港澳台工作中遇到的新情况、新问题、新挑战，牢牢掌握对香港、澳门的全面管治，坚定地维护国家主权、安全和发展利益，加强内地和港澳地区的交流与合作，促进港澳台地区的繁荣和稳定发展。香港、澳门经济、政治、社会等全方位的繁荣稳定。同时，正确应对和妥善处理港澳台局势变化，坚决反对和抵制"台独""港独"等分裂势力，提高港澳台统战水平，保证其在和平与稳定的环境中不断促进发展与繁荣。

外交上。十八大以来，以习近平同志为核心的党中央摆时度势，积极推进外交理论和实践创新，坚定不移地走独立自主的外交之路，形成了全方位、多层次、立体化的三维外交格局。中国倡导并践行共商共建共享的全球经济治理理念，坚持通过"一带一路"、二十国集团领导人杭州峰会、金砖国家领导人会议等外交活动引领世界经济开放、包容、均衡、普惠地发展。同时，中国在坚持独立自主的前提下，秉持亲诚惠容理念同周边国家深化互利合作，打造周边命运共同体；加强与世界各个地区、不同国家的交流与合作，致力于构建总体稳定、均衡发展的大国关系框架，以实际行动向世界证明中国永远是发展中国家最可靠、最真诚的伙伴，以中国的外交行动向世界展示大国特色、大国风格和大国气度。

总之，习近平新时代中国特色社会主义思想是马克思主义中国化的最新理论成果，是中国特色社会主义理论体系的现实内容，是继毛泽东思想、邓小平理论之后，马克思列宁主义同中国实际相结合的又一次历史性飞跃。它开辟了中国特色社会主义的新时代，凝聚了中国共产党的新使命，开启了全面建设社会主义现代化强国的新征程，是不断推进中国特色社会主义各项事业发展的行动指南，必须长期坚持并不断发展。

（三）习近平新时代中国特色社会主义思想的价值和意义

习近平新时代中国特色社会主义思想，是马克思主义中国化的最新成果，是中国特色社会主义理论体系的重要组成部分，是21世纪中国马克思主义。深入贯彻这一科学思想，可以为时代发展提供精神动力，从而夺取中国特色社会主义伟大胜利，实现中华民族伟大复兴的中国梦。

这一科学思想是新时代中国共产党人的精神标识和行为指南。主义譬如一面旗子，这面旗帜需要飘扬在党的一切工作上。在中国革命、建设、改革中，我们党坚持将马克思主义与现实实践相结合，取得了马克思主义中国化一系列科学的理论成果，指引我们党带领人民取得一个又一个的胜利果实。今天，我们党为了解决新时代坚持和发展什么样的中国特色社会主义、怎样坚持和发展中国特色社会主义这一时代课题，提出了富有时代性、创造性、人民性的习近平新时代中国特色社会主义思想。这一科学思想，集中体现了我们党的政治意志、政治立场、政治主张，充分彰显了马克思主义的真理力量、科学社会主义的时代价值，成为我国社会主义事业发展的科学指南，成为全党全国各族人民为实现中华民族伟大复兴而奋斗的共同思想基础和行动指南。

这一科学思想是马克思主义中国化的最新成果，浓墨重彩地书写了时代精神的篇章。我们党坚持以中国的现实国情为出发点，站在人民群众的立场上，把马克思主义和发展马克思主义有机统一起来，做到不忘"本"、创新"本"。这一科学思想始终坚持马克思主义立场、观点、方法，坚持将马克思主义作为理论根本，在内容丰富的科学体系中蕴藏着马克思主义的理论品格和精神实质，是新时代最现实、最鲜活的马克思主义。

这一科学思想是实现中华民族伟大复兴的精神动力。伟大的理论总是以精深的思想引领时代，这一思想深刻阐述了民族复兴的深刻内涵，揭示了在民族复兴历史进程中我们的前进方向，为新时代坚持和发展中国特色社会主义注入了新的意义。同时，这一思想深刻论述了其精神的思想内核——就是我们党和人民在长期艰苦卓绝的奋斗中培育、继承、发展起来的伟大民族精神，强调要坚持发扬伟大创造精神、伟大奋斗精神、伟大团结精神、伟大梦想精神。它深刻揭示了中华民族传承发展的历史逻辑，是中华优秀传统文化创造性转化和创新性发展的光辉典范，成为激励我们实现民族复兴的精神力量。

这一科学思想是我们党在深刻思考人类发展重大问题基础上，为世界发展贡献的中国智慧、中国方案。我党始终把为人类做出新的更大贡献作为自己的使命。习近平提出一系列与世界人民未来发展攸关的新理念、新思想、新主张，提出了构建人类命运共同体思想。这一思想既体现了马克思主义基本原则，又凝结着对人类美好未来的实践探索，为解决世界难题提供中国智慧，为希望实现又好又快又独立发展的国家提供中国方案。

  总而言之，在新时代推进"四个伟大"的历史进程中，习近平新时代中国特色社会主义思想作为马克思主义中国化的最新理论成果，得到了全党、全军、全国各族人民高度的政治认同、思想认同、情感认同，是21世纪的马克思主义、当代中国马克思主义。它是我们党推进社会主义现代化事业、实现"两个一百年"奋斗目标的精神动力和行动指南，必将在中国特色社会主义伟大实践中展现更加强大、更有说服力的真理力量。

参考文献

[1] 马克思恩格斯选集：第1—4卷［M］. 北京：人民出版社，2012.

[2] 列宁选集：第1—4卷［M］. 北京：人民出版社，2012.

[3] 毛泽东选集：第1—4卷［M］. 北京：人民出版社，1991.

[4] 毛泽东文集：第1—8卷［M］. 北京：人民出版社，1996.

[5] 邓小平文选：第1—3卷［M］. 北京：人民出版社，1993.

[6] 邓小平思想年谱［M］. 北京：中央文献出版社，1998.

[7] 江泽民文选：第1—3卷［M］. 北京：人民出版社，2006.

[8] 江泽民论有中国特色社会主义［M］. 北京：中央文献出版社，2002.

[9] 胡锦涛文选：第1—3卷［M］. 北京：人民出版社，2016.

[10] 习近平谈治国理政：第1卷［M］. 北京：外文出版社，2014.

[11] 习近平谈治国理政：第2卷［M］. 北京：外文出版社，2017.

[12] 中共中央文献研究室. 习近平关于全面深化改革论述摘编［M］. 北京：中央文献出版社，2014.

[13] 中共中央宣传部. 习近平总书记系列重要讲话读本［M］. 北京：人民出版社，2016.

[14] 中共中央文献研究室. 三中全会以来重要文献选编（上册）［M］. 北京：人民出版社，1992.

[15] 中共中央文献研究室. 十三大以来重要文献选编：中［M］. 北京：人民出版社，1991.

[16] 中共中央文献研究室. 十五大以来重要文献选编［M］. 北京：人民出版社，2000.

［17］中共中央文献研究室.十七大以来重要文献选编：上［M］.北京：中央文献出版社，2009.

［18］中共中央文献研究室.十五大以来重要文献选编：中［M］.北京：人民出版社，2011.

［19］田国强，陈旭东.中国改革：历史、逻辑和未来——振兴中华变革论［M］.北京：中信出版社，2014.

［20］郭熙园.改革不容拖延：中国崛起的历史性抉择［M］.北京：中国发展出版社，2014.

［21］韩广富，胡永强.改革年代：邓小平的改革岁月［M］.沈阳：辽宁人民出版社，2004.

［22］何永炎，等.当代马克思主义动力论——邓小平改革思想研究［M］.合肥：安徽人民出版社，1993.

［23］魏礼群.改革论集［M］.北京：人民出版社，2016.

［24］郑永年.未来三十年［M］.北京：中信出版社，2016.

［25］胡鞍钢，鄢一龙.中国新理念：五大发展［M］.杭州：浙江人民出版社，2016.

［26］李佐军.第三次大转型：新一轮改革如何改变中国［M］.北京：中信出版社，2014.

［27］编写组.邓小平：改革是中国的第二次革命［M］.北京：台海出版社，2017.

［28］中国（海南）改革发展研究院.全面深化改革若干重大问题［M］.北京：国家行政学院出版社，2013.

［29］卫忠海.中国现代化的理论与实践［M］.成都：四川大学出版社，2008.

［30］张凌云.马克思的历史唯物主义与中国特色社会主义［M］.上海：东方出版中心，2011.

［31］聂运麟.中国特色社会主义理论体系研究［M］.北京：人民出版社，2011.

［32］郑克卿，常志.中国特色社会主义理论体系发展史［M］.北京：中

国社会科学出版社，2010.

［33］赵曜，张中云.中国特色社会主义发展史论研究［M］.北京：中共党史出版社，2011.

［34］1979年3月30日，邓小平在党的理论工作务虚会上做《坚持四项基本原则》的重要讲话［R］.人民网.

［35］江泽民.加快改革开放和现代化建设步伐夺取有中国特色社会主义事业的更大胜利［R］.中国共产党新闻网.

［36］江泽民.高举邓小平理论伟大旗帜，把建设有中国特色社会主义事业全面推向二十一世纪［R］.中国共产党新闻网.

［37］江泽民.全面建设小康社会，开创中国特色社会主义事业新局面［R］.中国共产党新闻网.

［38］胡锦涛.高举中国特色社会主义伟大旗帜为夺取全面建设小康社会新胜利而奋斗［R］.中国共产党新闻网.

［39］胡锦涛.坚定不移沿着中国特色社会主义道路前进为全面建成小康社会而奋斗［R］.中国共产党新闻网.

［40］习近平.决胜全面建成小康社会夺取新时代中国特色社会主义伟大胜利［R］.中国共产党新华网.

［41］习近平.加强对改革重大问题调查研究提高全面深化改革决策科学性［N］.光明日报，2013-07-25.

［42］胡锦涛.在"三个代表"重要思想理论研讨会上的讲话［N］.人民日报，2003-07-02.

［43］石仲泉.马克思主义中国化的基本历程［N］.解放日报，2006-06-12.

［44］中共中央关于加强党的执政能力建设的决定——2004年9月19日中国共产党第十六届中央委员会第四次全体会议通过［N］.人民日报，2004-09-27.

［45］中共中央关于制定国民经济和社会发展第十一个五年规划的建议——2005年10月11日中国共产党第十六届中央委员会第五次全体会议通过［N］.人民日报，2005-10-19.

[46]田克勤.论邓小平理论与中国特色社会主义理论体系的内在逻辑关系[J].思想理论教育,2014(07).

[47]李晓寒.正确处理改革、发展和稳定的关系[J].中国领导科学,2016(10).

[48]李捷.论马克思主义对全面深化改革的指导意义[J].马克思主义研究,2014(06).

[49]包心鉴.全面深化改革——决定当代中国前途和命运的关键抉择[J].中国延安干部学院学报,2014(01).

[50]汪玉凯.从习近平治国使命看全面深化改革[J].学术前沿,2014(03).

后 记

《中国特色社会主义理论体系的内在逻辑》是本人主持的中宣部文化名家暨"四个一批"人才自主选题项目"中国特色社会主义理论体系的历史逻辑、理论逻辑、实践逻辑研究"的主要成果。本书试图阐明中国特色社会主义理论体系的内在逻辑,显示其理论的内容构架、发展线索和整体逻辑,发掘其理论价值、宣传价值和实践价值;阐明马克思主义中国化各大理论成果的一系列紧密联系、相互贯通的思想、观点和论断,织成系统的科学理论体系,揭示其内在的历史逻辑、理论逻辑、实践逻辑;阐明习近平新时代中国特色社会主义思想的理论内容和实践价值,展示其作为21世纪马克思主义、当代中国马克思主义的理论魅力。本书许多重要观点和成果或在大报要刊上发表,或在重要会议上发言,或在专题学术讲座和学校课堂上呈现,产生了良好学术影响、社会影响和实践应用价值。

在项目的立项、研究和写作过程中,得到中共中央宣传部、浙江省委宣传部、浙江省社会科学联合会、浙江省社会科学院、浙江省教育厅、浙江工商大学等许多领导和同行专家的指导、支持和帮助,在此表示感谢。由于该项研究的论域重大和项目执行的周期较长,课题组成员集体讨论、团结合作、联合攻关,共召开专题论证会、交流研讨会16次,开展资料调研、社会调查、专家拜会等活动20余次,多次修改、数易其稿,付出了艰辛的劳动,在此表示感谢。黄溯、张艳、徐翠、金天、孙婉君、李继冉、宋珍珍、乔梁梁、范惠芹、杨春燕、叶华娟等同志分类整理了相关专题内容,为本书的形成做了许多基础性工作,在此表示感谢。白亚丽、徐翠、金天、王慧琳、叶华娟、张敏、徐欣来、蒋虹锋等同志在书稿的文字修改校对、体例编排和项目行政工作等方面做了许多工作,付出了辛勤劳动,在此表示感谢。书稿最终能顺利出版,得到了光明日报出版社、浙江工商大学马克思主义学院的大力支持、资助指导和帮助,在此表示感谢。

限于本人水平有限,书中难免存在不当和疏漏之处,敬请领导、专家和读者们赐教惠正。

陈华兴

2021年4月